Boveland & Mack · traditionell zweitklassig

Simeon Boveland & Christoph Mack

traditionell zweitklassig

Ein Jahr 2. Bundesliga mit dem Hamburger SV und dem VfB Stuttgart

Arete Verlag Hildesheim

Bibliografische Information der Deutschen Nationalbibliothek
Die Deutsche Bibliothek verzeichnet diese Publikation in der Deutschen Nationalbibliografie; detaillierte bibliografische Daten sind im Internet über http://dnb.ddb.de abrufbar.

© 2020 Arete Verlag Christian Becker, Hildesheim
www.arete-verlag.de

Umschlaggestaltung: Maximilian Haslauer
Layout und Satz: Composizione Katrin Rampp, Kempten
Druck und Verarbeitung: CPI, Leck
ISBN 978-3-96423-043-0

Inhalt

Vorwort

Um *traditionell zweitklassig* zu verstehen, müssen wir in der Zeit zurückreisen. Vielleicht nicht in unsere Geburtsjahre, aber in die Neunziger, in unsere Kindheit. Aufgewachsen in Hamburg und dem Stuttgarter Dunstkreis, kannten wir uns zwar nicht, aber uns verband das Gleiche: Eine unbändige Lust am Fußballspielen und die noch junge, aber schon tiefe Liebe zu unseren Heimatvereinen, dem Hamburger SV und dem VfB Stuttgart.

Wer jetzt in den alten Fotokisten der Familie wühlen würde, fände immer gleiche Motive. Zwei blonde Jungs mit liebevoll-mütterlich geschnittenen Topffrisuren, zu großen Fußballtrikots – nicht immer VfB und HSV, es durfte auch Inter Mailand und FC Barcelona sein –, den Ball in der Hand, unter dem Arm oder am Fuß. Bilder, auf denen die Jungen mit großen Eistüten auf ihre Trikots tropfen oder mit Fahrradhandschuhen im Tor stehen („Die sind gepolstert, das ist sehr gut", „Schieß mal so, dass ich fliegen kann!"). Jungen mit Schienbeinschonern und Stutzen und wie sie stolz ihre neuen Kickschuhe samt Zahnlücke in die Kamera halten. Man sieht die sehnsüchtigen Blicke auf die Rasenfläche der Großeltern, die perfekte Positionierung der Obstbäume, aber das Verbot dort Fußball zu spielen.

Gräbt man weiter in der Erinnerung der beiden Jungen, dann kommen da die großen Gefühle zum Vorschein. Der Stolz, das erste Mal für den eigenen Verein auf dem Platz zu stehen, wieder in zu großen Trikots, aber diesmal auch noch ganz alte, hässliche Dinger aus den frühen 90er-Jahren. Das Gefühl nach dem ersten Tor. Die Träumereien, wie der Freistoß im anstehenden Spiel perfekt über die Mauer und in den Winkel gezirkelt wird, das Erinnern an die Tore mit links und rechts, gelupft, geschoben oder die versenkte Bombe. Aber auch das unbeschreibliche Gefühl beim Anblick von Gottlieb-Daimler- und Volksparkstadion und der erste Blick auf den Rasen. Dort unten liefen die Idole und spielten und kickten und eines Tages wollten die Jungen auch da unten stehen. Und so zogen die Jahre dahin. Aus der Profi-Karriere wurde zwar nichts, aber 2017 lernten sich die beiden Jungen dann kennen. In dem Jahr, als der VfB wieder in die 1. Liga aufstieg.

Unser erstes gemeinsames Duell zwischen dem Hamburger SV und dem VfB Stuttgart haben wir auf neutralem Boden in Leipzig gesehen. Ab diesem Zeitpunkt schwirrten immer wieder Ideen in unseren Köpfen herum, mal gemeinsam das Thema Fußball zu beackern. Aber entweder reichte es zeitlich nicht, die Idee kam nicht über den Bearbeitungsstatus einer Idee hinaus oder sie hielt keiner intensiveren Bewertung stand.

Das ändert sich im Sommer 2019: Der VfB Stuttgart hat gerade die Relegation versemmelt, anstatt sich über das eigentlich vorher ausgegebene Saisonziel zu freuen, und der HSV findet sich nach schwacher Saisonschlussphase urplötzlich auf dem 4. Platz der Zweitliga-Tabelle wieder, was wiederum gerade nicht zur Relegation befähigt. Es ist also klar, dass unsere beiden Herzensvereine die Saison 2019/2020 in der Unterklassigkeit verbringen werden. „Wenn nicht jetzt, wann dann?", denken wir und haben die Hoffnung, nach einem nennen wir es doch einfach *Gap Year*, gemeinsam in die Fußball-Beletage aufzusteigen. *traditionell zweitklassig!*

Die Idee ist so simpel wie genial. Zum Anlass eines jeden Spieltages schreiben wir einen Text über unseren Verein. Ganz nach unserem Gusto und unserer kreativen Schöpfungskraft. Es sind keine Rahmen gesetzt. Ob klassischer Spielbericht oder Kurzgeschichte, autobiographische Erinnerung oder Zeitzeugeninterview, ob Lyrik oder Drama. Alles ist erlaubt und alles ist vertreten. Um die Schwierigkeitsstufe noch zu erhöhen oder Wiederholungen zu vermindern, schreibt nicht einfach jeder für sich und seinen Verein, sondern wechseln wir Woche für Woche das Team. Das ergänzt die Gattungsvielfalt der Texte noch durch das Laien- bzw. Expertenwissen und so gewährt der manchmal nötige Blick von außen erstaunliche Einsichten oder setzt durch emotionale Subjektivität dem Ganzen noch die Krone auf.

Das Ergebnis unseres Experiments liegt jetzt vor und wir freuen uns, dass es am Ende nicht nur ein Buch für die HSV- und VfB-Fans, sondern für alle Fußballfans geworden ist, die sich gerne von wortwitzigen und sprachgewandten Texten unterhalten lassen.

Also: Anpfiff

1. Spieltag

Hamburger SV – SV Darmstadt 98 1:1
Der friedliche Schlaf des staatlich geprüften
Head-Greenkeepers

Am Rasen lag es nicht. Knappe 26 und ein paar Millimeter. Festgelegt von UEFA und DFL. Überall gleich hoch, 1A gewässert, die Bodengegebenheiten perfekt antizipiert und den Rasen bestens auf das Spiel eingestellt. Den staatlich geprüften Head-Greenkeeper des HSV traf keine Schuld, trotzdem konnte er nach dem Spiel nicht gleich einschlafen. Greenkeeping war sein Leben. Heimlich und wenn niemand ihn sehen konnte, lag er auf dem grünen Teppich und fuhr sachte mit der Handfläche über die Grasspitzen. „Von Spitzen kann gar keine Rede sein, wissen Sie, wenn Sie den Rasen auf die von oben vorgegebenen maximalen 28 Millimeter bringen, dann pikst und sticht da gar nichts. Ganz weich ist er dann. Können Sie sich gar nicht vorstellen. Das ist Kunst, müssen Sie wissen. Sieht halt keiner, aber ich weiß es, das reicht." Eine Akribie, die kaum einer an diesem sonnigen Sonntag im Hamburger Volkspark an den Tag legte. Wäre es nur nach Wetter und Platzverhältnissen gegangen, hätte es ein Fußballfest werden können. Nach Monaten des Herbeisehnens, des Wiedergutmachenwollens, ein Neuanfang. Weg mit den Altlasten. Weg mit Lotto King Karl, der Stadionuhr, den Spielern, die schon ganz andere Zeiten beim HSV erlebt hatten. Der neue verheißungsvolle Seebär mit den steilen Augenbrauen fischt aus einem Pool junger Hechte. Und statt der vermaledeiten Stadionuhr nun die Koordinaten des Mittelkreises. Vielleicht hätten aber die Koordinaten der Tore dem Spiel besser getan. Am Ende derer zwei: Eines auf der falschen Seite und eines auf der richtigen. Gefreut hat sich keiner. Die einen fanden es fies, dass so lange nachgespielt wurde, die anderen fies, dass ihr Spiel als Glück bezeichnet wurde. Fast unwichtig die entscheidende Szene. In der 98. Minute (der gemeine HSV-Fan, meinetwegen auch Schalke-Fan, sollte das nicht als Wiedergutmachung von 2001 werten) kam der große Auftritt vom VAR im Kölner Keller. Elfmeter, eine harte Entscheidung! So ein Dusel, dass einige Hamburger im Stadion doch an die Bayern dachten. Alles weitere Geschichte. Elfmeter, Hunt, Tor, unentschieden und Remis. Zum ersten Mal in seiner Geschichte verliert der HSV nicht sein erstes Zweitligaspiel der Saison. Gratulation. Das sagte sich auch der Greenkeeper, der sich schon wieder freute. Auf ein leeres Stadion und etwas Zweisamkeit. Sachte würde er über das gebeutelte und getretene Geläuf streichen und erst dann friedlich schlafen gehen.

VfB Stuttgart – Hannover 96 2:1
Sternstunden

November 2003 – Champions League Gruppenphase – die zweite Heimpartie gegen die Rangers aus Glasgow.

Ein Knallerspiel.

Mit zitternden Knien steht mein 13-jähriges Ich am Rande der Tartanbahn zwischen Haupttribüne und Cannstatter Kurve. Neben mir eine Frau mit Krokodilsfüßen, die sich kurz nach meinem unbeholfenen Musterungsversuch ihre Kopfbedeckung aufsetzt und sich so in das allseits beliebte Maskottchen Fritzle verwandelt. Um mich herum stehen meine Mannschaftskameraden der C-Jugend des TSV RSK Esslingen – allesamt eingekleidet in schwarze Trainingsanzüge, allesamt behelmt mit schwarzen Champions League-Mützen. Der Otto-Rehhagel-Gedächtnis-Pfiff eines schottischen Menschen mit grauem UEFA-Überziehleibchen heißt uns Jungspunde zusammenzukommen, uns ein ebensolches Hemdchen überzustreifen und in Zweierreihen Aufstellung zu nehmen. Dann geht es auf den Platz. Rechts von uns lassen wir Premiere-Moderatoren und Fußball-Experten ihre Arbeit verrichten – unser Fokus gilt dem Mittelkreis. Über 50.000 Zuschauer verwandeln das Gottlieb-Daimler-Stadion in einen herbstlichen Hexenkessel – wir sind mittendrin und dabei unseren kurzzeitigen Arbeitsplatz einzunehmen. Jeder an eine Lasche, Erdhaken rausziehen, Hände hinter dem Rücken verschränken. Warten, bis der schottische Mensch seine Runde gemacht und die Heringe eingesammelt hat. Hinter uns laufen die Stars in die Arena – Hildebrand, Hinkel, Hleb, Soldo und Szabics in Weiß, Klos, Khizanishvili, Ricksen, Ross und Löwenkrands in Blau. Die Hymne ertönt, die klammen Finger umklammern die Laschen der runden Plane, die üblicherweise im Vorprogramm solcher fußballerischen Großereignisse den Mittelkreis ziert. „Come on, Boys", der Ruf macht unseren Armen Beine und wir wedeln, was das Plastikzeug hält. 33 seconds of fame – und Abmarsch Richtung Eckfahne. Das frisch gesprengte Geläuf bringt die ohnehin schon glatten Turnschuhe in teils bedenkliche Schieflagen, doch mit der letztmöglich aufzubringenden Professionalität gelingt es uns, die Plane an den Ursprungsort unserer Reise zu verfrachten – an den Platz, an dem vorhin noch Frau Fritzle stand, legen wir nun das kreisrunde Sternenbanner ab und dann fällt die bis gerade eben noch militärisch geordnete Perlenkette pubertierender Jungs endgültig auseinander.

Was nun folgt, ist ein aufgeregter Vollsprint um das Stadionrund, der an Intensität jegliche Anforderungen der Saisonvorbereitung übersteigt. Die für uns reservierten Plätze sind am entgegengesetzten Ende des Stadions und in unserem feurigen Fanatismus möchten wir keine Minute des Spektakels verpassen. Wir kommen pünktlich zur ersten Drangphase des VfB, die in der ersten Halbzeit mehr vom Spiel haben und nach einem windigen Freistoßtrick (in Person von Silvio Meißner und Horst „Hotte" Heldt) in Führung gehen. Natürlich heißt der Torschütze Timo Wenzel. Die zweite Halbzeit ist vergleichsweise unspannend – der VfB kontrolliert das Spiel, souverän und unaufgeregt. Ein ganz gewöhnlicher Europa-Cup-Abend endet so mit einem nie ernsthaft gefährdeten 1:0-Heimsieg. „Läuft bei uns", sagt selbstverständlich keiner meiner Kumpels (wir sind ja immer noch im Jahr 2003). Aber wir gehen dennoch zufrieden nach Hause: Der Einzug ins Champions-League-Achtelfinale ist perfekt, Eigengewächs und Hoffnungsträger Andreas Hinkel hat jüngst seinen Vertrag bis 2007 verlängert und nach dem 3:1-Erfolg am Wochenende gegen Hannover sind wir Tabellenerster in der Bundesliga. VfB – I steh zu dir.

Das Gottlieb-Daimler-Stadion heißt mittlerweile Mercedes-Benz-Arena.

Die Tartanbahn gibt es nicht mehr.

Die Sternen-Plane liegt immer noch zerknüllt und modrig riechend in den Katakomben.

Ein Stern prangt nunmehr auf der Brust – und auf dem Brustring.
Erinnerung oder Mahnung oder beides zugleich.
Der Gegner des ersten Zweitligaspieltags heißt Hannover 96.
Ein Knallerspiel.
50.000 sind im Stadion
Furchtlos und treu.

Der VfB gewinnt heuer in ähnlich überlegener Manier mit 2:1. Altmeister Mario Gomez nießt beim Warmmachen einmal entschlossen, findet daraufhin seinen Torriecher wieder und netzt eine formvollendete Vorlage Borna Sosas ein. Daniel Didavi erzielt das erste direkte Freistoßtor seit Krassimir Balakov. Und selbst ein maximal unglückliches Eigentor des Debütanten Maxime Awoudja lässt nur noch bedingt Spannung aufkommen.

2. Spieltag

1. FC Nürnberg – Hamburger SV 0:4
Wurst und Fleisch

Frau Wiedling sollte Recht behalten. Mit ihrer ureigenen Vehemenz, die manch klischeebedürftiger Beobachter als fränkische Sturköpfigkeit betitelt hätte, hatte sie schon am Ende der vergangenen Saison prophezeit, dass man die übrig gebliebenen Würstchen getrost noch bis zum Beginn der neuen Spielrunde aufbewahren könnte. Nun hatte sie Herrn Richard und die junge Aushilfe Bernd mittels einer listig eingefädelten Geschmacksprobe überführt. In die Familienportion Currywurst, die die gesamte Belegschaft von „Werners Würstchensauna" traditionell gemeinschaftlich zu Schichtbeginn verdrückte, hatte sie tatsächlich unbemerkt eine der Fleischwaren verarbeitet, die mittlerweile den überwiegenden Teil ihrer privaten Tiefkühltruhe füllten. „Du bist doch a Dolln", polterte Herr Richard, grinste dabei aber amüsiert in seinen Oberlippenbart hinein, begann nochmal gebetsmühlenartig mit seinem Vortrag über die hiesigen hygienischen Vorschriften, denen er nun mal wehrlos ausgeliefert sei, doch da hatte ihn Frau Wiedling schon mit tosendem Triumphgeschrei überstimmt: „I hobs eich glei gsogt", schmetterte sie, „und in dr zweiten Liga indrressierts doch koi Sau ned, was mir hier brrutzeln."

Tatsächlich war der letzte Mensch vom Gesundheitsamt nach dem gewonnenen DFB-Pokalhalbfinale im Jahr 2007 am Stand vorstellig geworden und (sichtlich verdattert) auch schnell wieder von dannen gezogen, nachdem ihn Frau Wiedling mit dem herzlich, aber bestimmt vorgetragenen Hinweis empfangen hatte, dass sie gerade schon alles sauber gewischt hätte und er sich seine Wurst gerne an der Gästekabinentür abholen könne, da würden wohl noch ein paar lauwarme Frankfurter rumlungern. Diese süffisante Anspielung, welche auf die anno dazumal gerade mit 0:4 baden gegangenen Hessen besonders gut zugetroffen hatte, wiederholte sie bis heute gerne in vergleichbaren Situationen nach Spielschluss, auch wenn die Nürnberger Heimmannschaft verloren hatte. Jedes Mal aufs Neue freute sie sich über diese fleischgewordene Metapher und über feixende Gesichter ihrer Gegenüber.

Was sie im Gegensatz dazu bis heute gar nicht mochte, waren Abendspiele, denn für sie hieß das: vergleichsweise größerer Andrang, tendenziell betrunkeneres Publikum und in jedem Fall ein sehr viel späterer Feierabend. Das unbarmherzige Schicksal bescherte ihr in dieser Saison ein solch unliebsames Ereignis gleich bei ihrem ersten Arbeitseinsatz: Montagabendheimspiel gegen den HSV. Wenigstens würde ihre besagte Pointe in jedem Fall zutreffen, zählten doch, seitdem Aushilfe und ausgemachtes Schleckermaul Bernd das Trio hinterm Grill komplettiert hatte, auch Hamburger zum Portfolio des Imbisses.

Selbige gingen auch an diesem lauen Sommerabend weg wie die sprichwörtlichen warmen Semmeln, die das Fleischpattie traditionell umschlossen. Auffallend früh herrschte reger Betrieb vor „Werners Würstchensauna", allem Anschein nach waren die nordischen Schlachtenbummler schon frühzeitig angereist und die fränkischen Zuschauer just nach Feierabend direkt zum Stadion gepilgert. Schon bald züngelten demnach alle Gasflammen auf Spitzenniveau. Frau Wiedling drehte die Würste, Herr Richard wendete die Burgerpatties, während Bernd dafür zuständig war, Brötchen zu schneiden, sämtliche Fleischwaren nachzulegen und Vorräte aufzufüllen. Die drei von der Würstchensauna präsentierten sich dabei als bestens eingespielte Mannschaft. Pünktlich mit Anpfiff des Spiels verpuffte die Nachfrage nach Gegrilltem und nachdem Frau Wiedling Bernd angewiesen hatte, das Gewürzketchup nachzufüllen, verfiel sie in ihren üblichen halbstündigen Halbzeitschlummer. Herr Richard, der mit Vornamen Werner hieß, demnach der Besitzer des Imbisses und damit auch der Vorgesetzte der schnarchenden Grillgutverkäuferin war, tolerierte dies, ja er genoss es sogar ein bisschen. Die erste Halbzeit war ja auch wirklich die ruhigste Zeit am Imbisswagen. Nicht so an jenem Tag.

Um kurz nach neun sah sich Herr Richard gezwungen, seine Mitarbeiterin mittels eines sanften Ellenbogenstoßes unsanft und frühzeitig aus ihren Träumen zu holen, denn ein aufgebrachter Mob an Männlichkeit nahm Kurs auf die Würstchensauna. Schon aus mehreren Metern Entfernung war zu sehen, dass sie die Bierfahnen gehisst hatten, während die weiße Flagge der Containance nicht mal mehr auf

Halbmast wehte. „Geh kumm gämmer! Gebts uns bittschön elf Hamburrrgr", raunzte es aus der dreiköpfigen Menge, „i kons nemme sehen, diese lauwarmen Nürrrnberrgr Broudwärschd. Da werst ja ferrrückt, werst ja do."

Herrn Richard trieb es die Schweißperlen auf die Stirn, hatte er doch auch Bernd gerade auf die Toilette geschickt und momentan lagen nur drei Burgerpatties auf dem Rost. Doch ehe er zu einer Entschuldigung ansetzen konnte, hatte der Wortführer der brodelnden Bande das Dilemma schon bemerkt und wütend mit der Pranke auf die Theke gehämmert. Beschwichtigend zogen ihn seine zwei Kumpanen an der Kutte zurück, injizierten ihm noch einen Jagdfürst aus der Westentasche, der den Bluthochdruckpatienten vorerst ruhigstellte.

Einer ernstgemeinten Entschuldigung folgte eine (schimpf-)wortreiche Erklärung ihres Gemütszustandes: Roland (der Jagdfürstbetäubte) hätte von Anfang an seine Zweifel an Clubtorhüter Mathenia gehabt und nachdem der HSV bereits nach zwölf Minuten in Führung gegangen und nach 30 Minuten durch einen haltbaren direkten Freistoß, bei dem sich Mathenia böse verspekuliert hatte, auf 2:0 erhöhten, habe es kein Halten mehr gegeben. Einen Platzsturm des rasenden Rolands hatten sie nur mit letzter Kraft und dem Argument, nun eben schon früher essen gehen zu wollen, verhindern können. Nun standen sie da, Hunger hatten sie eigentlich gar keinen, aber der eilig herbeigeeilte Bernd wuchtete just im Moment dieser kollektiven Selbsterkenntnis ein gutes Dutzend Fleischscheiben auf die Feuerstelle. Gleichzeitig kippte Roland, dem die Dosis Kräuterschnaps wohl den letzten Rest gegeben hatte, vollends aus den Latschen und landete mit dem Kopf auf der Thekenkante. Ehe irgendwer einen Laut der Bestürzung über die Lippen bringen konnte, hatte die mittlerweile hellwache Frau Wiedling schon die in Rufnähe stationierten Sanitäter mittels eines beherzten Urschreis zum Ort des Geschehens zitiert. Sie zerrten ihr Opfer in den Krankenwagen, gerade noch rechtzeitig bevor die Massen an hungrigen Halbzeithängehälsen den Imbisswagen stürmten.

Nun war Aufgusszeit in der Würstchensauna – die Mammutaufgabe, eine maximale Anzahl an Fresswütigen in minimalmöglichster Zeit abzufrühstücken, verlangte dem Team alles ab. In Windeseile verteilten sie ihre Waren, nur die Currywurst wurde heute nur spärlich gekauft (was Aushilfe und Marketingstratege Bernd auf dem Nachhauseweg auf den Gedanken bringen sollte, diese Speise in der Halbzeitpause fortan als Hurrywurst zu verkaufen). Unüblicherweise ebbte der Besucherstrom mit Beginn der zweiten Halbzeit kaum ab, die Schlange vor dem Imbisswagen wurde nur unmerklich kürzer. Frau Wiedling und ihr Team bemerkten bei all der Geschäftstüchtigkeit nicht, dass viele ihrer Kunden nach dem Einkauf nicht mehr ins Stadion zurückkehrten, sondern stattdessen den Heimweg wählten. Schon bald waren alle Wurstvorräte aufgebraucht, das Aufhängen eines „Ausverkauft"-Schildes tat sein Übriges und brachte die Anzahl an Wartenden schnell auf den Nullpunkt.

Bernd machte sich gerade daran den Senfspender abzubauen, als er eine wulstig warme Hand auf seiner Schulter spürte: „Was isch mit meine Fleischkäichla in a Weggla? Elf warrns, oderrr? Prrronnnto." Roland war wiederauferstanden und trotz eines Turbanverbands à la Dieter Hoeneß nicht zu bremsen und Bernd schnell wieder am Grill. „Null zu Vierr – Gott sei Dank haddet die em Grrrangewaage kein Bbey-Ddii-wii" schäumte Roland weiter fassungslos. Seinen beiden Begleitern war eine Art an Anstrengung ins Gesicht geschrieben, Hunger hatten sie immer noch keinen, doch sie ergaben sich schlussendlich ihrem Schicksal und damit dem Willen des redenden Rolands. Kurze Zeit später lagen tatsächlich elf Hamburger auf dem Tresen des Imbisswagens und Roland grinste zufrieden.

„N gudn" und zwischen überdeutlichen Essensgeräuschen vernahm man manch wohlbekannte Fußballerfloskel und es kam das Gerücht auf, dass die 0:4-Niederlage des Clubs wohl noch hätte höher ausfallen können, hätte nicht der gescholtene Nürnberger Torwart Mathenia wiederholt gut reagiert. Dem widersprach Roland selbstverständlich vehement und fügte an Frau Wiedling gewandt: „Gute Frrrau, es iis doch jeds Jahr dieselbe Scheiße mit d'am Club. Fei wergli. Jeds Jahr exaggt desselbe. Momend – indressiern Sie sich eignlich überrhaupd für Fussball?" „Ned bsonders", war die Antwort der Angesprochenen. Daraufhin stutzte Roland kurz und schien nachzudenken. „Wissensie", begann er, „I soggs Ihn' amol so: „Angnommen, ihr dädet hier d'Worschd von drr letzten Saison verrrgaufe." Frau Wiedling horchte auf und Roland fuhr fort: „Nur mal angnommen es wär so – S wär scheißeggol, keiner däds schmegge, dass die vom leddsten Johr sind. Und genauso isses mim Club. Jeds Johr exaggt desselbe ..."

Frau Wiedling lächelte verständnisvoll. Frau Wiedling hatte Recht behalten.

1. FC Heidenheim – VfB Stuttgart 2:2
Ausfahrt „Verbandsliga Württemberg"

Ein altes schwäbisches Sprichwort besagt: „Dauert die Fahrt über die Autobahn länger als die Fahrt über die Bundesstraße, dann weißt du, wo der Hase den Pfeffer in die Pampa wirft." Das liegt schon in der Definition von Bundesstraße (Bundesstraße, die: deutsche Fernstraße, auch Überlandstraße genannt, die nicht ausschließlich dem Schnellverkehr dient). Überlandstraße – eine semantische Praline auf der Zunge des Linguisten! Wenn es also erst über die B10 und dann die B466 geht, dann wissen die Stuttgarter: Es geht nicht nach Dortmund, sondern auf die schwäbische Alb – wie damals in der Verbandsliga Württemberg – nach Heidenheim, Hei-den-heim. Das klingt nach Idyll, nach Provinz und nach Rahm auf der Milch. Vergessen, dass es die kürzeste Strecke ist, die die Stuttgarter in dieser Saison zurücklegen müssen und es damit technisch ein Heimspiel sein könnte. Nicht selten kommt es beim Verkehrsaufkommen in und um die Landeshauptstadt vor, dass Fans länger, als das Spiel dauert, für den Weg ins Stadion und zurück brauchen. In schlappen 83 Minuten (Spoiler: dem VfB wäre es lieb gewesen, wenn das Spiel auch nach 83 Minuten vorbei gewesen wäre) also nach Heidenheim heizen, drei Punkte mitnehmen und ab dafür – vielleicht noch ein Eis in der Fußgängerzone oder noch gemütlich zum Schloss Hellenstein und zur Schnatterer-Statue schlendern. So der Plan. Aber nein. Am zweiten Spieltag das erste Spitzenspiel. Gut, wie gesagt, zweiter Spieltag, aber die beiden Mannschaften aus dem Ländle sind ohne Punktverlust ungeschlagen, auch wenn die Voraussetzungen ganz unterschiedlich sind. In Heidenheim stemmen sich die wohlwollend aufgerundeten 50.000 Einwohner gegen die Mechanismen des Geschäfts und klopfen sogar selber dann und wann in der ersten Liga an. Die Sympathen von der Alb mit ihrem Grantler Schmidt und der

Galionsfigur Schnatterer bilden beinahe ein Pendant zu den badischen Nachbarn aus der Liga drüber, die so vorzüglich den alljährlichen Ausverkauf mit jungen Spielern aus dem eigenen Nachwuchs egalisieren. Aber mit denen will natürlich kein Württemberger verglichen werden.

Taktikfuchs Tim Walter hatte schon vor dem Spiel ein psychologisches Manöver in der Mache, als er sich bezüglich der Aufstellung zu einem „wir spielen heute mit elf Torhütern" aus der Reserve locken ließ. Und er hätte zur Halbzeit feixend – „ihr hättet deren Augen sehen sollen" – in der Kabine gesessen, wenn nicht der Dorsch zum Ende der ersten Halbzeit immer wieder riesige Löcher im Netz der Stuttgarter Abwehr fand.

30 von 45 Minuten haben die Heidenheimer nämlich gebraucht, um zu verstehen, dass die Gäste da kein Beton anrührten, sondern Vollgasfußball spielten und sich selbst Innenverteidiger Kempf vor Langeweile dem gegnerischen Strafraum zuwandte. 15 von 45 Minuten versuchten die Heidenheimer dann, ihr neugewonnenes Wissen zur Konteranfälligkeit des Gegners in ein Tor zu übersetzen. Ohne feixenden Halbzeit-Walter dann das gleiche Bild in der zweiten Hälfte. Nur dass es zur Belohnung kurz nach Wiederbeginn nicht mehr 0:0, sondern 0:2 stand. Stuttgart, in der Manier eines Aufsteigers, hatte kurz das Tempo angezogen und eiskalt getroffen. Auf der PK sollte der VfB-Trainer später trotzdem mit dem „Ergebnis nicht zufrieden" sein, weil ausstehende Gastgeschenke kurz vor Ende von Leipertz und Dorsch bzw. dem nach einem Tor lechzenden Kempf – Innenverteidigerkollege Badstuber hatte bereits getroffen – dankend angenommen wurden. 2:2 nach unterhaltsamem Spiel.

Kurz und richtig haben es die Trainer Walter und Schmidt nach dem Spiel zusammengefasst. Der VfB in den ersten 20-25 Minuten der beiden Hälften besser, hatten aber aus den guten Phasen „kein Kapital geschlagen". Und die Heidenheimer sind einfach – Achtung, Lieblingswort und kein Zitat! – Mentalitätsmonster. Klar, statistisch und qualitativ konnten sie den Stuttgartern nicht das Wasser reichen. Jegliche Fragenerei zum Startelfdebütanten und Torschützen Holger Badstuber, dem Berserker der Relegationsspiele, erstickte Tim Walter verbal im Keim. Die Mannschaft steht über dem Spieler. Ob Badstuber durch sein Tor doch nochmal das Interesse einer Champions League-Mannschaft weckt, wollte er demnach nicht beantworten. Am Ende ging es dann auch ohne Eis nach Hause.

Der VfB Stuttgart und der 1. FC Heidenheim sind noch immer ungeschlagen, aber nicht mehr ohne Punktverlust. Macht das den Aufstiegskampf nochmal spannend?

3. Spieltag

Hamburger SV – VfL Bochum 1:0
„Na, Kolega?"

Ein treffsicherer, kumpelhafter Schlag auf die Schulter riss mich aus meinen Gedanken. Branko grinste verwegen und stellte dabei unausweichlich seine beiden Zahnlücken im Oberkiefer zur Schau, „heute große Gewinn?"

„Mal sehen, mal sehen" komplettierte ich den traditionellen Wortwechsel, welcher sich stets exakt so zutrug, wenn ich mal wieder den liebevoll abgeranzten Kiosk an der Herrenwaldstraße betrat und mir vor einem Fußball-Tippschein den Kopf zerbrach.

Branko war der einzige verbliebene Kaufmann der Stadt, der diese Spielsucht-Einstiegsdroge noch offline vertrieb und ich der einzige Verbliebene meines Freundeskreises, der noch nicht zu einem der unzähligen Internetanbieter gewechselt war, die im Rahmen jeder Fußball-Fernsehübertragung regelmäßig um die Wette warben. Der allwöchentliche Gang zu Branko, immer freitags nach Feierabend, läutete mein Wochenende ein und bedurfte, schon allein dieses Umstands wegen, eines gewissen zeremoniellen Charakters. Immer erstmal eine kühle Limonade aus der Dose, dann immer den dritten Tippschein ziehen, immer an den Stehtisch mit dem Brandloch, immer den eigenen Kuli mit der dunkelblauen Mine und immer zuerst das zuunterst aufgelistete Spiel tippen, dann sukzessive nach oben arbeiten. Diese Prozedur wurde stets unweigerlich umrahmt von gedämpfter, aber trotzdem gut vernehmbarer deutscher Schlagermusik, auf deren Unsäglichkeit ich Branko noch nie anzusprechen gewagt hatte.

Meistens kam ich mit meiner Zeremonie bis zum vierten von neun Spielen, ehe Branko mich auf die oben beschriebene Art unterbrach. An jenem Tag hatte ich aber schon für sämtliche Begegnungen des dritten Zweitligaspieltages mein Kreuz gemacht und auf Heimsieg, Auswärtssieg oder Unentschieden getippt. Unentschieden war ich demnach nur noch bei einer Partie.

„Ja, schwierig, schwierig" fing ich an, meine Gedanken zu verbalisieren, „HSV zuhause gegen Bochum. Das 'ne heiße Kiste, da kann halt alles passieren."

„Was die Quote?", fragte Branko und obgleich ich wusste, dass diese Frage rein rhetorischer Natur war, da Branko selbst sein bester Kunde war und sämtliche Spielausgangstendenzen auswendig wusste, antwortete ich:

„1 Komma 6 auf Sieg HSV, 4 Komma 3 auf Unentschieden, 6 Komma noch was auf Bochum." „Hmmm, ja, schwer, schwer", Branko wiegte den Kopf hin und her. „Hamburg früher gut. Barbarez, Romeo, Takahara. Aber jetzt, aaah."

„Ja, und zuhause haben die halt immer auch noch richtig Druck ..."

„Ja, Druck schon, ja, aber Bochum, nur ein Punkt und in Pokal auch schlecht, schlecht ..."

„Ja, daher tendiere ich grad zu 'nem Unentschieden, aber vielleicht wäre das auch zu einfach. Der HSV kann ja nicht immer unentschieden spielen gegen so vermeintliche Mittelklassegegner ..."

„Mit Sergej Barbarez – 100 Prozent Gewinn HSV", Brankos Lächeln steigerte sich zu einem siegesgewissen Grinsen.

„Barbarez spielt aber mittlerweile nur noch Poker", warf ich ein.

„Barbarez – beste Mann", fuhr Branko ungehemmt fort und erzählte wort- und gestenreich davon, dass der ehemalige HSV-Stürmer einst der schwerkranken Stieftochter des Ex-Schwagers seiner mittlerweile unbekannt verzogenen Nachbarin einmal ein unterschriebenes Trikot hatte zukommen lassen. Diese Geschichte kannte ich schon längst, trotzdem lächelte ich höflich und tat so ungläubig überrascht und berührt, als wäre mir die Großzügigkeit seines bosnischen Idols erst unmittelbar vor Augen geführt worden.

„Ja dann ruf doch den Sergej mal an und frag ihn, was er tippen würde."

„Sergej? Immer HSV – Sieg HSV. Klar."

„Aber das ist doch ein Zocker-Typ und bei Sieg HSV ist doch die Quote sehr mau ..."

„Mau, mau. Muss überlegen: Was kann passiere?"

„Der HSV rennt an, hat Chancen ohne Ende, Bochum kontert, ein langer Ball auf Zoller, Bumm 0:1."

„Okay"

„HSV rennt weiter an, verzweifelt, verkrampft, dann irgendein abgefälschter Drecksschuss. Eigentor, 1:1."

„Okay"

„Was Okay?"

„Ja, Ok. Kann sein. Kann auch anders sein. Kittel wieder Freistoßtor, 1:0, dann Kampfspiel, dann 83. Einwechslung Janjičić, der macht 2:0. Aus."

„Janjičić?"

„Is auch guter Mann."

„Der steht doch am hintersten Ende vom Abstellgleis. Mit seinem Mercedes CLA AMG. Und 0,64 Promille. Der wird nicht mal mehr in der Traditionself eingewechselt."

Branko kommentierte meine Aussage mit einem undefinierbaren Laut, der mir jedoch unmissverständlich klar machte, dass er in dieser Sache ganz anderer Meinung war.

„Dann mach halt, was sagt Werbung: Vertrau dein Instinkt."

„Mach ich auch – Unentschieden. So. Getippt."

„Letzte Spiele auch immer Unentschieden. Und keine Tore. Letzte Saison."

„Ja, und ich trau denen einfach keinen Sieg zu. Bochum ist ja schon auch ein Geheimfavorit auf den Aufstieg. Das passt so. Einfach nicht mehr nachdenken. Was kriegst du für die Limo noch?"

„Is gut, gib kurz dein Zettel."

Branko quittierte den Tippschein, nicht ohne noch mal fachmännisch drüber zu schauen. Grinsend gab er mir die Quittung.

„Viel Glück."

„Danke dir."

„Aber ich sag ja, Barbarez hätte …"

„Ja, ja, alles klar", wiegelte ich ab, „der ist wohl ein Engel für dich", fügte ich hinzu und parodierte so die Zeile des just in dem Moment laufenden Schlagersongs.

Branko lachte herzlich beim Winken.

Der Hamburger Sportverein gewann das Heimspiel gegen den VfL Bochum mit 1:0. Torschütze: Lukas Hinterseer.

VfB Stuttgart – FC St. Pauli 2:1
Die Willy-Sagnol-Gedächtnisflanke

Saison 2003/04:
Das Bild ist noch weit entfernt von HD. Die Münchener Bayern in den gewohnten roten Trikots von rechts nach links, aber im heute ungewohnten alten Olympiastadion. Auf der rechten Abwehrseite tankt sich der Verteidiger durch. Ein „moderner Verteidiger", wie es heißt. Einer, der die ganze Seite beackert, hinten wie vorne, das Offensivspiel befruchtet. Aber bis zur Grundlinie kommt Willy Sagnol nicht. Knapp hinter der Mittellinie, 40 Meter vor dem Tor vielleicht, schlägt der junge Franzose mit dem viel zu großen Leibchen den Ball hoch und weit in den gegnerischen Strafraum. „Da ist Schnee drauf", hätte meine Jugendtrainerlegende geschrien und in München hätte das tatsächlich passieren können. So eine coole Vorlage konnte nur der kaltschnäuzige Rudolphus Anton, genannt Roy, Makaay, der Inbegriff holländischer Torgefahr, verwandeln. Gewohnt und routiniert dreht der Holländer jubelnd ab – Richtung Flankengeber Willy Sagnol. Diese Erinnerung ist nur ein Beispiel der sagenumwobenen Willy-Sagnol-Gedächtnisflanke. Viele haben sich seitdem daran versucht und obwohl dem Auge des Laien kaum der Unterschied ersichtlich wird, gibt es ihn doch: Sagnol auf Makaay oder Jeremies auf Jancker – hoch und weit, aber doch ein himmelweiter Unterschied.

Saison 2018/19:
8 Millionen Euro haben sich die Schwaben die Dienste eines zwanzigjährigen Juwels im letzten Sommer kosten lassen. In Zahlen liest sich der Verlauf der Saison 2018/19 dann aber folgendermaßen:
Soll: 8 Millionen – Haben: 613 Minuten in 12 Spielen.
Ungewollt kann wohl Borna Sosa als das Gesicht des VfB Stuttgart in der letzten Saison dienen. Ziel von Dietrich und Reschke – und klar, Anspruch des VfB – war das europäische Geschäft. Nach Platz 7 in der Aufstiegssaison beinahe nachvollziehbar. Trotzdem rieb sich manch ein VfB-Fan verwundert die Augen. In der Transferphase wurden gewaltige und millionenschwere Einkäufe für sehr junge Spieler getätigt. Vorschusslorbeeren in die Zukunft, in die neuen jungen Wilden, die sich

nur und völlig überraschend der Abwehrmann Kabak verdiente und der Verteidigung so etwas Ähnliches wie Stabilität gab, aber vor allem vorne gefährlich auffiel. Die Maffeos, Sosas, González' konnten dieses Versprechen nicht einlösen. Zum Glück konnten sich die jungen Menschen nicht zweiteilen und gleichzeitig im Stadion auf der Bank und im Stuttgarter Osten in einer verrauchten VfB-Kneipe sitzen. Es hätte den Jungs nicht gut getan.

Der Eklat dann unter der Ägide Weinzierl, insgesamt wohl eine Episode, die jeder Stuttgarter schnell vergessen möchte. Sosa beschwert sich, fühlt sich nicht wertgeschätzt und wenig beachtet. Klar, könnte man sagen: Der VfB steckt mitten im Abstiegskampf und Abstiegskampf heißt nun mal Härte und Aktionismus. Die Fans wollen mindestens die Mannschaft kämpfen sehen und keine unlustigen und millionenschweren Legionäre, die dem erstbesten Ruf folgen. In die Kerbe schlagen natürlich die Verantwortlichen. Gras fressen, das Herz in die Hand nehmen und kämpfen, kämpfen, kämpfen. Wenigstens verbal die Einheit zu den Fans herstellen. Verletzte Gefühle werden da als Eitelkeiten und Mimosereien abgetan. Aber der Fußball ist ein schnelllebiges Geschäft, vor allem bei Traditionsvereinen, vor allem wenn die Bilanz der Saison Abstieg heißt.

Saison 2019/20:
Erster Spieltag und auf einmal war da kein Hannoveraner mehr um ihn herum. Bevor er überhaupt begreifen konnte, was das bedeutete, hatte der Ball schon seinen Fuß verlassen und segelte in Richtung Strafraum. Ein sträflicher Fehlpass war das, dachte er, als er dem Ball hinterherblickte. Wirklich, direkt in den Fuß. Dann nur noch an dem einen Gegner vorbeistochern und er war alleine. Viel zu viel Platz zwischen den Ketten. Der Rest war Automatismus. Eine Flanke. Eine Flanke in den Rücken der Abwehr. Zwanzig, fünfundzwanzig Meter vom Tor entfernt. Tausendfach hatte er so einen Ball schon geschlagen. Tausend Mal geübt. Er konnte sogar an dem Gefühl, wie der Ball seinen Fuß verließ spüren, ob es gut werden würde. Da gehörte natürlich noch ein Verwerter dazu, aber das fühlte sich gerade gut an. Der Ball ging gut weg. Mit Kraft und trotzdem ganz leicht und ohne viel Rotation. Satt getroffen, eher wie eine Kanonenkugel. Er segelte nicht, er strich Richtung Fün-

ferkante und senkte sich jetzt. Sosa verfolgte noch immer die Laufbahn des Balles. Das sah gut aus, auch weil er jetzt aus dem Augenwinkel seinen Stürmer anrauschen sah. Der muss nur noch den Fuß reinhalten, schmunzelte er in sich hinein. Ja, der fällt ihm auf den Fuß. Es fühlte sich gut an. Schon als kleines Kind spürte er die große Genugtuung, diese Schönheit einer Torvorlage. Was für eine Flanke. Eine Flanke aus dem Lehrbuch.

Gegen St. Pauli das gleiche Bild. Diesmal sind es sicher dreißig und mehr Meter, aber die Flanke ist die gleiche. Scharf in den Rücken der Abwehr, direkt auf die Fünfmeterlinie. Nur noch reindrücken muss er ihn, nur noch reindrücken muss er ihn. Sosa ist angekommen. Gut Ding will Weile haben. Schon jetzt hat er eine Vorlage mehr als in der gesamten letzten Saison. Zwei Vorlagen in drei Spielen bei sechs Toren insgesamt. Borna Sosa hat sie zurückgebracht – die Willy-Sagnol-Gedächtnisflanke.

4. Spieltag

Karlsruher SC – Hamburger SV 2:4
Díaz von gestern

Das Licht zerschneidet den Rauch in dem abgedunkelten Raum. Regelmäßig das Klicken, wenn sich der Projektor ein neues Dia aus dem Magazin holt und an die Wand projiziert. Ich fläze in dem schweren Ledersessel mit meiner Zigarre in der Hand. Die Bilder zeigen bekannte Gesichter aus der Vergangenheit. Ich hatte sie fast vergessen, aber da sind sie und ich erinnere mich an sie, als hätte ich sie gestern persönlich getroffen. Sie haben geschafft, dass man noch heute von ihnen spricht.

Das Spiel zwischen dem Karlsruher SC und dem Hamburger SV ist nicht irgendein Spiel, nicht irgendein Duell. Es ist die Mutter aller Spiele, es ist die Mutter aller Relegationsspiele. Das erste Zusammentreffen nach diesem historischen Moment musste natürlich ein besonderes sein. Dahingestellt, dass mit Lasogga und Holtby, die beiden letzten Erlebniszeugen, den HSV am Anfang der Saison verlassen haben und beim KSC auch nur noch Gordon die Knochen hinhält. Aber das geht alles viel zu schnell. Also langsam. Es ist eine Reise in die Vergangenheit. Zurück ins Jahr 2015. Zum geschichtsträchtigen 1. Juni 2015. Und selbst das ist nur der Versuch der dramaturgischen Verknappung des Verfassers. Denn das Spiel ging schon viel früher los, also die Geschichte vom HSV und der Relegation und natürlich dem Hinspiel. Also noch weiter zurück:

Die Stimmung gegen den HSV ist in den letzten Jahren, sagen wir mal, angespannt. Und ein klar denkender Fußballfan, wenn denn auch HSV-Anhänger, muss wohl zugeben, dass dies nicht ganz unberechtigt ist. Misswirtschaft und Finanzspritzen durch Mäzen Kühne, Rumpelfußball und die heillose Einbildung der Dino der Liga zu sein, diese unsägliche Stadionuhr und der himmelweite Unterschied zwischen Wunsch und Wirklichkeit, der absurde Verschleiß an Trainern und Managern. Nicht zuletzt die HSV-Fans selbst fühlen sich von ihrem

Verein verschaukelt und vor den Kopf gestoßen. Wie oft habe ich versucht Fan eines anderen Vereins zu werden, aber es geht nicht …

Bis zum – irgendwie auch verdienten – Abstieg war die einzige Erklärung, die ich auch für andere Fans parat hatte: „Ja, ja, stimmt. Der HSV hat eine unterirdische Saison gespielt. Stimmt, genau wie letztes Jahr. Ganz richtig, die hätten den Abstieg verdient gehabt. Aber weißt du was? Egal wie schlecht der HSV spielt, es gibt immer Mannschaften, die noch schlechter spielen!" Das Adjektiv „schlecht" kann da auch wahlweise mit dem Adjektiv „dumm" getauscht werden.

Höhepunkt dieser fußballrepublikweiten HSV-Anfeindung war die Angst der Fußballfreunde in Deutschland, dass der HSV vielleicht doch unabsteigbar sein könnte. Damals, 2015, waren nämlich alle HSV-Hasser kurz davor ihren Willen zu bekommen. Aber da war ja noch was anderes: Seit 2009 war es durch die Relegation wieder möglich, dass nur zwei Mannschaften schlechter sein mussten. Der Spitzenreiter des saisonalen Trio Infernales hatte die Gelegenheit mit zwei Relegationsspielen den Kopf aus der Schlinge zu ziehen. Das Ganze (die Relegation, Anm. d. Verf.) sollte der Saison nochmal die richtige Würze geben, meinte die DFL. Tatsächlich lief es für den HSV auch nicht schlecht. 2014 mussten also nur noch zwei Mannschaften schlechter sein. Die erste Relegation. Aus dem Mund eines galgenhumorigen Norddeutschen hieß das: „Endlich mal wieder ein HSV-Spiel live im Free TV." Im DFB-Pokal war ja seit 2009 meist schon früher Schluss. Gegen Greuther Fürth reichte dem HSV ein Tor und kein Sieg um in der Bundesliga zu bleiben. Ein Jahr später und in der zweiten Relegation ging es gegen den KSC aus Karlsruhe und was spielten die Badener die Hanseaten im Volkspark an die Wand. Aber dann, aber dann! Dann kam der 1. Juni 2015. Darauf spitzte sich alles zu. In der 78. Minute hatte Yabo für den KSC getroffen und nun pfiff Manuel Gräfe Freistoß. Rajkovic hatte Meffert aus kürzester Distanz an die „Hand" geschossen – 18 Meter vor dem Tor, in der 90. Minute. Harte, wenn nicht gar eine Fehlentscheidung.

„Díaz mit rechts oder van der Vaart mit links."

Der Rest ist schnell erzählt. Díaz trifft und rettet den HSV in die Verlängerung. Müller trifft in der 115. Minute zum 1:2 und Rouwen Hennings (ehemals Jugendspieler beim HSV) verschießt in der 120. Minute einen Elfmeter.

Ich sollte später sagen: Das einzige Glück war, dass der HSV im Hinspiel nicht verloren hat bzw. zu dumm war, dass der KSC im Hinspiel nicht gewonnen hat. Was die Karlsruher nämlich im heimischen Wildpark ablieferten, das war weit entfernt von der Leistung ein paar Tage zuvor in Hamburg. Die Hosen waren so voll, dass die Beine schwer wurden. Lirumlarum. Wir brauchen nicht diskutieren, dass der Freistoßpfiff eine Frechheit war. Diese Handentscheidung war damals und ohne VAR falsch, wobei bezüglich der heutigen Handentscheidungen der VAR ja nicht der Weisheit letzter Schluss zu sein scheint. Egal. Damals wäre der HSV abgestiegen, aber geht es darum?

Das ist, in Kurzform, die Vorgeschichte vor dem 4. Spieltag. Der KSC ist wieder zweitklassig, der HSV noch immer. Die Rückkehr in den Wildpark ist erfolgreich. Der HSV gewinnt insgesamt verdient mit 4:2.

Erzgebirge Aue – VfB Stuttgart 0:0
Noch Fragen?

Hätte ich eines meiner Kindheitstraumberufsziele mit mehr Ehrgeiz verfolgt, wäre ich nun womöglich Sportreporter bei einer mittelgroßen Tageszeitung. Wie es der Schlendrian so wollte, brachte ich es bislang nur zu einer Teilnahme einer Spieltags-Pressekonferenz im Rahmen eines Berufsorientierungspraktikums in der 11. Klasse. Der damalige Trainer, der sich damals auf dem Podest den Fragen der wartenden Journalisten stellen durfte, hieß Armin Veh. Kantig, stoisch und ohne mehr Mienen als nötig zu verziehen, beantwortete er sämtliche Fragen in kurzen Sätzen und legte dabei keinen gesteigerten Wert auf Sprachmelodie oder Phrasierung.

Kein Vergleich also zum derzeitigen Trainer Tim Walter. Der schafft es zwar mittlerweile auch, jede dieser allwöchentlich obligatorischen Pressetermine in weniger als 10 Minuten über die Bühne zu bringen, jedoch wirkt er dabei mitnichten distanziert, wortkarg oder gar missgelaunt. Vielmehr versteht er es mit klarer Sprache, entwaffnender Eloquenz und teils auch mit süffisantem Schmunzeln eine stete Überlegenheit auszustrahlen, die in den allermeisten Fällen abstoßend wirken würde, bei ihm aber auf seltsame Weise sympathisch rüberkommt.

Der Menschenkenner in mir wird jedenfalls noch nicht ganz schlau aus diesem bärtigen Bruchsaler. Ist er jetzt tatsächlich ausnahmslos authentisch, wenn er von der Freude am Fußball als wichtigste Grundvoraussetzung spricht, wenn er wiederholt betont, dass er nur auf seine Mannschaft schaue, wenn er jedwede äußere Begleiterscheinung eines Spiels (Trainerwechsel, Transfergerüchte, Vorjahresergebnisse, Name des gegnerischen Teams) als nebensächlich abtut?

Irgendwie müsste der Mann doch aus der Reserve zu locken sein, Humor scheint er ja zu haben, Wortwitz auch.

Doch da der herkömmliche Journalist ohnehin doch immer nur die zu erwartenden Floskelfragen stellt, beginnt der auf dem Weg verlorengegangene und daher Kind gebliebene Sportreporter in mir leise und vergnügt das Sesamstraßen-Lied zu pfeifen, spitzt den Bleistift und notiert nach dem torlosen Auswärtsspiel in Aue folgende Fragen für die anstehende Pressekonferenz:

„Herr Walter, die Anforderungen hinsichtlich der kämpferischen Einstellung und die Vorgaben zur Ballsicherheit haben ihre Spieler in dieser Partie gut umgesetzt. An anderer Stelle haperte es jedoch offensichtlich an Timing und Effektivität.

Sie ahnen, was jetzt kommt: Thema Schwalben. Werden die demnach in der kommenden Woche verstärkt trainiert?"

„Die Defensive hat heute einen passablen Job gemacht, kein Gegentor zugelassen, dennoch stimmt mich eine Szene aus der ersten Halbzeit nachdenklich, in der das Geschwindigkeitsdefizit eklatant zu Tage trat.

Meine Frage: Macht die Innenverteidigung auch weiterhin die Sprintübungen mit Günther Schäfer oder bekommen sie fortan einen Partner auf Augenhöhe zugewiesen? Zeugwart Michael Meusch würde sich anbieten."

„Als Beobachter des Spiels war ich mehrfach irritiert, als im Stadion eine Glocke ertönte. Was hatte es damit auf sich?"

„Die Fans haben das Team auch in Aue wieder vehement unterstützt, gerade in der Phase, als der VfB in Unterzahl spielte, waren sie voll da, verhalfen dem Team durch Nebelkerzengebrauch gar noch zu einer Extra-Trinkpause. Warum sprang der Funke nicht über?"

„Welche Überschrift würden Sie morgen lieber über das Spiel lesen: ‚Aua in Aue' oder ‚Gewürge im Erzgebirge'?"

„Welche Farbe hat der Aufstieg?"

„Hätten Sie etwas dagegen, wenn ich mit Nat Phillips mal 'ne Halbe trinken gehen würde?"

...

Der Realist in mir reißt den träumenden Jungen aus seinem Halbschlaf und schließt mittels Mausklick ein Fenster, auf dem ich just die Facebook-Kommentare der Fans zum 0:0-Unentschieden studiert und ihnen entnommen habe, dass die ersten Berufs-Bruddler schon wieder Fahrt aufnehmen und von den besonders furchtlosen und treuen Anhängern zurechtgewiesen werden. Hier werden Schulterklopfer verteilt, hier wird beigepflichtet. Hier wird Unverständnis geäußert, hier werden Fragen gestellt. Fragen, die Tim Walter garantiert an sich abperlen lassen oder süffisant weglächeln würde.

Der VfB ist noch immer ungeschlagen.

Noch Fragen?

5. Spieltag

Hamburger SV – Hannover 96 3:0
Tor für die Welt

Kein Allerwelts-Tor. Ein Tor für alle Welt. Ein Tor des Willens. Ein Tor nach einer Energieleistung. Ein Tor nach einem satten Rechtsschuss. Ein Tor, das durch Mark und Bein geht. Ein wichtiges, ein besonderes Tor.

Unzählige Umarmungen und schulterklopfende Hände überdecken den dunkelhaarigen Schopf des Torschützen im Heimspiel des HSV gegen Hannover 96. Ohrenbetäubender Jubel übertönt die sich überschlagende Stimme des Stadionsprechers. 3:0, der Endstand. Ein letztendlich souveräner Sieg des alten und neuen Zweitligatabellenführers ist jedoch nur eine gut arrangierte Rahmenhandlung für das Happy End einer beschämenden Geschichte, die drei Wochen lang die Gemüter sämtlicher zweitklassiger Fußballaktivisten in Erregung versetzt hatte.

Protagonist dieser Schmierentragödie war unfreiwilligerweise Bakery Jatta, Flügelstürmer der Hamburger, der in jener Zeit in einem unangenehm grellen Fokus gestanden hatte, welcher die hiesige Fußball- und Medienlandschaft insgesamt in kein gutes Licht stellte. Angefacht von der Sport-Bild fuhren sämtliche Berichterstattungsinstanzen auf dem argwöhnisch gezimmerten Trittbrett des Springer-Zugs mit.

Die Kurzfassung: Besagter Bakery Jatta, gebürtiger Gambier, hieße in Wirklichkeit Bakery Daffeh, wäre schon 23 und damit zwei Jahre älter, als er bei seiner Registrierung als Geflüchteter im Jahr 2015 angegeben hatte. Bestätigt hätten dies angeblich zwei ehemalige Trainer des Spielers, die das selbsternannte Qualitätsmedium nicht beim Namen nennt. Bakary Jatta – ein Asylbetrüger. Einer, der vorsätzlich und zu seinem eigenen Vorteil getäuscht hat, einer, dem demnach die Spielberechtigung entzogen gehört. Oder gleich das Aufenthaltsrecht.

Wo kommen wir denn da hin?!

Die jüngst unterlegenen Gegner des HSV witterten indes ihre Chance auf Wiedergutmachung – wenn schon nicht auf dem grünen Rasen gewinnen, dann wenigstens am grünen Tisch. „Einspruch, Euer Ehren", tönte es aus Nürnberg, Bochum und Karlsruhe. „Ehrenlos" nennt man solch ein Verhalten auf Cannstatter Bolzplätzen, früher sagte man dazu wohl schlicht „schlechte Verlierer." Aber im Eifer des Wettbewerbsgefechts schießt man mancherorts schneller als sein Schatten – manchmal auch an den äußersten Rand des moralisch Vertretbaren. Projiziert man dieses unsportliche Fehlverhalten zurück an den Ursprung des Geschehens, würde man wohl von einer klassischen Schwalbe sprechen, eine, bei der sich selbst Rivaldo nur fassungslos an den Kopf fassen würde.

Seit dem Spott-Bild-Bericht vergingen drei Wochen, drei Wochen in denen hin und her spekuliert wurde, in denen Geburtsurkunden angefordert, Gerichtstermine ausgemacht, Vorladungen versendet wurden. Drei Wochen in denen populistischer Staub aufgewirbelt und allgemeine Verunsicherung gesät wurde. Drei Wochen, bis das zuständige Bezirksamt Hamburg-Mitte die Ermittlungen im Fall Jatta einstellte, nachdem keinerlei Unregelmäßigkeiten in den Angaben des Gambiers zu finden waren.

Am Tag nach den drei Wochen frage ich mich:

Wie konnte es soweit kommen?

Wieso versucht man vorsätzlich und grundlos, diese Bilderbuchgeschichte an gelungener Integration zu beschmutzen?

Warum dichtet man dem Traditionsverein HSV just nach dem besten Zweitligasaisonstart aller Zeiten und der ersten skandalfreien Vorbereitung seit 1983 eine solche Ente ans Bein? Bloße Sensationsgier? Geschmacklose Verstörungsfantasien ausgerechnet vor dem Pokalspiel in Chemnitz?

Oder wurde gar ein BILD-Redakteur aus dem Politik-Ressort in die Sport-Bild-Abteilung strafversetzt?

An dieser Stelle möchte ich nicht weiter mutmaßen, sondern die Geschichte zu Ende erzählen. Zwölf Minuten nach seinem entscheidenden Treffer gegen Hannover wird Bakery Jatta ausgewechselt und verlässt unter Standing Ovations des Publikums den Platz. Ein Verein steht zusammen, vereint wie es sprich- und wortwörtlich so sein soll. Alle für einen, der unbescholten an den Pranger gestellt wurde. Einer für alle, die ein gesteigertes Gefühl des kollektiven Zusammenhalts nicht mehr vorbehaltlos gewohnt waren.

Hannover legte überdies keinen Einspruch gegen die Wertung des Spiels ein, die obengenannten Vereine zogen den ihrigen schlussendlich zurück, zeigten sich reumütig und wünschten dem Protagonisten nur das Beste. Damit fügten sie sich schlussendlich doch ein in die erfreulicherweise breite Reihe der Solidarischen, zu denen auch Ewald Lienen, Sportdirektor des Hamburger Erzrivalen FC St. Pauli gehörte, der wortstark für den einst geflüchteten Jungprofi Partei ergriff und die Geschichte wieder ins rechte Licht rückte: Bakery Jatta, ein feiner Kicker, schießt den HSV zum Sieg.

Ein verdienter Sieg. Ein Sieg des Durchhaltevermögens. Ein Sieg eines starken Kollektivs. Ein Sieg, der durch Mark und Bein geht. Ein wichtiger, ein besonderer Sieg.

VfB Stuttgart – VfL Bochum 2:1
Baumwollhochzeit

Fünfter Spieltag in der 2. Bundesliga – die Baumwollhochzeit unter den Hochzeitsjubiläen. Kaum losgegangen die Ehe, kaum losgegangen die Saison, sagen die einen. Die anderen sagen: Etappenziel. Völlig legitim. Die erste Länderspielpause steht vor der Tür und dann da oben zu stehen, ist die halbe Miete zur Herbstmeisterschaft und die Herbstmeisterschaft ist die halbe Miete zur ausgewachsenen Meisterschaft. Um im Bild zu bleiben quasi die Kronjuwelenhochzeit. Vom zweiten Platz grüßt der VfB mit einem gemütlichen 3-Punkte-Abstand auf Platz 6. Noch ist alles eng da oben, aber dann, gerade dann kommt es darauf an, nicht nur gut in die Saison gestartet zu sein, sondern es geht darum, wie gut es war. 11 von 15 Punkten ist nicht übel und Fürth und Aue mit ihren 8 Punkten freuen sich sicher auch, aber das kann doch noch viel eher als Momentaufnahme aufgefasst werden als die Stuttgarter Platzierung. Aber im Fußballzirkus ist das alles ohnehin nebensächlich.

Was andere machen? „Wir schauen nur auf uns!" 11 Punkte aus 5 Spielen, steht der Aufstieg damit fest? „Wir schauen nur von Spiel zu Spiel." Ganz so leicht ist es in der 2. Bundesliga ja auch nicht mehr. Dort tummeln sich so viele „Bundesligisten", da werden Ziele auch mal forscher formuliert. Klar will der VfB aufsteigen. Aber Etappenziel „Länderspielpause" meint nicht nur eine Etappe der Saison, sondern auch Erkenntnisse, die gezogen werden können. Zum Beispiel: Der VfB kann Spiele knapp gewinnen, ist aber auch immer gut für ein Gegentor. In zwei von fünf Spielen haben sie immer ein Tor mehr als der Gegner geschossen (reicht!). Sie treffen regelmäßig und gerne (sogar 2 der 5 Gegentore hat der VfB selber geschossen). Und unter Walters Händen blühen Sorgenkinder auf.

Eines dieser Sorgenkinder war Nicolás González und wie er so an diesem sonnigen, aber doch schon frischen Septembermorgen auf seine Espressomaschine wartete, erfüllte ihn ein wohliges Gefühl. Im Schnelldurchlauf zogen die Bilder vor seinem Augen vorbei. Was war in diesem Jahr alles passiert? Er, der junge und ja eigentlich noch unerfahrene Argentinier, auf dem Weg nach Deutschland. Stuttgart hatte er vorher noch nie gehört, wo denn? In der Schule? Als hätten deutsche Schulkinder schon mal von Belén de Escobar gehört. Dann haben die Stuttgarter aber 8,5 Millionen Euro für einen Zwanzigjährigen ausgegeben. Eine absurde und abstrakte Summe, gemacht um unvorstellbar zu sein. Aber der erste Sommer war heiß und nahm ihm die Angst vor dem Winter, die die anderen Argentinier im Team bei ihm schürten. Immerhin, die anderen Argentinier! Er war nicht alleine, nicht ganz alleine. González lächelte nun. Denn dann kam Schalke und der unsägliche Pfosten. Die ganze Saison lief nicht, nicht für ihn, nicht für die Mannschaft. Aber der Anspruch an sich selbst war so hoch, egal, ob die Liga extrem schnell und körperlich war. Wie oft war er nach den Spielen aufgewacht und alles tat ihm weh? Er kämpfte und biss und rieb sich auf. Die einen sahen es wohlwollend, die anderen forderten mehr. Und das war immer der Moment, an dem seine Gedanken schwarz wurden und er die dunkle Wendeltreppe hinunter ging. Dann kamen die beiden Spiele im Sommer. Extraspiele. Dead or alive. Friss oder stirb.

González sprach noch immer nicht gerne darüber, aber seine Familie sah es in seinen Augen, wenn sie skypten. Der Freistoß. Tor. Abseits. Abstieg. Er wusste, dass er es so nicht sehen durfte, aber manchmal empfand er es einfach so. Und in den Wochen danach plagten ihn Schlafstörungen und einen Drang einfach zu gehen oder doch zu bleiben und wiedergutzumachen. Auch wenn bis zuletzt nicht klar war, ob er tatsächlich bleiben würde, weil Vereine anklopften, die er seit seiner Kindheit kannte, die in Städten spielten, die er seit seiner Kindheit kannte, war doch jetzt alles in bester Ordnung. Die Spiele mit der Nationalmannschaft im Sommer hatten ihm geholfen und die neue Stimmung im Verein auch. Gleich in seinem ersten Spiel hatte er getroffen und gestern ... das war ein schönes Tor. Endlich, dachte er, ernte ich die Früchte meines Einsatzes. González schaute auf seine neue Stadt und spürte, dass der Sommer zu Ende geht. Sein zweiter Winter stand bevor, fern von Zuhause, aber hier war er nun.

Das konnten auch alle anderen sehen, die den Weg ins Stadion gefunden hatten. Dritter Sieg im dritten Heimspiel war die Marschroute, aber mit dem VfL Bochum kam ein Gegner ins Stadion, der unberechenbar war. So ein Trainerwechsel, wenn auch interimsweise, war ja immer ein zu beachtender Faktor. Tatsächlich entwickelte sich in der ersten Halbzeit ein richtig erfrischendes Montagabendspiel. Der VfB taktgebend und mal wieder mit einem schönen langen Ball, der Packing-Nerds zu unkontrollierten Brunftgeräuschen verleiten ließ. Didavi bekam zwar davon nichts mit, zeigte dafür aber sein feines Füßchen und endlich, dass bei seinen Fähigkeiten auch was rumkommt: zweites Tor plus ein Assist in fünf Spielen. Es folgt dann aber etwas, was sich auch schon in den Spielen vorher abzeichnete. Der VfB hinten unsortiert und gut für ein Gegentor. 1:1 zur Pause und mit González in die zweite Halbzeit. González, der ja auch immer wieder Dinge macht, die man vielleicht anders gelöst hätte, zeigte das Selbstbewusstsein und die Fähigkeit Dinge zu erzwingen. Gonzalo am Sechzehner auf Gonzalez, kurzer Stopp um sich mit rechts den Ball auf links zu legen und völlig humorbefreit ins lange Eck zu knallen. Schönes Tor. González hätte auch nochmal getroffen, aber mit zwei Toren Abstand gewinnen steht erst auf dem Lehrplan für die Länderspielpause. Die Fans müssen sich noch gedulden, wissen aber auch: Das war erst die erste Etappe. Da geht noch was.

6. Spieltag

FC St. Pauli – Hamburger SV 2:0
Remember, remember the twenty-fifth
of November

Dieser Tag war es nämlich – 1995 – als ich, zwischen meinem Vater
und meinem Onkel, das erste Mal den Weg in den Volkspark fand.
Wenn man in Hamburg aufwächst, dann gibt es eine ganz demokra-
tische und faire fifty-fifty Chance, welchem Verein man die Treue hält
– dem HSV oder St. Pauli. Erst viel später und von dieser Entscheidung unabhängig geht es um VfL 93, Altona 93, Victoria oder ETSV.
Eine richtige Entscheidung ist es dann aber doch nicht. Bei mir in der
Familie hielt und hält man eben zum HSV. Mein Vater erzählt noch
heute, wie er damals „Uns Uwe" am Rothenbaum gesehen hat. Meine
Omama strickte uns schwarz-weiß-blaue Schals mit richtigen Rauten
und in meinem Zimmer stand jahrelang eine riesige, zwei Bettlaken
große und selbstgenähte HSV-Fahne von meinen Onkel, die wohl auch
seit Rothenbaumzeiten nicht mehr ins Stadion gebracht werden durfte.

Und mit dieser Vorgeschichte fand ich nun also meinen Weg an diesem Freitagabend nicht alleine in den Volkspark, sondern er wurde mir
bereitet. Dieser Abend war auch nicht irgendein November-Freitag-
Flutlicht-Spieltag-Eröffnungsabend, denn es ging gegen den Stadtrivalen. Bis vor Kurzem hätte ich schwören können, dass Pauli an diesem Abend ein Heimspiel hatte und aus Platzgründen das Spiel im
Volkspark austrug, auch weil ich mir noch immer sicher bin, dass der
HSV in den blauen Auswärtstrikots spielte. Das weiß ich noch, weil ich
die immer so schön fand und es ganz nebenbei auch mein erstes Trikot war.

Aber zurück zum nassen, schmuddeligen Novemberabend. Ich war
ziemlich aufgeregt, auch weil ich damals die Dunkelheit nicht so gerne
mochte und noch heute große Menschenmassen lieber umgehe. Ich
erinnere mich an das laute Gegröle, an Bierdosen und an den Weg durch
den dunklen Volkspark. Den ersten Blick auf das Stadion, das sich vor

mir erhob, werde ich nie vergessen. Die vier großen Flutlichtmasten hatten den Betrieb schon aufgenommen und gleißend weiß und durch den Nebel gedämpft strahlte es von innen heraus. Wir sind von außen dann die vielen Treppen hoch – ich vermute Haupttribüne, weiß es aber nicht genau – und dann sah ich dieses kleine Rechteck grünen Teppichs, das mich jedes Mal wieder faszinieren sollte. Drum herum die Werbebande – Öger Tours und Hyundai, auch TV Spielfilm war noch mit dabei – und die rote Laufbahn. An das Spiel hingegen erinnere ich mich größtenteils nicht mehr, nur an die Lautstärke, die Rufe und Pfiffe, die Menschenmassen.

In der Pause durfte dann ein Fan von der Mittellinie auf ein leeres Tor schießen, mir kam das ganz einfach vor, besonders weil es ja auch einen Gewinn geben sollte. Papa meinte aber, dass es gar nicht so leicht wäre. Ich glaubte ihm wohl, auch weil der Mensch verschoss. In der 88. Minute wurde dann ein Blauer von einem Braunen von den Beinen geholt. Großer Aufschrei, Elfmeter. Harald „Lumpi" Spörl trat an und traf. Ein noch größerer Aufschrei folgte, überall Jubel und Umarmung. Es wurde mit Toilettenpapier geworfen und mein Onkel bekam eine Ladung Bier auf seine schwarze Lederjacke. 1:0. Der Endstand. Auf dem Weg nach Hause war das Gedrängel noch größer und mein Onkel hob mich auf die Schultern. Von oben beobachtete ich das Köpfemeer und versuchte, die schwarz-grauen Borsten meines Vaters im Auge zu behalten, der durfte nicht verloren gehen.

In der Schule spielten wir später die spielentscheidende Szene des Spiels nach. Mein bester Freund freute sich besonders, er hielt es mit „Lumpi" Spörl, ich eher mit dem späteren „Hammer" Ali Albertz, aber das machte ja nun alles nichts. Auch nicht, dass das Tor nicht in der 88., sondern schon in der 41. Minute fiel. Der Kicker sollte das Spiel am Ende mit der Note 3 bewerten, beste Männer auf dem Platz: Schiedsrichter Markus Merk und HSV-Torwart „Richie" Golz. Aber egal, alles egal.

Bei meinem ersten Stadionbesuch hatte der HSV St. Pauli 1:0 geschlagen. Es sollte auch nicht der letzte Besuch sein. Im alten Volkspark verpasste ich dann noch das frühe Tor von André Breitenreiter gegen Spartak Moskau, bis es mich bald zu jedem Spiel in die neue Arena zog. Aber die Lastminute-Meisterschaft der Bayern und die überragende Leistung beim legendären 4:4 gegen Juventus Turin müssen später erzählt werden. Die Frage, warum der HSV bei meinem ersten Spiel mit den blauen Trikots gespielt hat, kann ich immer noch nicht beantworten, aber dass es so war, dafür würde ich eben jenes Trikot verwetten.

Mein Onkel sollte wieder neben mir sitzen, an diesem unsäglichen Montagabend, diesem historischen Montagabend, an dem der FC St. Pauli nach fast 60 Jahren mal wieder am Millerntor gegen den HSV gewann. Gerne würde ich noch mehr schreiben, aber die Wunden sind noch zu frisch.

Jahn Regensburg – VfB Stuttgart 2:3
Zwei Hälften in sechs Sechsteln

Vorbemerkung

Bekanntlich trafen der Jahn aus Regensburg und der Verein für Bewegungsspiele aus Stuttgart schon seit über 40 Jahren nicht mehr in einem Punktspiel aufeinander. An jenem Septembersamstag sollte es dennoch zu einem Treffen alter Bekannter kommen: Gleich drei mittlerweile für Regensburg spielberechtigte Akteure wiesen eine Vergangenheit im brustringbehafteten Trikot aus. Mittelfeldregisseur Max Besuschkov hatte seine komplette Ausbildung bei den Schwaben erhalten, Torjäger Marco Grüttner drei Saisons in der zweiten Mannschaft ausgeholfen und Stammkeeper Alexander Meyer hatte die letzten zwei Jahre lang zumindest am Torwarttraining der Stuttgarter Profis teilnehmen dürfen. Bei den Stuttgartern saß mit Hamadi Al Ghaddioui ein Spieler auf der Bank, der im letzten Jahr noch 33mal für den heutigen Gegner auf dem Platz stand. Besagte Regensburger hatten jüngst in einem furiosen Sturmlauf Tabellenschlusslicht Wehen Wiesbaden mit 5:0 aus dem Stadion gefegt, der VfB kam als ungeschlagener Tabellenzweiter in die Oberpfalz, der allerdings auswärts noch kein Spiel gewinnen konnte. Klare, auf Makulatur gedruckte Vorzeichen also, die eine dramatische Spielentwicklung versprachen.

1/6 (1.–15. Minute)
Eine erfundene Fußballweisheit besagt:
Wenn ein Team presst, das andere auch,
dann hemmt das oft den Spielverlauf.

Das sieht dann buchstäblich so aus:

Sicherheitspass – Sicherheitspass – Sicherheitspass – Fehlpass – Sicherheitspass – Sicherheitspass – Fehlpass – Sicherheitspass – Fehlpass – Sicherheitspass – Sicherheitspass – Flanke – Toraus – Abstoß – Sicherheitspass – langer Sicherheitspass – Stockfehler – Sicherheitspass – Foulspiel – Freistoß – Fehlpass – Sicherheitspass ...

Oder omnipoetisch ausgedrückt:

Stenzel marschiert. Überall hin.
Warum? Was kommt ihm in den Sinn?
Es scheint nun grade so als hätte
er seinen Platz in der Viererkette
noch nicht verbindlich definiert.
Und so wird fleißig ausprobiert.

Auch Silas ist noch nicht im Spiel.
Gelingen will ihm noch nicht viel.
Herr Walter fängt schon an zu zetern.
Hamadi scharrt mit blauen Tretern.

2/6 (16.–30. Minute)
Die Sonne entledigt sich ihres wattigen Wolkenmantels.
Sie überstrahlt die nach einem Reifenhersteller benannte Arena mit ihrem wohlwollenden Licht, während Orel Mangala das Spiel robust an sich reißt.
Der VfB versucht zwanghaft, stets von hinten raus zu spielen, und wird genauso zwingend zugestellt.
Es gibt zwei Ecken. Für jedes Team eine.
Flügelstürmer tauschen ihre Positionen.

Für die Stuttgarter ergibt sich eine erste Schusschance – geblockt.

Für die Stuttgarter ergibt sich eine zweite Schusschance – verwandelt.

González – er braucht halt nur eine Chance, sagt der auktoriale Erzähler im Fernsehen.

Einige VfB-Fans zweifeln seine Allwissenheit an.

3/6 (31.–45. Minute)

Regensburg wird nervöser. Fahriger. Unvorsichtiger.

Es wird gechipt, taktisch gefoult und zu kontern versucht.

Mangala spielt Pässe, als wäre er Didavi.

In der 43. Minute passiert das, was keiner geahnt hätte:

Gregor Kobel macht einen weiten(!), einen langen(!!) Abschlag.

Zwei pressschlagsbedingte Spielunterbrechungen machen Silas zum Sündenbock. Es wird gepfiffen.

Das Schauspiel nimmt seinen Lauf.

Doch erstmal ist Pause.

4/6 (46.–60. Minute)

Plitsch, Platsch, plätscher.

La, le, Lull.

Dann plötzlich. Da!

Insúa!

Sinkt wie von einem Zugvogel gepickt nieder.

Die Regensburger spielen vollkommen mitleidsbefreit weiter und stehen flugs vor dem Stuttgarter Tor. Ein Schuss fällt. Drüber.

Wekesser, der Ball. Weg isse, die Chance.

5/6 (61.–75.Minute)

Es wird gewechselt.

Torjäger Grüttner und Torhüter Kobel liefern sich ein einminütiges Duell am Sechzehnmeterraum – dabei geht es um alles, es geht um einen Abstoß.

In der 70. Minute spitzt sich das Spiel zu, als George in den Stuttgarter Strafraum spritzt, Stenzels lilafarbener Schuh zuckt und George vornüberfällt. Zur Strafe gibt's Strafstoß – Besuschkov trifft zum Ausgleich, Kobels Urschrei zum Trotze.

6/6 (76.–93.Minute)

Der VfB zeigt sich trotzig. Mangala übersteigt und flankt.

Regensburgs Keeper Meyer segelt kursbefreit durch die Lüfte, Didavi geliert die verlorengeglaubte Kugel in die Mitte, Holger Badstuber stupst sie in die Maschen. Der VfB führt fortan.

Er führt sein dominantes Spiel fort, fürwahr: Er spielt die vielzahligen Überzahlsituationen nicht zu seinen Gunsten aus.

Silas, der sich mittlerweile ins Spiel gekämpft hat, trifft den Pfosten und den Querbalken.

So kommt der anfangs noch schmorend mit den Füßen scharrende Hamadi Al Ghaddioui doch noch zum Einsatz und zu seinem großen Auftritt: Sein Flachschuss findet den Weg ins Ziel – zum Jubel aller Stuttgarter, außer ihm. Demütig erträgt er die Gratulationen seiner Kameraden.

Er selbst wird später einen Gegenspieler namens Palacios noch zu dessen Treffer beglückwünschen.

Schlussbemerkung

Erster Auswärtssieg.

Erster Tabellenplatz.

Erste Sahne, diese 2. Liga.

7. Spieltag

Hamburger SV – Erzgebirge Aue 4:0
Moin, Martin

beeb

Jo?
  Moin Martin.
Moin.
  Alles gut?
Jo schon.
  Ey, Mann, echt starkes Spiel, ey.
Danke.
  Du, ey, kriegst jetzt wahrscheinlich 'ne ganze Reihe solcher Anrufe und ich muss schon sagen, hört sich jetz' vielleicht n büsschn blöd an, aber: ich gönn dir das.
Danke, echt, aber wer ...
  Ne Mann, echt, du setzt aber auch immer noch ein' drauf, Mann. Ich dachte echt, als du in Bremen warst: Geschlossener Kreis – Endstation, da bleibt der und schallert mit dem Max Kruse die ganze Bundesliga zusammen, Karriereende und dann ab zum ÖFB-Trainerlehrgang, der soll ja leichter sein als der beim DFB.
Haha, wenn du das sagst, nur ...
  Ne, echt, find ich soo gut, dass du jetzt nochmal beim HSV angeheuert hast du, echt. Feine Sache. Aber gut, der Max is' ja auch aus Bremen abgedampft, nach Istanbul. Völliger Humbug, wenn du mich fragst, der hätte echt 'ne lebende Werder-Legende werden können, Ehrenspielführer und Vorstandsamt danach, et cetera pp. Und dann geht der zu Fenerbahçe und klar trifft er dort nicht. Also mir war's klar, aber egal. Aber Mensch, hat DICH das eigentlich getroffen, als der gegangen ist, dein alter Kumpel?
Also ich wüsste jetzt nicht, was dich das angeht, ich weiß ja nicht mal

...

Schon 'ne miese Aktion von dem, also da wär ich auch angefressen gewesen, kann ich gut verstehen. Aber ey, egal. Jetzt bist wieder zuhause, also richtig zuhause, nicht so fußballerisch zuhause wie in Bremen, sondern so richtig in der Geburtsstadt so, fühlt sich bestimmt geil an oder?

Jo, ähm ...

Ne ich find das echt 'ne super Geschichte, weißt du, ich hab dich und deinen Werdegang ja immer verfolgt. Nicht nur den ersten Gang zu Werder, dann auch weiter in Düsseldorf, krasse Saison damals, echt. Meega, 13 Tore in 30 Spielen. Bääm. Und dann weiter zum VfB, auch ordentlich genetzt, ein Tor mehr und du wärst in der ewigen Top Ten der Vereinsrekordtorschützen gelandet, weißte das überhaupt?

Woah ...

Aber irgendwie bist da auch nie so richtig angekommen, oder? Hatt' ich das Gefühl zumindest. Aber hast's halt echt lang da ausgehalten, sechs Jahre richtig? Mann ey, das ist für den Verein 'ne ganze Ewigkeit. Wie viel Trainer hattest du denn in der Zeit?

Ähm ...

Neun warns.

Echt? So viele?

Jo, wobei? Ne, stimmt, warn nur acht.

Wenn du das sagst ...

Ja, Huub Stevens war zweimal da.

Mhm ...

Alter und dann der Abstieg; Du wurdest ja regelrecht davongejagt aus Stuttgart! Undankbar, fand ich jedenfalls.

Ja, war nicht so cool, aber jetzt sag mal ...

Aber dann kam Hannover – Und: Wamms! Wieder richtig eingeschlagen Mann, 17 Buden und dann: Ey ich seh' noch die Schlagzeile in der HNA vor mir: „Martin Harnik ist Niedersachsens Fußballer des Jahres 2017" – so guut. 55,4 % der Stimmen – Fast doppelt so viel wie Mario Gomez. Brutal.

Ja schon, aber was mich ja auch brutal interessier'n würde ...

Dann wieder Bremen, ham wir ja schon drüber geredet, und jetzt der HSV. Letzte Woche das Derby – schon scheiße gelaufen, aber jetzt: Heimpremiere gegen Aue. Tor gemacht, Torvorlage. Elf des Tages beim Kicker – Alter, wie geil?! Glückwunsch. Echt. Wie geil, wie früher, Mann.

Ja schon, ey aber sorry, wart mal. Ich steh grad echt auf'm Schlauch. Deine Nummer ist unbekannt und mir kommt deine Stimme jetzt nicht ultra vertraut vor, also ich hab' grad keine Ahnung, wer du bist und woher du meine Nummer hast?

Alter Martin, echt jetzt?

Ja sorry, bin grad etwas verwirrt.

Komm schon, weißte nicht mehr?

Ne, bin voll planlos grad.

Junge, damals 2003. SC Vier- und Marschelande. Zollenspieker. Beim Thorsten.

Boah, Alter ist das lang her.

Ja, der Max war auch dabei. Ihr zwei – Herz und Hirn der Jahrhundertmannschaft. Wir ham alles zerlegt, Pauli, Altona, sogar einmal den HSV.

Hm ja, das war'n noch Zeiten, aber wie kommt's, dass …

Find das übrigens stark, dass du dich da noch ab und an blicken lässt. Hast doch auch die neue Flutlichtanlage eingeweiht, oder? Musst mal Bescheid sagen, wenn du mal wieder da bist, vielleicht sieht man sich da mal, dann trinken wir einen. Mit Siggi.

Ich wohn' zwar mittlerweile in Stuttgart, aber ja, bin trotzdem auch noch manchmal oben im Norden.

Jo, an sich gerne, aber wie gesagt, ich kann mich grad nicht erinnern, wer genau …

Ruf einfach an oder schreib bei Threema, WhatsApp hab' ich nicht mehr. Würd' mich echt freun.

Hey, ja gut. Dann sag mir bitte kurz, wie ich dich einspeichern soll.

Mensch Martin, ich bin's doch.

Wer denn jetzt?

Weißt noch, in der C-Jugend beim SC, du bist einmal im Trainingsspiel nicht an mir vorbeigekommen, damals. Als ich dich umgegrätscht hab, auf der Scholle. War alles fair, aber halt hart.

Ah, okay.

Jo.

Ja, ich glaub, ich kann mich vielleicht so ganz dunkel erinnern …

Ja, is ja auch egal, meld dich einfach.

Aa ... Alles klar.

Und hey echt, starkes Spiel. Wirklich.

Jo, Danke, aber ...

Muss jetzt auch los. Training, ditsch noch ein bisschen bei den alten Herren mit. Kreisliga, ganz sutsche. Ahh, da kommt mir grad ne Idee.

Oh ...

Sag mal dein Bruder, kickt der noch bei der Dritten vom SC? Schick mir doch mal seine Nummer und dann lass mal 'n Freundschaftsspiel vereinbaren. Nord-Süd-Schlager: SC Vier- und Marschlande 3 gegen die Zweite von Grün-Weiß Sommerrain. Das wär doch was.

Klingt nach großem Sport, ja.

Astrein. Dann bleiben wir in Kontakt.

Mhm.

Na dann: Tschau Martin, schön dich mal wieder gehört zu haben.

Jo, Tschau.

Bis dann!

beeeb

VfB Stuttgart – SpVgg Greuther Fürth 2:0
Wehret den Anfängen

Am Beginn einer Rede steht das *Exordium*, die Einleitung. Aristoteles war der Ansicht, dass diese nicht unbedingt der Sache dienen musste, sondern Affekt auf das Publikum haben sollte. Der Beginn einer Rede muss das Publikum erreichen. Hier kann schon unterschieden werden: *Prooemium* (1) oder *Insinuatio* (2) oder auch: (1) Ist das Publikum dem Redner wohlgesonnen?, oder (2) „Der Eingang auf gekrümmter Bahn", also ein Redner, der vermutlich auf ein Publikum mit opponierender Haltung stößt. Zweites ist wohl hier der Fall. Es ist nämlich Zeit für einen offenen Brief.

Seit knapp zwei Jahren bin ich in Stuttgart und was habe ich mich erfreut an der neuen Stadt und der großen Fan-Basis hier. Eine wahnsinnige Stimmung und Liebe umgibt den Verein. Erst als ich die heimeligen Gefilde und damit die Blase des eigenen Vereins verlassen hatte, merkte ich, wie wichtig der heimische Verein für das Aufwachsen des Nachwuchses ist – egal wo. Hier spielen also die Kinder im VfB-Trikot im Feinstaub, aber mit den gleichen dicken Schokoeisflecken auf dem Leibchen. Wehe die Eltern wollen abends das Trikot in die Waschmaschine stecken. Niemals! Das war der Eindruck, den ich hatte, als ich Stuttgart und den VfB kennenlernte.

Und als Christoph und ich dieses Projekt begannen, war das auch ein Grund und Teil unserer „Leiden"schaft. Fan wird man und bleibt man. Und um das alles zu ertragen, was in unseren Vereinen passiert, brauchten wir ein Ventil. Denn auch wenn das niemand hören möchte: Unfassbare Parallelen musste ich zwischen dem HSV und dem VfB feststellen. Leicht war es, mich in die Gefühlswelt der VfB-Fans hineinzuversetzen. Ein Verein mit Geschichte und Historie mit Anspruch und ahnungslosen Leuten in verantwortungsvollen Positionen. Kannte ich alles.

Ein Geniestreich war unsere Idee, im Wechsel über die Vereine zu schreiben. Es gibt uns jetzt die Gelegenheit als Außenstehender und durch die Brille eines Laien zu schauen und durch diese besondere Sehhilfe erscheinen manche Dinge logischer oder unlogischer, nachvollziehbarer oder weniger nachvollziehbar, mindestens aber emotionsloser. Und so ist es an mir, mich zum großen Redner aufzuschwingen, zum Moralapostel mit mahnendem Zeigefinger. Und ich rufe euch zu: Wehret den Anfängen. Ende *Insinuatio*.

Ein „schwieriges Umfeld"! Damit lässt sich beim und um den VfB Stuttgart werben. Keine Frage, so ist es auch. Der Verein hat so viele Baustellen wie die Stadt, aber hier ist weder Zeit, noch Raum, noch Fachwissen, um das adäquat aufzuarbeiten. Wozu auch? Deshalb bin ich doch Laie.

Als ich 2017 kam, war Hannes Wolf Trainer und Jan Schindelmeiser Sportvorstand. Neidisch blickte ich als Hamburger auf den Stuttgarter Weg, der da beschritten werden sollte (zum Vergleich für die Interessierten: Markus Gisdol war da seinerzeit Trainer beim HSV, wissen die wenigsten noch). Am Ende der VfB-Saison stand der verdiente Aufstieg und das Wiedererwachen alter Denkmuster. Kaum wieder erstklassig, wieder oben mitspielen. Das geht nicht lange gut, kann nicht gut gehen.

Zwei Jahre später ging es wieder runter und wieder machte der VfB anscheinend alles richtig: Sie haben mit Hitzlsperger einen guten Mann im Vorstand – „Wie gut?", fragt ihr? Er fährt in Stuttgart mit dem Fahrrad zum Spiel, so gut! Haben mit Walter einen guten Trainer. Haben mit Mislintat einen guten Sportdirektor. Haben gut eingekauft. Haben noch kein Spiel verloren und sind Tabellenführer. Bis letzten Samstag. Letzten Samstag hat der VfB als Tabellenführer Greuther Fürth empfangen. Der Anspruch des VfB ist, völlig zu Recht und total nachvollziehbar, der Aufstieg, trotzdem möchte ich an dieser Stelle daran erinnern, dass Gegner Greuther Fürth zum Zeitpunkt des Spiels auf dem 4. Platz war und auch nur einmal verloren hatte. Am Ende gewann der VfB mit 2:0, aber allerorts starteten die Diskussionen. Damit meine ich nicht die Diskussion um die „harte Gangart" des Gegners, über Seguin brauchen wir nicht sprechen. Aber in Medien- und Fankreisen ist die Rede vom schlechtesten Spiel der Saison, jeder Stein muss umgedreht werden, „knallharte Analysen" folgen. Der 2:0-Sieg ein glücklicher Sieg. Warum? Weil Fürth zweimal Latte oder Pfosten getroffen hat? Oder weil der VfB einen Elfer nicht bekommen hat?

Auf einmal fühlt sich Trainer Walter genötigt den Vergleich zu Barca oder Bayern zu monieren: „Viele meinen, wir sind der FC Bayern oder der FC Barcelona der 2. Liga". La, la, la. Das wird man nur, wenn man sich dazu macht. So ist es nun mal, wenn man nach oben will, wenn man da oben steht, dann jagen die anderen und selbst wird man gejagt. Dann hat man meist ein Team mit hoher Qualität und der Gegner muss kämpfen. Das kann wehtun. Aber gleich eine mangelnde-Erfahrung-Diskussion starten? Seid doch froh, dass ihr die ganzen Alten los seid. Ihr habt ein richtig geiles Team, richtig gute junge Typen, ne gute Mischung, wenn ihr mich fragt. Schwarzmalen, wenn es eigentlich mal wieder richtig gut läuft, wenn die Fans endlich wieder mit einem guten Gefühl ins Stadion gehen können? Das kenne ich zur Genüge aus Hamburg und ihr kennt es aus den letzten Jahren. Aber ein 2:0 ist immer noch ein 2:0 und Tabellenführer zu sein, heißt noch immer Tabellenführer sein. Fußballweisheiten, die selbst einem Sepp Herberger zu blöd waren zu äußern. Am letzten Samstag bin ich gegen 16:00 Uhr nach Esslingen gefahren. Am Bahnhof Bad Cannstatt habe ich die Fans stehen sehen und ich konnte aus den Mienen nicht schließen, wie das Spiel ausgegangen ist. Nach einem 2:0-Sieg sah das nicht aus.

Ich stelle zu guter Letzt noch eine kleine Rechnung auf, die auch das Zeug zu einer Fußballweisheit hat: „Ein gewonnenes Scheißspiel bringt drei Punkte, aber das Scheißspiel muss erst einmal gewonnen werden!" Am Ende fragt niemand mehr, wie das Spiel am 7. Spieltag gegen Greuther Fürth war. Unsere Kindeskinder werden in den alten Statistiken sehen, dass das Spiel 2:0 ausgegangen ist, sie werden zu Oma und Opa im Schaukelstuhl laufen und fragen: Wo spielt dieses Fürth jetzt?

Redeschluss oder *peroratio/conclusio* (hier kann noch einmal an die Emotionen des Publikums appelliert werden). Und nun noch ein paar Sahnestücke aus meinem neugelernten Dialekt: Rafft euch! Bruddelt, wenn es sein muss, und lasst es bleiben, wenn es nicht sein muss. Bitte. Ich mag euch nämlich eigentlich. Freut euch, bitte, bitte freut euch. Lasst euch von den Medien nichts einreden. Genießt es und macht es wie Heimspiel- und Tor-Debütant Förster: „Mir hat es Riesenspaß gemacht, endlich hier vor unseren Fans in der Arena aufzulaufen. [...] Zwischenzeitlich hatten wir Glück, aber wichtig ist, dass wir gewonnen haben. Das ist das, was zählt."

Wehret den Anfängen, stammt übrigens ursprünglich aus der Schrift „Heilmittel gegen die Liebe" von Ovid, der darin vor den Folgen des Sich-Verliebens warnte. Für uns alle kommt es zu spät. Wir sind schon verfallen und leiden, trotzdem tut es uns manchmal gut uns zu besinnen: Wehret den Anfängen. Ende der Rede.

8. Spieltag

Jahn Regensburg – Hamburger SV 2:2
Regelkunde

Die Abseitsregel. Die Abseitsregel ist wohl der längst überholte Indikator für die Unterscheidung zwischen Fußballfans und allen anderen (Schönwetterfans, Fußballgroßereignisfans, Deutschlandfahnenschwinger, Fußballhasser). Im Grunde ist es ja ganz einfach. Schwer wird es nur, wenn das Verständnis für 22 Männer oder Frauen, die einem Ball hinterher jagen, nicht existent ist. Hinter vorgehaltener Hand: Verstehen tu ich das auch manchmal nicht, aber das scheint mir nicht die Frage zu sein. Es ist eben das Gefühl, das Feeling oder wie Andreas Möller perfekt pointierte, es ist eben vom „Feeling her ein gutes Gefühl". Die Abseitsregel also:

Ein Spieler steht im Abseits, wenn er bei der Ballabgabe eines Mitspielers näher zum gegnerischen Tor steht, als zwei seiner Gegenspieler (einer der Gegenspieler kann der Torwart sein, muss es aber nicht, da gab es ja auch schon die dollsten Dinger).

Trotz dieser Einfachheit, die diesen Sport auszeichnet (man muss es ja nur verstehen), kommt es immer wieder zu Diskussionen, weshalb diese vereinfachte Form nicht immer reicht. So erlebt am Samstagnachmittag. Der HSV zu Gast im schönen Regensburg. Eine Kaffeefahrt mit Besuch der Walhalla, des Regensburger Doms und der ältesten erhaltenen Steinbrücke Deutschlands, die einfach Steinerne Brücke genannt wird, sollte es aber nicht werden. Der HSV ist in der Vorsaison vom „Jahn" ganz schön vermöbelt worden. Egal von wo die Statistik betrachtet werden will, es bleibt brutal. Beispiel gefällig? 1:7 Tore, 0:5-Niederlage im heimischen Volkspark und das eindrücklichste Beispiel: Der HSV konnte noch nie gegen Jahn Regensburg einen Punkt holen!* Unter diesen Umständen also das nächste Meet&Greet. Vor dem Spiel wurden solche Statistiken natürlich und richtigerweise klein geredet. Beim HSV gab es im Sommer so einen massiven Umbruch und neue Spieler (auch einen ganz feinen Neuzugang aus den Regensburger

Reihen), dass die schlechte Statistik nicht zu einem Kopfproblem werden würde, so sagten sie im Chor. Trotzdem, und es scheint der wichtige rote Faden zu sein, ziehen wir jetzt nochmal die Abseitsregel zu Rate. Verkürzt – siehe oben – funktioniert sie also nicht immer, deshalb hat der DFB diese und alle anderen Fußballregeln nochmal ausführlichst ausformuliert. Unter Regel 11 steht dann folgendes:

„[...] 2. Abseitsvergehen

Ein Spieler, der sich zum Zeitpunkt, zu dem der Ball von einem Mitspieler gespielt oder berührt wird, in einer Abseitsstellung befindet, wird nur bestraft, wenn er aktiv am Spiel teilnimmt, indem er durch Spielen oder Berühren des Balls ins Spiel eingreift, oder einen Gegner beeinflusst, indem er diesen daran hindert, den Ball zu spielen oder spielen zu können, indem er ihm eindeutig die Sicht versperrt, eindeutig aktiv wird und so klarerweise die Möglichkeit des Gegners beeinflusst, den Ball zu spielen [...].

4. Vergehen / Sanktion:

[...] Ein Spieler des angreifenden Teams darf das Spielfeld verlassen oder außerhalb des Spielfelds bleiben, um nicht aktiv ins Spiel einzugreifen. Wenn der Spieler das Spielfeld von der Torlinie aus wieder betritt und sich am Spiel beteiligt, bevor das Spiel unterbrochen wird oder bevor das verteidigende Team den Ball in Richtung Mittellinie gespielt hat und dieser den Strafraum verlassen hat, gilt der Spieler im Sinne der Abseitsregel als auf der Torlinie stehend.

Wenn ein Spieler des angreifenden Teams zwischen den Pfosten im Tor stehen bleibt und der Ball ins Tor geht, zählt der Treffer, es sei denn, der Spieler begeht ein Abseitsvergehen oder einen Verstoß gegen Regel 12 (Fouls und unsportliches Betragen). In diesem Fall wird das Spiel mit einem indirekten oder direkten Freistoß fortgesetzt.[...]"

Long story short: Berührt der angreifende Spieler den Ball mit einem Körperteil, das hinter der Linie liegt, ist es kein Abseits.

Schön und gut, aber was ist passiert? In der ersten Halbzeit trifft Jahn Regensburg, die loslegen wie bekanntlich nur die Feuerwehr, zum 1:0. Aber der Regensburger Marco Grüttner, der im Tor der Hamburger liegt, hatte den Ball noch einmal an den Körper bekommen. Tor oder doch Abseits? Das muss untersucht werden und das kann mittlerweile untersucht werden. Seit dieser Saison gibt es ja auch den VAR in der 2. Liga. „Endlich", rufen die Regel-Nazis. „Da seht ihr es, der Fußball ist tot", die zynischen Fußballliebenden. Nach abermaligem Studierens der Regeln wird jedem klar. Nein, Abseits war es nicht. Dass Spieler Grüttner im Tor liegt, ist komisch, aber nicht verboten (solange ohne Absicht) und er greift ja auch nicht mehr aktiv ins Geschehen ein.

„Hää? Aber er berührt doch den Ball, aus passiv wird aktiv!"

Ja, er berührt den Ball, aber erst hinter der Linie und damit im Aus bzw. da Spieler Grüttner sich ja im Tor wund liegt, eben im selbigen. 1:0. Was für ein Ding. Auf der Hans Jakob-Tribüne wird der HSV schon als neuer Lieblingsgegner auserkoren. Die Hamburger dagegen sprechen es nicht aus, aber denken es sehr wohl: Angstgegner. Trotz des 2:2 am Ende.

Nun, dass hier aber lang und breit über eine Abseitsdiskussion gesprochen wird, die ja zu Recht bewiesen keine war, zeigt das Dilemma eines HSV-Fans einen HSV-Text zu schreiben. Auch im dritten Spiel gelingt dem HSV gegen die Bayern aus Regensburg kein Sieg. Das zumindest die „Glas ist halb leer"-Perspektive. Die „Glas ist halb voll"-Perspektive ist: Der HSV holt seinen ersten Punkt gegen Regensburg. Und Regensburg? Die haben super gespielt und mit viel Selbstbewusstsein – dahingestellt, ob das nun genetisch ist oder mit den letzten Spielen gegen den HSV zu tun hatte – beinahe bitter nur einen Punkt geholt. So ehrlich muss man sein, in der härtesten Liga der Welt.

Stand vor dem 8. Spieltag der Saison 2019/20

Arminia Bielefeld – VfB Stuttgart 0:1
Irgendwo hinter Bad Hersfeld-West

„Das glaub ich nicht, das kann's doch nicht sein".

Schaumi schlug mit der linken Hand auf das Lenkrad, während er mit der rechten den Zündschlüssel im Zündschloss unablässig und ruckartig drehte. Der Motor seines weißen Mercedes 190 D (Baujahr 88) gab sich alle Mühe, seinen Wiederbelebungsversuchen Folge zu leisten. Viel mehr als ein klägliches Aufheulen brachte er dennoch nicht mehr zustande. Dem Fahrer bliebt also nichts anderes übrig, als sein Gefährt, welches grade erst wieder Fahrt aufgenommen hatte, auf den Seitenstreifen zu manövrieren und dort ausrollen zu lassen.

„Nich' dein Ernst jetzt?!"

„Alter, was 'ne Scheiße!!"

„Und ich frag dich noch, ob die alte Mühle das noch schafft ..."

Aus den Kommentaren der mitgereisten Schlachtenbummler Heiko, Didi und Meische sprach blankes Entsetzen. 450 Meter später zeigte Schaumis Tachonadel den gleichen Wert an, den sie auch schon in den letzten zweieinhalb Stunden fortwährend vermeldet hatte. Gleichsam war die Stimmung der Reisegruppe nun auf dem Nullpunkt. Den baustellenbedingten Stau auf der A7 zwischen Bad Hersfeld-West und Hornberg hatten sie ja noch einkalkuliert. Köstlich hatten sie sich über den Ortsnamen „Aua" amüsiert und sich in der dortigen Tankstelle noch mit ausreichend hopfenhaltigem Proviant ausgestattet. Selbiger war allerdings schneller als geplant erschöpft gewesen, was einerseits daran lag, dass sich die Standzeit aufgrund eines Unfalls und der damit verbundenen Verringerung der zu Verfügung stehenden Fahrstreifen (von zwei auf einen) deutlich verlängern sollte. Darüber hinaus hatte Didi bereits nach zwanzig Minuten Stillstand das Spiel ausgerufen, bei jeder Erwähnung des Wortes „Baustelle" zum Sturztrunk anzusetzen.

Nun machte sich zunächst resignierende Stille im Wagen breit.

„Guck mal unter deinem Sitz, da müssten das Warndreieck und die Warnwesten sein", wies Steuermann Schaumi seinen Beifahrer Heiko an. Ungeschickt fummelte sich dieser zwischen den Beinen herum und fand, nachdem er den abgelaufenen Inhalt des Verbandskastens erfolgreich entleert hatte, auch die eigentlich gesuchten Gegenstände. Bevor Heiko seinen Chauffeur darauf aufmerksam machen konnte, dass lediglich zwei gelbe Westen vorrätig waren, war jener schon samt Warndreieck aus dem Auto gesprungen, um die Pannenstelle vorschriftsmäßig abzusichern. Nachdem er zurück am Wagen war, öffnete er nicht die Fahrertür, sondern die Motorhaube und verlor sich augenblicklich in den Tiefen des Motorraumes. Die übrigen Insassen beobachteten das Treiben teilnahmslos, Meische rülpste leise, doch weil er dabei den Mund geöffnet ließ, entwich ihm ein deutlich hörbares „Aaah". „Dee, Aaa, Zeeh" komplettierte Didi scharfsinnig, lachte triumphierend und weidete sich an seiner Geistesgegenwart, welche angesichts seines Spitzenplatzes in der Promillewertung der Auswärtsfahrer tatsächlich verwunderlich war. Keine achtzehn Sekunden vergingen, bis das Trio Infernale einen neuen Schlachtruf auf die Melodie des Dario G-WM-Songs von 1998 gedichtet hatten und lauthals intonierten:

„Aaa Deee – Aaa, Deee – Aaa, Dee, Aaa, Dee, Aaa Zeeeh
Gelber Engel – komm und hilf uns:
Unser Wagen hat Weh-Weh"

Die Gruppe begleitete ihre vokale Verausgabung mit rhythmischem Klopfen gegen ihre jeweiligen Ausgangstüren, was das gesamte Auto zum Schaukeln und den immer noch über der Motorhaube hängenden Schaumi zum Schäumen brachte. Nun machte er seinem Spitznamen alle Ehre – wutentbrannt riss er die Fahrertür auf und brüllte der Sängergruppe seinen angestauten Frust in die geröteten Gesichter: „AAAAALLLTER HALTET MAL DIE SCHNAUZE JETZT!!!" Sichtlich perplex verstummte der Chorgesang und Heiko murmelte kleinlaut: „Wir wollten ja nur helf ..." „AM ARSCH – HELFEN!" Schaumi war richtig in Rage. „BIS DER PANNENDIENST DURCH DEN STAU IST, IST ÜBERMORGEN, IHR NULPEN! AUßERDEM NIMMT UNS DOCH SO KEINER MIT – SCHAUT EUCH DOCH MAL AN, IHR BESOFFSKIS!"

Alle schwiegen betreten und Heiko verkniff sich die Bemerkung, dass der Pannendienst wohl erstmal Fahrer Schaumi aus dem Verkehr ziehen würde, der im Laufe der Fahrt etwas mehr Alkoholhaltiges als nur die ihm zugedachten Radlerdosen vernichtet hatte. „In einer Stunde ist Anpfiff, oder?" Meisches unbedachte Frage trat Schaumis nächste Wutwelle los, doch weil er vor seiner Teufelstirade die Fahrertür zuschmiss, waren ein Tritt gegen das linke Vorderrad des bemitleidenswerten 190 D die einzige Auswirkung, die im Wageninnern davon zu bemerken war. Anschließend griff Schaumi zu seinem Handy. Vehement gestikulierte er und er musste laut sprechen, das war auch von Didis Platz aus deutlich zu erkennen. „Wen ruft der denn jetzt an?", fragte er und nachdem er keine Antwort bekam, tat er es seinen Kumpels gleich, die stillschweigend verfolgten, wie Schaumi sich mehrere hundert Meter vom Auto entfernte und hinter der nächsten Kurve verschwand.

Ehe sie sich über das absonderliche Verhalten ihres Fahrers wundern konnten, kam er ihnen schon wieder entgegengesprintet. „Der ist ja schneller als der Badstuber", kommentierte Meische gerade noch rechtzeitig, bevor Sch(a)umi die Tür aufriss, ein letztes Mal den Zündschlüssel umdrehte, wieder nur ein kurzes Gurgeln des Motors erntete und an die Kollegen gewandt sagte: „Benzinpumpe kaputt, grad mit'm Jorgo telefoniert, der meint das auch. Jungs, da vorne is'n Parkplatz, nach der Kurve noch 200 Meter. Aussteigen, Anpacken – wir schieben den Wagen da hin." „Alter, das doch sau gefährlich", meinte Heiko kleinlaut, aber aus Schaumis Blick las er überdeutlich: Widerstand war zwecklos.

Und so wuchteten die vier Mittvierziger ihre ehemaligen Luxuskörper aus dem altehrwürdigen Daimler und schoben an. Schon nach wenigen Radumdrehungen standen dem Viererteam ihre mangelnde Kondition und ihre nicht vorhandene Erfahrung in Sachen Autoschieben ins Gesicht geschrieben. Schnaubend, schwitzend und fluchend gaben die Vier in ihren VfB-Trikots ein erbärmliches Bild ab, welches von einem vorbeifahrenden Bus, vollbesetzt mit ausgelassen Arminia-Fans, mit einem höhnischen Hupen quittiert wurde. Derart provoziert riss Schaumi instinktiv seine beiden Mittelfinger in die Höhe und wedelte damit in Richtung des rivalisierten Fanlagers. Nur vergaß er dabei seine Pflichten als Anschieber, die seine Mitstreiter indes äußerst ernst nahmen: Sekundenbruchteile später lag Schaumi mit schmerzverzerrtem Gesicht auf dem Asphalt und hielt sich den frisch überrollten Knöchel. Das anschließende Wortgefecht war geprägt von gegenseitigen Schuldzuweisungen, aber angesichts der prekären Straßenverkehrssituation schnell beendet. Schaumi wurde ins Wageninnere bugsiert und sollte lenken und gegebenenfalls bremsen, denn glücklicherweise fiel die Straße nun etwas ab. Die übrigen drei Muskeltiere hievten das Fahrzeug samt seinem angeschlagenen Besitzer folglich tatsächlich erfolgreich in eine Bucht im Parkplatz Fuchsrain. Schwer pumpend ließen sie ihre geschundenen Körper neben dem Wagen sinken.

Schaumi kurbelte das Fenster runter: „Jo Männer, schöner Rotz echt. Hat jemand Sky-Go von euch?" Alle verneinten diese rhetorische Frage, sahen sie doch für gewöhnlich jedes Heim- und jedes noch so weit entfernte Auswärtsspiel live im Stadion. „Ja gut, dann bleibt uns wohl nur der Klassiker", schlussfolgerte Schaumi und begann am Autoradio herumzudrehen. „Wo kommt das denn hier?!" Schaumis erfolglose Suche nach dem richtigen Sender veranlasste Meische, der als Erster wieder zu Kräften gekommen war, dazu aufzustehen und Richtung Klohäuschen zu wanken. Als er nach einiger Zeit erleichtert wieder zurückkam, saßen seine Sportsfreunde versammelt im Auto, die Scheiben waren beschlagen. „LATTE", brüllte ihm der Radioreporter beim Einsteigen entgegen. Die Stimmung im Wagen war aufgeheizt: „WARUM schalten die DRECKSPISSER immer nur zwei Minuten live ins Stadion?", empörte sich Didi, als nach kurzer Zeit ein Song von Bryan Adams die Stadionübertragung ablöste. Heiko war drauf und dran seine Faust im Cockpit des Daimlers zu versenken, wurde aber vom aufgeregten Meische unterbrochen: „Jungs, kurz mal ruhig jetzt: Wie viel Bargeld habt ihr noch dabei?" Die aktuelle Hochrechnung ergab 57,34 €. „Perfekt", goutierte Meische den gesammelten Endbetrag, den er sogleich an sich riss: „Hab auf'm Klo grad 'n LKW-Fahrer kennen gelernt, der hat gesagt, er fährt Bier aus". Kaum hatte er seinen Satz beendet, war er auch schon aus dem Auto gehüpft und kam pünktlich zur Schlussphase der ersten Halbzeit mit zwei Paletten Dosenbier zurück. Sofort wandelte sich die Katerstimmung in volksfestliche Freude – der Bier- und Heilsbringer Meische wurde gefeiert, jeder Song im Radio mitgegrölt, bei jeder Erwähnung des Wortes „Baustelle" geext.

So wurden die immer wiederkehrenden Reportagen von der Bielefelder Alm, wo ihr VfB Stuttgart zur gleichen Zeit gegen die ortsansässige Arminia ein zweitklassiges Spitzenspiel bestritt, lediglich zur Kenntnis genommen („Da passiert ja doch nichts – ohne uns – keine Stimmung"), bevor der nächste Song ein weiteres Freudenfeuerwerk auslöste. Die Fenster des Wagens waren längst allesamt geöffnet, die gute Stimmung schallte über den gesamten Parkplatz – Schaumi hatte seine Fußschmerzen vergessen und voll aufgedreht. Heiko und Didi lagen sich auf dem Rücksitz in den Armen und schmetterten „Taaaake meee – to the magic of the moment ..." Meische dirigierte energisch.

Ein letztes Mal meldete sich der Radioreporter: „Wir schalten nun zur Schlusskonferenz. Was tut sich in Bielefeld, Holger Dahl?"

„Ein eng umkämpftes Spitzenspiel, Bielefeld nur noch zu zehnt, nach der Gelb-Roten Karte gegen ihren Kapitän und Torjäger Fabian Klos. Die reguläre Spielzeit ist mittlerweile abgelaufen, der VfB rennt noch einmal an. Versuchts mit Mangala über rechts, der passt in die Mitte auf Kempf. Der spielt einen Steilpass auf Förster. Der ist gut, Förster im Strafraum, spielt nach innen, da ist Al Ghaddioui ..."

Just in diesem Moment zollte Schaumis Autobatterie der vorausgegangenen Party Tribut und quittierte den Dienst.

Stille.

Die Fassungslosigkeit in den Gesichtern wandelte sich zuerst bei Didi in heiteres Gekicher: „Das ist nicht wahr – das gibt's nicht", nach und nach teilte auch der Rest der Gruppe seinen Galgenhumor.

„Wo ist die versteckte Kamera? Wo ist die verdammte versteckte Kamera?!" „Das darfst du keinem erzählen, wirklich, wenn das jemand rauskriegt."

„Ey, ich pack das nicht. Dafür extra frei genommen und jetzt son Ding, eieieiei."

Meische war es, der dem ausuferndem Gefühlscocktail die formvollendete Krone aufsetzte „Jungs, das hier mit euch erleben zu dürfen: ein Träumchen."

In kollektiver Einigkeit setzten daraufhin alle ihre jeweils letzte Dose an, bevor der beachtliche Rauschzustand sie zunächst in apathische Teilnahmslosigkeit und schlussendlich ins wahrhaftige Land der Träume beförderte.

So erfuhren sie erst auf dem Rückweg, zusammengepfercht auf der Rückbank eines westdeutschen Abschleppunternehmers, vom Last-Minute-Sieg ihres VfB Stuttgart. Hamadi Al Ghaddioui hatte tatsächlich getroffen. Und Schaumi hatte das Warndreieck vergessen – irgendwo kurz hinter Bad Hersfeld-West.

9. Spieltag

Hamburger SV – SpVgg Greuther Fürth 2:0
Der Stoff, auf dem die Träume sind

Mittlerweile ist schon ein Viertel der Saison vergangen, die ersten Trainer sind entlassen worden, die Tabelle gewinnt von Spieltag zu Spieltag an Aussagekraft und einige vor der Saison noch ungleich unklarere Fragen wurden beantwortet.

Ja, der HSV wirkt stabiler und gefestigter als in der Vorsaison.

Ja, auch der Hauptaufstiegskonkurrent VfB Stuttgart kann verlieren.

Ja, Bakery Jatta ist wirklich Bakery Jatta und

ja, Ruud van Nistelrooy kommt zu Rafael van der Vaarts Abschiedsspiel.

Doch der Fußball wäre nicht der Fußball, wenn er nicht tagtäglich neue Fragen produzieren würde, manche von universalem Umfang, manche subjektiv bedeutsam. Die eigene Lebenserfahrung hat wohl jeder und jedem von uns gelehrt, dass die eigenen Bedürfnisse jedweder Art früher oder später gestillt werden sollten, je dringlicher desto eher. Und wenn selbige Lebensnotwendigkeiten von anderen Personen abhängen, gilt es Kreativität, Hartnäckigkeit und manchmal auch eine wohl portionierte Prise Chuzpe an den Tag zu legen. So geschehen (und gesehen) bei der zwölfjährigen Lena aus Hamburg-Borgfelde (Name erfunden, Alter geschätzt, Wohnort wahllos zugeteilt).

Das Interesse an Fußball und dem HSV wurde ihr in die Wiege gelegt, das Interesse am anderen Geschlecht genetisch vorbestimmt und altersgemäß entwickelt. Zielscheibe ihrer Schwärmereien war seit Beginn der aktuellen Saison der neue Spielmacher der Hamburger, der blonde Sunnyboy Sonny Kittel. Schon bei seiner Präsentation als Neuzugang war er ihr sympathisch gewesen, als er dann am zweiten Spieltag sein erstes Saisontor erzielte, hatte er prompt eine Instagram-Fanpage mehr. Bei ihrem zweiten Besuch des öffentlichen Trainings traute sie sich, ihn im Anschluss um ein Autogramm und ein Foto zu bitten. „Viel Glück weiterhin" wünschte sie ihm, nachdem er ihren Wunsch erfüllt hatte, und es sollte Wirkung zeigen: Drei weitere Saisontore und stabile Leistungen folgten. Das allgemeine Ansehen der Hamburger Nummer Zehn wuchs genauso wie Lenas Zuneigung.

Lange musste sie ihrem Vater nicht in den Ohren liegen – die Karten für das Heimspiel gegen die Spielvereinigung Greuther Fürth kaufte er ihr gern und so witterte sie ihre Chance zur vorläufigen Vervollkommnung ihres Fantums: Das im Spiel getragene Trikot des Idols musste her. Und um ihren Helden davon zu überzeugen, gerade ihr und nicht irgendwem anderen der 44.180 erwarteten Zuschauer sein Leibchen zu geben, musste sie ihrem Anliegen besondere Aufmerksamkeit zuteilwerden lassen, das war ihr klar.

In einem unbemerkten Moment stibitzte sie demzufolge ein altes Bettlaken aus dem elterlichen Schrank, auf welchem sie ihrem Wunsch mittels eines Textilfarbstifts in großen Buchstaben Ausdruck verlieh. Zusammengefaltet in der Jackentasche schmuggelte sie das Stückchen Stoff ins Stadion, um bei der Verkündung der Mannschaftsaufstellung empfindlich getroffen zusammen zu zucken: Sonny Kittel saß nur auf der Bank – zum ersten Mal seit dem ersten Spieltag.

Sie verstand die Welt nicht mehr und Dieter Hecking schon gar nicht. Für den Hamburger Teamchef mochte es eine kleine taktische Variante gewesen sein, anstelle von Sonny Kittel mit Kapitän Aaron Hunt zu beginnen, für Lena war es ein Strich durch ihre eigens erdachte Gesamtstrategie. Denn ohne Einsatz von Kittel konnte es kein Trikot für sie geben. Teilnahmslos ließ sie die erste Halbzeit über sich ergehen, der HSV erspielte sich eine Tormöglichkeit nach der anderen – ohne Erfolg. Für Lena war klar, woran es lag.

Die Portion Pommes in der Halbzeitpause hellte ihre Laune kaum merklich auf. Denn der Trainer wechselte nicht – Sonny trabte nur gemächlich an der Seitenlinie auf und ab. Dafür traf Dudziak per Flugkopfball zur 1:0-Führung. Lenas Vater prostete seinem Sitznachbarn begeistert zu. Lena klatschte einmal in die Hände.

Hamburg blieb spielbestimmend, doch Greuther Fürth hatte plötzlich eine Riesenchance zum Ausgleich, die Lenas Vater zum ersten erwähnenswerten Tobsuchtsanfall brachten. Normalerweise strafte ihn Lena bei dieser Gelegenheit stets mit einem tadelnden Blick und Vater entschuldigte sich dann für gewöhnlich und bat sie eindringlich, ihrer

Mutter bloß nichts von seinen verbalen Verfehlungen zu erzählen. Heute blickte Lena stoisch an die Seitenlinie – und sah tatsächlich wie ihr Lieblingsspieler seine Dehnübungen abrupt unterbrach und gen Auswechselbank lief. „72 Minuten, bis der endlich mal'nen Geistesblitz hat", dachte sie in Richtung Hamburger Trainer, da leuchtete schon die Nummer 10 auf der Anzeigetafel mit Lenas Augen um die Wette. Bei jedem Ballkontakt entfuhr Lena ein Glucksen, bei jeder Ecke, die er trat, applaudierte sie schallend. Nun war sie im Spiel, die Zeit schien fortan schneller zu verstreichen. Schon war die 85. Spielminute erreicht. Ein feines Zuspiel aus dem Mittelfeld flog in den Strafraum, Sonny Kittel hatte sich im richtigen Moment auf den Weg in den selbigen gemacht, nahm das Zuspiel zärtlich zungeschnalzend an und überlupfte den herauseilenden Torwart der Fürther. 2:0, die Entscheidung. Lenas Vater lag seinem Sitznachbarn in den Armen und bemerkte so nicht, dass seine Tochter aufgesprungen und die Treppen der Tribüne nach unten gerannt war, ganz nach unten, bis an die Bande, so nah ans Spielfeld heran, wie es eben ging. Im Herunterlaufen griff sie in die rechte Jackentasche, zog das vorbereitete Laken heraus und als sie die letzte Treppenstufe erreicht und den Oberkörper über die Bande gebeugt hatte, entfaltete sie es und übermittelte ihre Bitte an den frisch gebackenen Torschützen:

„SONNY, darf ich dein' Kittel haben?"

Leider vermag ich weder zu wissen noch zu spekulieren, ob dieser Antrag von Erfolg gekrönt war. Ich weiß auch nicht, inwiefern Sonny Kittel sich für Wortwitze empfänglich zeigt, noch dazu auf Kosten seines eigenen Namens.

Ebenso fraglich ist, ob der vor 26 Jahren nördlich der Mainlinie geborene Spielmacher überhaupt imstande war, die Frage richtig zu verstehen? So ist der Ausdruck „Kittel" als Beschreibung für mittellange Arbeitskleidung veraltet, noch dazu nicht im Sportjargon beheimatet und wird lediglich im süddeutschen Sprachraum für nahezu jedwede Art von Oberkörperbekleidung verwendet.

Wie dem auch sei, liebe Lena, ich hoffe, du hast dein Trikot bekommen – wenn nicht nach dem Spiel, dann hoffentlich nachdem Sonny Kittel das Hamburger Abendblatt aufgeschlagen hat, in dem dein Foto abgedruckt wurde.

VfB Stuttgart – SV Wehen Wiesbaden 1:2
Samsons Schicksalstage

Samson hatte es nicht leicht. Das war nicht schwer nachzuvollziehen. Ein Dreizehnjähriger, der Samson hieß, was könnte es Schlimmeres geben? Was hatten sich seine Eltern dabei gedacht? In schwachen Momenten gestand er den beiden aber zu, dass sie sich was gedacht hatten. Samson, die lateinische Form von Simson, was auf Hebräisch „der Sonne gleich" oder „kleine Sonne" bedeutete. Es war nun mal einer der wenigen Leidenschaften seiner Eltern – tote Sprachen. Wie lange hatten sie ihm in den Ohren gelegen, wie nützlich Latein noch heute sei. Das Latinum und am besten noch das Greacum in der Schule zu machen, leichter würde er es woanders nicht bekommen. Sie bearbeiteten Samson so lange, bis er Latein in der 7. Klasse gewählt hatte. Das war am Anfang des Schuljahres gewesen und ein Fehler. Die Eltern wollten alles wissen, helfen, wo sie konnten und wo sie nicht konnten. Es war ein Kreuz Altphilologen als Eltern zu haben, dabei war er wohl der einzige Dreizehnjährige, der überhaupt das Wort Altphilologe kannte. Zugegeben, „kleine Sonne" das war auch ein bisschen süß, aber damit konnten seine Mitschüler*innen natürlich nichts anfangen. Mit Samson, dem dicken, fetten Plüschbären aus der Sesamstraße hingegen schon. Diesen Gedanken musste Samson gar nicht weiterdenken, aber wenn er es recht betrachtete, dann war das auch nicht sein einziges Problem. Nicht nur gestraft mit einem Namen, der ein Elfmeter für jede Hänselei war, hatte Samson noch eine weitere Achillesferse. Als Stuttgarter und Sohn von Stuttgartern im Epizentrum der VfB-Hochburg lebend, war Samson Wehen-Fan. Ein Ding der Unmöglichkeit. Samson verstand, dass die anderen ihn nicht verstanden. Es gab ehrlicherweise keinen einzigen Grund, warum ein Kind Fan vom SV Wehen Wiesbaden sein sollte. Was normalerweise als Kind bei der Wahl eines Vereins zählte: Gewonnene Meisterschaften und Pokale im Allgemeinen. Größe des Vereins und Zahl der Fans. Gründungsdatum des Vereins (je älter, desto besser – klar!). Größe des Stadions. Höchster Sieg. Dauer der Ligazugehörigkeit in der Bundesliga (im besten Falle Gründungsmitglied). Das waren Meilensteine.

Wehen Wiesbaden hingegen kam nicht mal aus Wiesbaden. Samson mit seinen sieben Jahren des „Fan-Seins" konnte fast Gründungsmitglied des 2007 von SV Wehen 1926 – Taunusstein umbenannten SV Wehen Wiesbaden sein. So ist es nun mal im Fußball, das wusste Samson aus einer inneren Wärme heraus. Seine Umwelt sah das anders. Sein Vater, ein ausgemachter Fußballbanause, fiel bei jedem Wehen-Spiel nur auf, dass das W im Wappen Wehens ihn immer an die SG Wattenscheid erinnerte, „die doch auch mal in der Bundesliga gespielt haben, in den Neunzigern muss das gewesen sein." Nervig, aber erträglich. Bei Freunden und Mitschülern*innen sah das schon anders aus. Erschwerend natürlich, dass er mit seinem Gymnasium in Untertürkheim auch noch eines dieser Gymnasien erwischt hatte, in dem besonders auf den Sport-Zweig gebaut wurde. Nicht nur allgemein eine Eliteschule des Sports, sondern auch des Fußballs und einige der (angehenden) Stuttgarter Fußballprofis hatten dort mit Ach und Krach ihr Abitur gemacht. Hier stellte sich nur die Frage, ob VfB oder Kickers. Bayernfans gab es natürlich überall und sie waren auch überall geduldet. Bei Traditionsvereinen würde man vielleicht eine Ausnahme machen. RB wegen Werner allerhöchstens, aber alles darüber hinaus? No Go. Noch schlimmer war alles, was darunter hinausging. Kaliber: Sandhausen, Darmstadt, Wiesbaden.

Es ergab also alles keinen Sinn und Samson wusste sogar im Innersten, dass selbst die Wiesbadener lieber Mainz-Fans wären, aber seit er mit seiner Mutter auf Kur in der Nähe von Taunusstein war, lebte und liebte er Wehen. Da kam Wehen nämlich her – Taunusstein, du Perle Südhessens – und Samson wusste das. Er wusste, dass es der Marketingcoup eines Vereins war, der endlich im Souterrain der Beletage angekommen war. Natürlich klang Wehen Wiesbaden besser, immerhin war Wiesbaden die Landeshauptstadt und die brauchten natürlich Profifußball und der SV Wehen 1926 – Taunusstein ein neues Stadion. Das wusste er jetzt und heute, aber damals, als er mit sechs Jahren dort war, da mochte er nur die Trikots und den ersten Fanshop, in dem er jemals war. Wie auch immer, es war lange alles nicht so wild, weil Wehen Wiesbaden unter dem Radar flog. Dritte Liga, da tuste keinem weh.

Sein bester Kumpel versuchte immer wieder, ihn zum VfB zu bekehren, bloß nicht die Kickers. Dann lieber HSV oder Köln, unter Umständen sogar Dortmund. An Tagen schlimmster Traktion tröstete dieser

Freund sogar: „Weißt du was? Wehen, das ist immer noch besser als Werder Bremen, Schalke oder Frankfurt. Ey, die Fans von den Vereinen sind irgendwo ganz falsch abgebogen."

Aber seit dem Sommer konnte er nicht mehr richtig gut schlafen. Wehen Wiesbaden war aufgestiegen. Normalerweise Grund zum Feiern, machte ihn diese Tatsache nach den Relegationsspielen nervös. Und damit meinte er nicht nur die Relegationsspiele von Wehen. Auch in der Bundesliga-Relegation ereignete sich Unerwartetes. Ergebnis: Wehen Wiesbaden und der VfB Stuttgart waren nun in einer Liga und Samson konnte es drehen und wenden, eines Tages würden sie gegeneinander spielen und Samson wusste im Sommer schon, dass dies schneller passieren würde, als er wollte. Und nun war es soweit. Die Fronten waren soweit geklärt. Der Erste gegen den Letzten. Samson wusste aber, egal wie das Spiel ausging, es würde nur einen Verlierer geben – ihn. Vor dem Spiel die bekannte Anspannung und als Manuel Schäffler Fußballgott in der 3. Minute traf, war Samson froh, dass es nicht zu Null ausgehen würde. 1:1, alles im Soll. Nichts los. Aber dann 1:2, wieder dieser wahnsinnige Schäffler auf Einladung der Stuttgarter Abwehr. Dann nichts mehr, dann Halbzeit, dann Papas blöder Wattenscheid-Spruch und langsam ging Samson die Düse. Stuttgart klar besser, die hatten schon x-mal Alu getroffen. Samson überraschte sich selber, er wünschte dem VfB ein Tor. Erst noch ganz zaghaft, aber als die Zeit weiter und weiter voranschritt immer doller. Ein Ausgleich wäre mehr als verdient, rechtfertigte sich Samson vor sich selbst. Die letzten zehn Minuten drückte er sogar aktiv die Daumen und biss so sehr die Zähne zusammen, dass sein Vater besorgt in seine Richtung schaute. Aber alles Hoffen und Bangen umsonst.

Nun lag Samson im Bett. Zwei Tage und drei Nächte hatte er jetzt Zeit, sich sein Vorgehen am Montag zu überlegen. Er dachte sogar darüber nach, am Montag gar nicht erst in die Schule zu gehen. Gott sei Dank war es kein Montagsspiel gewesen. Er legte sich Ausreden parat: Glück gehabt, der VfB hätte es verdient, blindes Huhn, am Ende steigt ihr auf und wir ab, kannst du nichts machen, Fußballgott, gibt ja noch ein Rückspiel, darf man jetzt alles nicht zu hoch hängen. Aber plötzlich warf Samson sich in seine Kissen und schrie so laut er konnte hinein. Sieg! Gegen den Tabellenführer! Schäffler, du Teufelskerl!

10. Spieltag

Arminia Bielefeld – Hamburger SV 1:1
Wochen der Wahrheit

Es sind die Wochen der Wahrheit, die vor dem HSV liegen und von denen Dieter Hecking nichts wissen will. Die stoische und doch menschliche Gebetsmühle hat schon einiges erreicht in Hamburg. Zusammen mit dem Überraschungscoup Jonas Boldt hat der Fingerspitzen-Grantler den HSV aus einem hochmütigen, aber hässlichen Schwan zu einer unansehnlichen Ente in der Pubertät gemacht. Die Hoffnung, dass darunter etwas Schönes zum Vorschein kommt, ist groß. So recht daran glauben mag aber noch niemand. Nur die Entenpapas Boldt und Hecking stellen sich vor ihren Nachwuchs und regieren mit Zuckerbrot (nach außen) und vermutlich Peitsche (nach innen). Das Ergebnis: In den letzten Monaten wurde auch mal wieder positiv über den HSV berichtet. Und so leiert die Gebetsmühle Hecking also weiter und wieder und wieder die Floskeln und Phrasen, die den alten DSF-Redakteuren die Dollarzeichen in die Augen zaubern. „Im letzten Jahr konnte sich der HSV auch nichts von der Herbstmeisterschaft kaufen." Usw., usf.

Und wahrscheinlich hat er recht. Zwar ist der HSV vor dem 10. Spieltag die beste Mannschaft der 2. Liga (ja, ja, liebe Stuttgarter es ist eine bessere Tordifferenz von 8 Toren), aber diese bisher beste Mannschaft der Saison 2019/2020 muss gegen die bisher beste Zweitligamannschaft des Jahres 2019 ran. Und das ist ja noch nicht alles. Was schwer genug gegen die Ostwestfalen aus Bielefeld werden kann, wird noch doller, wenn es nach dem Spitzenspiel zum Giganten-Duell gegen den VfB geht. Erinnerungen an 2009 und die vier Spiele gegen Werder Bremen in drei Wochen werden wach. Diesmal also gegen den großen Liga- und Traditionskonkurrenten aus dem Schwabenland und das gleich zweimal. Dank des DFB-Pokals und der Losfee Christoph Metzelder finden aber beide Spiele in Hamburg statt, ein Umstand, der mir persönlich nur etwas ausmacht, weil ich die Spiele nicht live im Stadion sehen kann.

Wenn Hecking mich so sprechen hören könnte, dann würde es vermutlich einen Satz heiße Ohren geben. So oder so ähnlich würde es dann klingen: „Der HSV denkt nur von Spiel zu Spiel", „wir tun gut daran Bielefeld nicht zu unterschätzen", aber trotzdem: „Das ist kein richtungsweisendes Spiel", „die Tabellenführung bedeutet am 10. Spieltag gar nichts", und stark redend: „Es ist nicht überraschend, dass die Arminia da oben steht", zum Schluss dann noch: „Wir müssen beweisen, dass wir da oben hingehören", „die Mannschaft muss noch viel lernen", „wir sind noch nicht da, wo wir sein wollen" und bekräftigend nochmals wiederholen: „Das nächste Spiel ist für uns das wichtigste Spiel." So oder so ähnlich könnte er es gesagt haben.

Mensch, der Dieter ist mit allen Wassern gewaschen. Sein Wort Gesetz. Auf ihn ist Verlass. Wenn er das so sagt, dann ist das so. Natürlich. Natürlich ist das Spiel gegen die Bielefelder Arminia kein Selbstläufer, im Gegenteil. Selbst wenn die Ostwestfalen einen sondergleichen Rotz zusammenspielen sollten, die haben vorne immer noch den Hünen Klos, dem nur ein langer Ball richtig auf die Platte fallen muss. Und so entwickelt sich ein richtig gutes Fußballspiel. Der HSV, der gut reinkommt, mit einem kritisierten und engagierten Hinterseer. Erst ein Schuss zum Warmwerden und dann die feine Vorlage von Edmundsson, die Hinterseer nur verwandeln muss. Dann – in der zweiten Halbzeit – ein richtig gutes Spiel. Arminia jetzt auch gut in der Partie und letztendlich mit einem nicht unverdienten Ausgleich. Klos, klar. Mit dem Kopf, wie sonst. Ich will mich gar nicht aufregen über ein etwaiges Foul (vor dem Eckball!). Der VAR hat mir jeden Zorn genommen, auch wenn er dafür keine Gerechtigkeit gebracht hat. Aber da ist Vagnoman auch noch nicht Fuchs genug. Wenn im nächsten Jahr David Jarolim das Taktik-Training übernimmt (oder übernehmen sollte), dann klappt das auch noch, aber so sieht es einfach nur doof aus.

Am Ende des Spiels möchte ich nun wirklich Hecking zitieren. Das hat er schon vorher gesagt und es ging um die Länderspielpause: „Für die, die [gestern] gewonnen haben, war die Pause gut, für die, die verloren haben, war sie scheiße." Und die, die unentschieden gespielt haben, sind unentschieden, ob die Pause gut oder scheiße war. So einfach ist Fußball. Nun heißt es wieder von Spiel zu Spiel denken. Für die Vorbereitung wird es leicht. Zu den nächsten beiden Heimspielen empfängt der HSV ja den gleichen Gegner. Es sind Wochen der Wahrheit.

VfB Stuttgart – Holstein Kiel 0:1
Erfüllte Erwartungen

Die S1 kommt pünktlich, ist gut gefüllt und eine Vierersitzecke riecht nach mittelaltem Erbrochenen. Station für Station passt sich das Farbenspiel der Insassen der äußeren Gestalt des öffentlichen Nahverkehrsmittels an – der ganze wilde Süden strahlt in weiß und rot. Die Schals an den Hälsen erinnern an internationale Spitzenspiele aus dem letzten Jahrzehnt, Nummern und Namen auf den Rücken der Anhängerschaft zeugen von Klassespielern und Karteileichen. Am Neckarpark entleert der Schlachtenbummelzug seine frenetische Fracht und mit dem weiß-roten Strom lasse ich mich treiben – hin zu meinem ersten Stadionbesuch der laufenden Saison.

Zum zweiten Mal ist der VfB nun schon binnen kürzester Zeit in die 2. Liga abgestiegen. Zum zweiten Mal vermeldet der Verein ungeachtet dessen Dauerkartenverkaufsrekorde und steigende Mitgliederzahlen. Auch in dieser Spielzeit ist man in der zweitklassigen Zuschauertabelle unangefochten auf dem ersten Rang. Die gesamte zehnminütige Wanderung von der Bahnstation zum ausgemachten Treffpunkt mit Sports- und Busenfreund Max mache ich mir Gedanken, welche Gründe diese, rational nicht ohne Weiteres zu erklärende, Entwicklung haben könnte. Die Ticketpreise sind nicht exorbitant gesunken, die Aussicht, Spiele zu gewinnen dagegen nur tendenziell gestiegen. Die Anstoßzeiten sind verbraucherunfreundlicher geworden, die gegnerischen Mannschaften eher unattraktiver.

Max begrüßt mich mit einem angenehm kühlen Radler aus der Dose und der Dauerkarte eines verhinderten Kumpels. Der Plausch über das zu Ende gehende Wochenende wird bald von Fachsimpelei über die just veröffentlichte Mannschaftsaufstellung abgelöst. Ein paar Zeigerumdrehungen später haben wir unsere Plätze eingenommen, wie 54.174 andere Menschen auch. Alle in freudiger Erwartung des Heimspiels gegen Holstein Kiel, einen Gegner aus dem hinteren Tabellenmittelfeld – so scheint es.

Mit dem Anpfiff trudeln auch unsere unmittelbaren Sitznachbarn ein, man kennt sich, begrüßt sich teils mit Handschlag, teils mit vielsagenden Blicken. „Alles Dauerkarteninhaber", erklärt Max, der Ball rollt derweil durch die Stuttgarter Reihen. Mit gefühlt 102 % Ballbesitz walten die weiß-roten Leistungssportler um den Strafraum der sogenannten Störche aus Kiel. Engagiert, doch noch ohne zwingende Ideen. So mancher Pass verfehlt sein Ziel und ein unnötiger Stockfehler nötigt unseren Vordersitzer zur ersten spöttischen Bemerkung: „Zweite Liga Premium" sei das Dargebotene. Die erste Halbchance des VfB, die von einem Kieler Abwehrbein geblockt wird, kommentiert er mit: „Blindes Draufgebolze." Die Erwartungshaltung in diesem Block auf der Gegengerade scheint demnach eine Besondere zu sein, die Zündschnüre der Zuschauer dazu besonders kurz.

In Minute 18 erhebt sich unser Nebensitzer das erste Mal von seinem Stuhl, nicht um der gesanglichen Aufforderung aus der Kurve („Steht auf wenn ihr Schwaben seid") Folge zu leisten, sondern um seinen Unmut in Form einiger langer und gellender Pfiffe Ausdruck zu verleihen. Selbst die für gewöhnlich überkritischen Haupttribünensitzer sind noch still, aber nachdem in der 33. Minute der Führungstreffer noch immer nicht gefallen ist, bekommt der Erstpfeifer die erwartete Unterstützung aus dem eigenen Block. „Unglaublicher Fußball" – der Zyniker in der Reihe vor uns klatscht höhnisch. Als der Stuttgarter Stürmer Silas mit einem Schuss an die Torlatte dem Erfolg bedenklich nahekommt, bringt er dann aber zumindest ein authentisches „Puh" über die Lippen.

Die Halbzeitpause verbringt die Bruddlerbande geschlossen am Bierstand, während Max und ich zu erörtern versuchen, was dem Spiel der Stuttgarter den erfolgsbringenden Kick geben könnte, der gegebenenfalls auch unsere Umsitzenden zumindest temporär in Verzückung versetzen dürfte.

Doch mit Beginn des zweiten Spielabschnitts wird schnell deutlich, dass jede Hoffnung auf eine effektvolle Wendung des Spiels vergebens sein sollte: Innenverteidiger Holger Badstuber wird nach wiederholt ruppigem Einsteigen mit der gelb-roten Karte des Feldes verwiesen und reiht sich beim Verlassen des Rasens spielend leicht in die Verbalaggression unserer Sitznachbarn ein. Bald darauf findet eine Kieler Kopfballbogenlampe aus heiterem Himmel den Weg ins Stuttgarter Gehäuse – 0:1. Das lässt den VfB und seine Anhängerschaft verzweifeln und während sich die Spieler mit den weißen Stutzen an der norddeutschen Defensive die Zähne ausbeißen, pfeifen die sogenannten Fans durch die selbigen. „Sammal geht's noch?! GRAUSAM!!!", entfährt es unserm Vordermann; „PFUI!!! Dusel hoch zehn", gibt sein Nebensitzer nach einer vergebenen Kieler Konterchance zu bedenken. „Was für ein MÜLL!!" Der Mann direkt neben uns vergräbt den Kopf in seinen Händen und tippt, dank übergroßem Handydisplay und ausbaufähiger Schreibgeschwindigkeit auch für mich gut sichtbar, eine Chat-Nachricht an einen Hannoveraner Leidensgenossen: „Mit uns geht's drastisch bergab – Walter Fußball ist gescheitert". Nun wird auch noch Stürmerstar Mario Gomez eingewechselt und während ich auf den Pizarro-Effekt hoffe, in den Super-Mario mit seinen jugendlichen 34 Jahren zugegebenermaßen erst noch hineinwachsen muss, spottet ein weiterer Zuschauer: „Wie kann man so ne Pfeife einwechseln?! Vier Millionen verdienen und es kommt nichts. Nada. Nossing ..."

Mein gedachtes Kompliment ob der Mehrsprachigkeit dieses Ausspruchs wird vom Schlusspfiff übertönt, der die Gewissheit bringt, dass wirklich nichts (Nada. Nossing) mehr passiert. Der VfB verliert auch das zweite Heimspiel hintereinander – wieder gegen einen vermeintlichen Abstiegskandidaten. Um uns herum wird abgewunken, es werden Köpfe geschüttelt, gepfiffen wird auch.

Die Antwort auf meine anfänglich gestellte Frage nach einem plausiblen Grund für die weiterhin hohen Zuschauerzahlen scheint weiter entfernt denn je. Max und ich lassen die Klappsitze hochschnellen und sind schon im Begriff uns in den Storm der fluchtartig das Stadion verlassenden Menschenmasse einzugliedern, als uns ein Dialog aus der Reihe vor uns aufhorchen lässt, den ein vorbeigehender mit dem besonders begabten Bruddler vor uns führt:

„Schönen Sonntag no'!"

„Jo, gleichfalls."

„Wobei: scho' versaut, oder?"

„Naja, I hans g'wusst wieder!"

„Hasch Recht."

„Also bis näggschdes Mal"

„Ade."

Das muss es sein: „I hans g'wusst wieder!" Hier liegt der Grund begraben. Der VfB erfüllt schlicht und ergreifend stets die ureigenen, teils verborgenen Erwartungen der schwäbischen Fan-Seele. Und das mit einer traumwandlerischen Sicherheit, nach der man die Stadionuhr stellen könnte. Auf was kann man sich noch verlassen in dieser schnelllebigen Zeit? Das Stadionbier hat nur noch weniger als 5 % Alkohol, die Sportvorstände kommen und gehen im Wochenrhythmus und im Gleichschritt mit Trainern und Spielern, die Gegner heißen nicht mehr München, Dortmund oder Schalke. Doch das Aufregungspotenzial dieses provinziellen Großstadtklubs bleibt bestehen und wird wohl niemals untergehen. Wo kann man sonst noch ungestraft und gleichzeitig berechtigterweise fluchen und zetern? Beim VfB.

Wo wird dieses Verhalten noch so vorbehaltslos geteilt und unterstützt? Beim VfB. Wo gibt es denn noch so einen Rummelplatz der gereizten Rhetorik? Nur beim VfB.

Der VfB ist das gern genommene, allgemein verträgliche, kollektiv verbindende Ventil für jegliche Unausgeglichenheit mehrheitlich maskuliner Menschen – und bestätigt dies Woche für Woche.

Zu den Klängen der ehemaligen Vereinshymne „VfB, I steh zu dir" verlassen wir die Arena. Und mir scheint etwas klarer geworden zu sein, warum dieser Satz für Stuttgarter Fans gerade in Zweitligazeiten eben doch nicht nur ein loses Lippenbekenntnis darstellt.

11. Spieltag

Hamburger SV – VfB Stuttgart 6:2
Mund abputzen, weitermachen!

Eigentlich wollte ich einen ganz anderen Text schreiben, aber manchmal kommen die Dinge eben anders, als man denkt.

Ich könnte jetzt erzählen, was ich geplant habe, wie ich als Hamburger nachvollziehe, wie der VfB sich im Elysée Hotel einquartiert, wie sie sich – da ja noch ein zweites Spiel ansteht – den schönsten (noch) Rasenplatz Hamburgs am Borgweg im Stadtpark gesichert haben. Aber was soll das, wenn ich den Text eh nicht schreibe? Was versuche ich denn überhaupt das Bild der Stuttgarter in Hamburg zum Leben zu erwecken, wenn ich doch an diesem besonderen Spieltag in Stuttgart sitze? Wo doch der VfB ohnehin nicht die Tage bis zum nächsten Aufeinandertreffen in der Hansestadt zum Sightseeing nutzt, sondern wieder zurück ins Ländle düst? Was ist überhaupt besonders an dem Spiel?

1. Ich bin Hamburger im Stuttgarter Exil! 2. Ich schreibe als HSV-Fan zusammen mit einem VfB-Fan einen Blog über unsere Vereine. In der Summe macht es das Spiel zwischen diesen Mannschaften natürlich automatisch zum Spiel der Spiele und in Stuttgart gibt es nur einen einzigen Ort, an dem so ein bedeutsames Spiel geschaut werden kann: Die Schubibar! Die Schubibar heißt eigentlich Schubart Stube und ist die beste Fußballkneipe der Stadt. Da gibt es kein Wenn und kein Aber, nur ein „Isso". In dieser ehrlichen Kneipe bekommt man für viel Geld viel Bier und den Nachbarn als VfB-Hooligan. Ein Ort, der dich weich umschließt und erst nach 90 Minuten plus Nachspielzeit wieder auf den Asphalt des wahren Lebens spuckt. Als erwähnter Exilant ist das Standing bei einem doch durchweg VfB-geprägten Publikum natürlich schwer. Da pokert man nur darauf – wie damals in der Jugendmannschaft –, dass sich der Gegner nach dem ersten Gegentor selber zerfleischt und mehr von der eigenen Mannschaft als vom Gegner genervt ist. Wie gut das geklappt hat, ich hätte es nicht für möglich gehalten. Was war das denn bitte für ein Spiel? Dabei fing es für mich persönlich gar nicht so gut an.

Das Spiel:

Zum einen war ich so viel zu spät in der Kneipe, dass ich das erste Tor gar nicht mitbekommen habe, zum anderen war mein Stammplatz besetzt. Frechheit, aber kein Tag, an dem man schon zum Spielbeginn und mit einer Führung im Rücken Ärger mit der Mehrheit anzettelt. Also: Zweitbester Platz und erstmal gucken, wer es gewagt hat, den Platz zu klauen. Stuttgarter, wenig überraschend. Die waren natürlich nach dem 1:0 schon auf Temperatur. Und bevor ich überhaupt ein Pils in der Flosse hatte, stand es ja auch schon 2:0. Ohne das bisherige Spiel gesehen zu haben, war das Problem klar. Die Stuttgarter Abwehr. Nicht, dass mich das überrascht. Schon vor Wochen habe ich meinem Schreibpartner gesagt, dass der VfB zu viele Gegentore bekommt. Damals fand er das Problem noch nicht problematisch genug, aber als HSV-ler (das letzte Mal als die eine positive Tordifferenz hatten, sind die wohl Meister geworden) kennste die Problematik genau. Der HSV war aber auch gallig. Stand in der ersten Halbzeit hinten gut drin. Nervte die Stuttgarter, provozierte Fehlpässe am laufenden Band und hatten vorne mit Kittel, Harnik und Jatta drei unausstehliche Störenfriede. Am Nebentisch wird gegen die Stuttgarter Hintermannschaft, Tim Walter und Gomez geätzt, der spielt zwar nicht, aber klatscht die HSV-Bank ab. Ich bin beinahe froh als Leibold zu Heuer-Fernandes zurück köpfen will, aber unnötig zur Ecke klärt und die auch noch über Umwege und González im HSV-Tor landet. Kurze Freude am Nebentisch. Zum Anstoßen der Trinkspruch „der trifft auch nur, wenn du ihn anschießt" und „2:1 in der 30. Minute nehme ich!". Mit dem nächsten Angriff ein feines Lächeln auf meinem Gesicht und eine geballte Faust unter dem Tisch. Keine Ahnung wo die Stuttgarter Spieler waren, aber in der Abwehr bzw. in der eigenen Hälfte nicht. Jatta fein in die Gasse auf Moritz (Moritz!) und der noch feiner auf Kittel und der mit dem Kopf (mit dem Kopf!) ins Tor. Am Nachbartisch, und erst als sich die Wogen etwas geglättet hatten, hieß es: „Na, ein 3:2 in der 44. Minute nehme ich auch!" Gab es nicht. 3:1 zur Pause und ich noch kein Stück beruhigt. Vorne gut, aber hinten schon auch anfällig.

2. Halbzeit:

Was ist denn jetzt los? Castro kommt ins Spiel und der HSV nicht mehr aus der eigenen Hälfte. Ich würde sogar so weit gehen, dass der VfB klar besser ist und auch trifft, aber auf jeden eigenen Treffer kommen 3 HSV-Treffer. Sicher hat der HSV Glück, dass das 4:3 zurückgepfiffen wurde, aber ohne Partei zu ergreifen, würde ich die Regelung als das Problem sehen. Die Frage ist nicht, wie González da mit dem Arm hinkommt, sondern die Antwort ist: Ja, er bekommt den Ball an den Arm und das ist Hand. Hart, aber nicht das erste Mal in dieser Saison der Stein des Anstoßes (auch schon hier im Blog!). Klare Forderung: Ändert diese Kackregel!

Kommen wir aber zurück zu mir in die Schubibar! Nachdem der VfB das 4:3 nicht macht, schießt der HSV das 5:2. Wahnsinnig effizient die Jungs heute! Und erst jetzt kann ich entspannen. Das 6:2 dann aus Hamburger Sicht die Krönung und für die Stuttgarter eine schallende Ohrfeige, die folgender Lektion gleich kommt: Mit so einer unterirdischen Abwehrleistung reißt du in der zweiten Liga nichts. Wie auch immer der Ballbesitz verteilt oder wie nah der VfB auch am Ausgleich war, chancentechnisch hätte der HSV noch zwei Hütten mehr machen können. Aber ich will nicht zu viel, ich bin da eher der Verfechter des „man sieht sich immer zweimal", was im Fußball allgemein und am Beispiel HSV-VfB im Speziellen gilt. Übersetzt: Diss nicht den, der dich morgen dafür dissen könnte.

Fazit:
Versuche ich mich mal an einem emotionslosen Fazit. In der ersten Halbzeit stand der HSV richtig gut und hat aggressiv verteidigt, gefühlt sind sie auch mehr gelaufen. Vorne mit drei beweglichen, schnellen und treffsicheren Unruheherden. Das 2:1 durch den VfB ein HSV-Geschenk. Die VfB-Abwehr eine einzige Katastrophe. In der zweiten Halbzeit macht der VfB Druck und der HSV weiß nicht wohin. Die Schwaben viel besser, aber ohne Ergebnis. Der HSV dagegen hat immer die richtige ein-Wort-Antwort parat: Tor! Der HSV effizient wie sonst was und die VfB-Abwehr immer noch katastrophal.

Einordnung:
Die 2. Bundesliga ist die Pflicht, der DFB-Pokal ist die Kür. Mit dem Sieg gegen einen direkten Konkurrenten ist die Pflicht also geglückt, gegen den gleichen Gegner geht es nun also um die Kür. Also: Mund abputzen, weitermachen.

Hamburger SV – VfB Stuttgart 6:2
Gang nach Canossa

Der Rechberg legt ein unvergleichliches Imponiergehabe an den Tag. Hinter einem vorgelagerten Hügel kann man die Kapelle, welche auf seinem Gipfel hoch über Schwäbisch Gmünd thront, erahnen. Keine zwei Kilometer Luftlinie mehr. Doch die Wegstrecke ist eine andere. An Kilometer 18 des nach dem bereits genannten Berg betitelten Dauerlaufs, beginnt mein rechter Oberschenkelmuskel zu krampfen. Wie kann das sein? Gut, meine Vorbereitung auf diesen 25 Kilometer langen Berglauf wurde durch eine nicht enden wollende und immer noch andauernde Erkältung empfindlich gestört, im Übrigen bin ich erst zwei Mal zuvor eine derartige Strecke mit vergleichbaren Höhenmetern gerannt. Vielleicht hätte ich auch bei der letzten Versorgungsstation mehr als nur den Inhalt zweier Wasser- und eines Iso-Sport-Bechergetränks zu mir nehmen sollen. Womöglich war ich die erste Hälfte der Strecke auch zu forsch angegangen und hatte ein übermütig schnelles Tempo vorgelegt. Wie auch immer: Mein Körper hatte begonnen, mir eine Lektion zu erteilen.

Kilometer 20: Mittlerweile krampfen beide Oberschenkel, der Mund so trocken wie der Humor von Joey Ryan und mir geht die Puste. Ich jogge noch, aber langsam. Langsam aber sicher beschleicht mich das Gefühl, diesen Lauf nicht erfolgreich zu Ende bringen zu können. Die Aussicht auf die letzte Versorgungsstation an Kilometer 21 ist der einzig legitime Grund weiterzulaufen – irgendwas zu essen abgreifen und dann irgendwie ins Ziel. Der Schlachtplan steht.

Am Versorgungsstand angekommen schnappe ich mir zwei Wasserbecher und kippe sie in mich hinein. Die Essensauswahl ist begrenzt, ein Müsliriegel muss es tun – schließlich ist es ja nicht mehr weit. Vier Kilometer noch – eine Strecke, die ich für gewöhnlich in knapp 20 Minuten runterspule. Naiv von mir zu denken, dass das Schlimmste überwunden sei. Naiv zu denken, dass ein Müsliriegel reichen sollte. Ich laufe weiter, der Müslirigel klebt am Gaumen und dessen Verzehr bringt verheerenderweise keine sofortige Besserung meines Fitnesszustands. Im Gegenteil – trotz 23°C Lufttemperatur und eines sichtlich aufgeheizten Körpers beginne ich zu frieren. Die Krämpfe in beiden Beinen versuche ich durch ungelenke Schonhaltungen zu kurieren. Zwei Mal bleibe ich stehen, um mich notdürftig zu dehnen. Bei einer langen Gerade begehe ich den Fehler nach vorne zu sehen – der Rechberg scheint nicht näher gekommen zu sein. Ich verfalle resignierend ins Gehen, ehe mich ein Mitläufer zum Weitermachen ermuntert. Ich jogge unbeholfen weiter, verfluche mich, meine Naivität, die Entscheidung mich bei diesem Rennen angemeldet zu haben, die pittoreske Landschaft der Schwäbischen Alb und selbstverständlich alle Menschen, die mich überholen – es sind einige. Kurz vor dem Fuße des Rechbergs – der Weg ist seither wiederholt erheblich angestiegen – wird mir erstmals schwarz vor Augen. Ich schlage mir mit der Hand ins Gesicht – nicht aufgeben. Nicht umkippen. Bloß nicht. Nicht jetzt. Nur noch knapp zwei Kilometer. Mittlerweile schaue ich alle 20 Sekunden auf meine Uhr. Jeder Meter ist ein Erfolg. Ein Kilometer noch. Der Fuß des Rechbergs ist erreicht. Die letzten 130 Höhenmeter. Schritt für Schritt schleppe ich meinen kollabierenden Korpus den Hügel empor. Ich reiße die Augen auf, zwinge mich so bei Bewusstsein zu bleiben. Wurzeln und Steine, die sonst lustvoll übersprungen werden, mutieren zu ungeahnten Belastungsproben für meinen stotternden Motor. Der Tank steht auf minus Zwölf und 200 Meter vor dem Ziel steht André, der diesen Lauf mit mir begonnen hatte und seit einer knappen halben Stunde im Ziel wartet. Er versucht, mich zu einem Schlusssprint zu motivieren, merkt aber schnell, dass in dieser Hinsicht Hopfen und Malz verloren ist. Ich konzentriere mich lediglich darauf, unfallfrei Fuß vor Fuß zu setzen. Wieder ein kurzes Flimmern auf der Linse, der Atem stockt. „Nur noch 100 Meter, wirklich" höre ich André rufen. Die 100 Meter potenzieren sich vor meinem nicht mehr zurechnungsfähigen geistigen Auge. Ich schleiche, ich taumle, ich wanke und sehe schlussendlich tatsächlich das Ziel, passiere die Lichtschranke – und sinke dahinter in formvollendeter Erschöpfung zu Boden.

Mehrere Minuten liege ich wie ein verunglückter Maikäfer auf dem Rücken, lasse mir Wasser und Salzbrezeln bringen, rede kein Wort, schwitze und friere gleichzeitig. Jedes Körperteil, an welches ich in meinem selbstverschuldeten Delirium noch einen Gedanken verschwenden kann, schmerzt höllisch. Mehrere Müsliriegel und ein warmer Tee bringen nach und nach zumindest so viele Lebensgeister zurück, als dass ich mir meine Verfehlungen in Sachen Renneinteilung und Selbstverpflegung zum Vorwurf machen kann. Meine Gemütslage passt sich meinem körperlichen Zustand an. Wie in Trance lasse ich ein Souvenir-Selfie und den kurzen Abstieg zum Bustransfer über mich ergehen. Auf der Heimfahrt nehme ich mein Mobiltelefon wieder in Betrieb. Instinktiv öffne ich die Kicker-App, im gleichen Moment fällt mir das heutige Zweitligaspitzenspiel ein, welches ich auf Grund des Laufs nicht live verfolgen konnte. HSV – VfB 6:2. Diese krachende Niederlage meines unfreiwillig gewählten Lieblingsvereins hätte mich für gewöhnlich geärgert. Doch jetzt bin ich urplötzlich ein klein wenig besser gelaunt. Das Ergebnis spricht Bände und verifiziert die Gewissheit: Ich hätte meinen Samstagnachmittag auch noch unangenehmer verbringen können.

12. Spieltag

SV Wehen Wiesbaden – Hamburger SV 1:1
Hecking'sche Relativitätstheorie

Es ist die Rückkehr in den Alltag. Das bekannte Gefühl des Arbeitnehmers, der mit der Stempelkarte in der Hand der 40 Stunden-Woche entgegenstrebt. Es ist einerseits dieses Gefühl, doch vielleicht noch was Besseres in seinem Leben zu finden, aber andererseits ist da diese kleine Stimme im Kopf, die sagt: „Dienst ist Dienst und Schnaps ist Schnaps." Ganz nach dem Motto „tust du mir nichts, tu ich dir nichts."

Vielleicht haben die HSV-Spieler auch dieses Gefühl gehabt, als sie sich auf den Weg nach Wiesbaden gemacht haben. Wiesbaden, das ist das Tabellenschlusslicht mit dem halben Stadion. Und Wiesbaden ist vielleicht genau der richtige Gegner nach dem Spiel gegen Bielefeld und dem Doppelspiel gegen Stuttgart. Absolute Knallerspiele. Gegen direkte Konkurrenten. Die Top 3 luchst sich gegenseitig die Punkte ab. Bielefeld war bei dem damaligen Auswärtsspiel, das 1:1 ausging, Tabellendritter und ist nun Zweiter. Stuttgart, der größte Konkurrent der Hanseaten in der Liga. Drei Spiele also (das zweite Spiel der Hamburger gegen die Schwaben war die 2. Runde des DFB-Pokals) in 10 Tagen und alle irgendwie wichtig.

Jetzt aber, nach diesen Spielen und den Nachwehen vor Wehen Wiesbaden, weiß beim HSV niemand, wo er jetzt gerade eigentlich so steht. Dabei kann das Spiel gegen Bielefeld ausgeklammert werden, hier geht es nur um den HSV und den VfB Stuttgart. Mit einem 6:2-Heimsieg schickte der HSV die Schwaben kurzerhand nach Hause. Ein Ergebnis, das den Spielverlauf nicht genau wiedergibt, trotzdem verwundert folgende Analyse nicht: Der HSV war besser! Nur eben nicht 4 Tore besser.

Danach griffen die typischen Mechanismen: Der VfB gratulierte dem HSV zur Meisterschaft, die Hamburger Presselandschaft feierte, die Fans träumten und Dieter Hecking mahnte. Tatsächlich waren Hecking, dem alten Trainerfuchs, die Stuttgarter Unzulänglichkeiten aufgefallen, die er umgehend und mit Hilfe eines stürmischen Drei-gestirns ausnutzte. Vielleicht war Hecking aber auch einer der Weni-gen, der sich über diesen kapitalen Sieg nicht so recht freuen konnte. Hecking war sich sicherlich im Klaren darüber, dass er zwar 1. aus einem breiten und qualitativ guten Kader schöpfen und auch Rotation eine Option für das zweite Spiel sein könnte, aber dass er 2. Tim Wal-ter nicht nochmal so überraschen würde (vor allem weil dieser schon in der Halbzeit des ersten Spieles gut reagierte) und dass er 3. mit diesem hohen Sieg gegen eine Mannschaft mit Erstligaanspruch den Stachel so tief ins stolze Schwabenherz gerammt hatte, dass die schnelle Gelegen-heit der Revanche eher ungelegen kam.

Vermutlich spielte für Hecking aber keine große Rolle, dass die Spie-ler des Gegners von den eigenen Fans und der Stuttgarter Presse geteert und gefedert wurden. Tim Walter, der mit seiner direkten Art Sym-pathie weckt, aber durch seine scheinbar stoische Sturheit auch den Unmut der Fans regelmäßig auf sich zieht – vor allem nach drei Nie-derlagen in Folge! –, jener Walter blieb jedenfalls gelassen. Eine 2:6-Nie-derlage gegen den HSV brächte ihn nicht um den Schlaf, meinte er gar. Wie stark aber der Druck auf ihn und seiner Mannschaft lastete und wie richtig Hecking mit seiner Skepsis nach dem ersten Spiel lag (siehe Punkte 1-3), das zeigte sich 72 Stunden nach dem verheerenden 6:2 (Walter: „Haben auf die Fresse bekommen und uns nun Respekt ver-dient." Auutsch, vielleicht war da doch eine schlaflose Nacht dabei). Gut, dass Gideon Jung schon nach 30 Sekunden leichtsinnig und unnö-tig einen Elfmeter verschuldete, spielte dem angestachelten VfB sicher-lich in die Karten, aber das alleine war es nicht. Es war ein anderes Spiel. HSV nicht so gut und der VfB nicht so schlecht wie am vorherigen Samstag. Und dann stand da eben nach 90 Minuten ein 1:1 und wenn es eine Gewissheit im Fußball gibt, dann die, dass ein K.O.-Spiel nicht unentschieden ausgehen kann und so stand es eben nach 120 Minuten 1:2 für den VfB.

Aufmerksame Leser werden sagen: „Ja, ja, das hat der Herr Boveland doch schon letzte Woche gesagt! Um nicht zu sagen, teilte dieser schein-bare Hellseher die Hecking'sche Skepsis!" Ganz genau, soweit kommt es nicht, dass ich mich hier selber zitiere, aber ich habe so etwas befürch-tet. Gar nicht, weil ich so ein Tiefstapler bin, sondern weil ich der Friede,

Freude, Eierkuchen-Stimmung in Hamburg nicht traue. Was samstags also noch Machtdemonstration war, das war dienstags nüscht.

Und hier zeigt sich die Routine des Trainers, was dem Schwiegersohn Wolf damals noch gefehlt hat. Der Hecking schützt und teilt aus! Nach dem Pokal-Aus schießt Hecking gegen die Kritiker aus den eigenen Reihen. Er moniert, was man in der Hafenmetropole noch immer nicht verstanden hat. Im Zentrum seiner Kritik steht die falsche Erwartungshaltung einiger Fans. Klar wollte der HSV in die nächste Runde einziehen, aber die Niederlage gegen den VfB war nicht unverdient. Und schon setzt er zur Hecking'schen Relativitätstheorie an, die das große 1x1 des Fußballsachverstandes beinhaltet: Relativierend zeigt Hecking nämlich auf, dass die Topspiele zuvor ja nicht verloren gegangen sind – er rechtfertigt dies durch die für die Liga wichtige Zeitmessung in 90 Minuten. Innerhalb dieser 90 Minuten hatte seine Mannschaft weder gegen Bielefeld noch gegen das doppelte Stuttgart verloren. Seiner Ansicht nach ist aber genau diese Erwartungshaltung in Hamburg das Hamburger Problem, was den HSV in der Vergangenheit letztlich in die 2. Liga geführt hatte. Hecking unterstreicht: „Genau das sind Dinge, die den HSV in der Vergangenheit immer umgebracht haben. Es wird noch ein weiter Weg. Man kann nicht erwarten, dass man immer so Leistungen wie beim 6:2 gegen Stuttgart sieht."

So nämlich! Mit dieser Gefühlsachterbahn nach Sieg und Unentschieden gegen starke Gegner in der Liga und dem Aus im Pokal hält nun wieder der Liga-Alltag Einzug bei den Hamburgern. Dabei plagen Hecking nun ganz neue Sorgen: Sein Ersatz-Rechtsverteidiger fällt vorläufig aus und auch einige andere Wunden müssen geleckt werden. Zudem trifft der HSV auf ein Tabellenschlusslicht, das ungewöhnlich selbstbewusst daherkommt.

Das werden die Gedanken gewesen sein, die sich Trainer und Mannschaft auf dem Weg in den Süden des Landes und der Tabelle gemacht haben.

Nach dem 1:0 kurz nach Beginn der zweiten Hälfte gelingt dem HSV auch in Überzahl nicht das zwingend nötige und beruhigende 2:0. Stattdessen trifft kurz vor Schluss wieder ein Joker gegen den HSV und entführt in Person von Törles Knöll (natürlich ein ehemaliger HSV-Spieler) einen Punkt nach Wiesbaden. Sollten Hecking die Worte fehlen, dann kann er sich noch immer auf seine Relativitätstheorie berufen. Durch das Gegentor in Minute 90+2 kann er auch hier sagen, dass der HSV innerhalb der 90 Minuten das Spiel 1:0 gewonnen hat.

VfB Stuttgart – Dynamo Dresden 3:1
Ein Feuerwerk aus Endorphinen

RECARO – sechs Letter, die den vier Buchstaben des universalen Menschen größtmöglichen Komfort bieten sollen. Ob im Sportwagen, im Flugzeug, ob am Arbeitsplatz, ob beim professionellen Computerspielen oder im heimischen Wohnzimmer – die Stuhlpioniere aus Stuttgart haben für jede Sitzgelegenheit eine adäquate, hochpreisige Lösung. Selbstverständlich vertraut auch der VfB Stuttgart hinsichtlich der Hinterteile seiner hochdotierten Auswechselspieler auf die Dienste des regionalen Unternehmens. Woche für Woche nehmen die Profis des Zweitligisten, die es nicht in die Anfangself geschafft haben, auf den ergonomischen Polsterungen Platz und warten auf ihren Einsatz. Nah dran sind sie am Spielgeschehen, doch mittendrin nur manchmal. Gebetsmühlenartig laufen sie sich meist die ganze zweite Halbzeit lang in lockerem Tempo warm. Maximal drei der mittlerweile neun Reservisten dürfen in einem Spiel noch eingesetzt werden und da Trainer Tim Walter nicht dafür bekannt ist, frühe Veränderungen in seiner Startformation vorzunehmen, müssen nicht selten fast alle anfangs draußen Sitzenden auf ihre vertraglich zugesicherte Einsatzprämie verzichten.

Der gemeine schwäbische Pragmatiker verweist an jener Stelle mitleidsbefreit auf das ohnehin unverschämt hohe Monatsgehalt der Profis – leicht verdientes Geld sei das doch. Ersatzspieler müsste man sein – in der ersten Reihe sitzen, in der zweiten Halbzeit auf und ab laufen, am Ende des Spiels den Fans zuwinken, duschen gehen und dann ungefragt an der nervenden Horde der Journalisten vorbei huschen, die sowieso nur die Stammspieler interviewen wollen. Soweit die tölpelhafte Theorie.

Doch auch Fußballprofis sind selbstredend Menschen, meist welche von der ehrgeizigeren Sorte. Ein dauerhafter Platz auf der Bank ruft in ihnen für gewöhnlich keine Genügsamkeitserscheinungen hervor, sondern gegenteilig Frust und das Gefühl, nicht gebraucht zu werden. Keiner kennt dies derzeit wohl besser als Wataru Endo.

Im August war der 26-Jährige von einem belgischen Verein an den VfB verliehen worden. Für ein Jahr. Es war, laut VfB Sportdirektor Sven Mislintat „ein Transfer, an dem wir lange gearbeitet haben", denn „jeder Klub wünscht sich einen solch vielseitig einsetzbaren Spieler in seinen Reihen." Trainer Tim Walter sah die Sache wohl etwas anders und setzte den japanischen Nationalspieler einseitig ein – als Bankwärmer. Hier variierte maximal Endos Sitzposition, mal neben Ersatztorwart Fabian Bredlow, mal neben Roberto Massimo und einmal sogar neben dem großen Mario Gomez. Manchmal war Wataru Endo sogar ganz außen vor: Dann saß er auf der Tribüne, mit der Gewissheit, dass es 20 Spieler im Training wohl besser gemacht hatten als er. Von den Rängen sah er, wie sich auf seiner Stammposition, der des defensiven Mittelfeldspielers, reihenweise Mitstreiter versuchten. Sie durften Zweikämpfe verlieren, im Spielaufbau Bälle herschenken, beim Eckball den Gegenspieler aus den Augen verlieren oder jegliches Engagement vermissen lassen. Er kam trotzdem nicht zum Zuge. Einer beschwerte sich sogar lauthals und medial darüber, dass er ein (!) Mal die kompletten 90 Spielminuten auf der Bank sitzen musste – ein einziges Mal. Über das, was der stolze Argentinier Santiago Ascasíbar als Majestätsbeleidigung auffasste, konnte Wataru Endo nur milde lächeln, einerseits auf Grund seiner anerzogenen Höflichkeit, andererseits glaubte er zu wissen, dass seine Zeit schon noch kommen würde.

Die Saison schritt voran. Am 12. Spieltag schaffte es Endo zum siebten Mal in den Kader und nahm seinen angestammten Platz auf der Bank ein. Schnell ging der VfB auch ohne sein Zutun in Führung, ein Eigentor und ein fein herausgespielter Treffer des eben erwähnten Santiago Ascasíbar waren hierfür ursächlich. Eine Zwei-Tore-Führung zur Halbzeit hatte es in dieser Spielzeit noch nie gegeben. Wataru Endo witterte seine Chance, der Spielstand könnte seinen Trainer womöglich dazu erweichen, ein Experiment zu wagen und ihn tatsächlich einzuwechseln. Doch nichts da – kurz nach der Pause verursachte Innenverteidiger Nathaniel Philips einen Fouldelfmeter, den die Dresdener verwandelten. Und nun ging es hin und her – Chancen hüben wie drüben, eine kläglicher vergeben als die nächste. Wataru Endo fühlte mit, selten hatte er so geschwitzt beim Warmmachen. Der knappe Spielstand spielte ihm nicht in die Karten, Trainer Walter brachte mit Al Ghaddioui und Silas zwei Stürmer in die Partie, die das Spiel möglichst schnell zugunsten des VfB Stuttgarts entscheiden sollten. Der letztgenannte nahm diese Aufgabe besonders ernst und schoss 22 Sekunden nach seiner Einwechslung das 3:1. Wataru Endo hatte eben erst mit seinem Kumpel Roberto Massimo abgeklatscht, da traute er seinen Ohren und Augen kaum. „Wata", rief Co-Trainer Rainer Widmayer in seine Richtung und hielt, um seinen Ausruf zu unterstreichen, sein Trikot hoch. Im nächsten Moment stand der Gerufene bereits vor der Auswechselbank, die Trainingsjacke schon ausgezogen. Beinahe feierlich streifte er sich das weiße Trikot mit dem roten Brustring über. Es lief die 89. Spielminute und Wataru Endo tippelte an die Mittellinie: „Du kommst für Phillip, auf der Acht – bring das Ding heim", gab ihm Tim Walter mit auf den Weg. Wataru verstand nichts, nickte aber brav. Dann flackerte die Nummer Drei schon auf der Anzeigetafel. Die Fans riefen schallend seinen Nachnamen. Kaum war Wataru auf dem Feld, schon forderte er vehement den Ball, bekam ihn auch und leitete ihn sofort weiter. Er war motiviert bis in die Haarspitzen. Endlich konnte er „seinen Teil dazu beitragen, dass der VfB die Rückkehr in die Bundesliga schafft", wie er vor der Saison im Antrittsinterview zu Protokoll gegeben hatte. Er lief, nein er sprintete in alle sich bietenden Räume. Viel Spielzeit blieb ihm nicht mehr, einen Ball erarbeitete er sich noch, spielte ab, lief in den Strafraum, bekam den Ball tatsächlich zurück. Uneigennützig köpfte er quer zu Hamadi Al Ghaddioui, der musste ihn nur noch einschieben – doch er traf den Pfosten. Wataru Endo raufte sich die Haare.

Kurz danach pfiff der Schiedsrichter ab. Die VfB Spieler fielen sich in die Arme – Wataru Endo war zum ersten Mal mittendrin statt nur dabei. Mit einem beseelten Lächeln machte er sich mit der versammelten Mannschaft auf den Weg in Richtung Cannstatter Kurve, wo sie für ihren Heimsieg gefeiert wurden. Roberto Massimo gratulierte ihm zu seinem Debüt, Trainer Tim Walter klatschte mit ihm ab und fuhr ihm väterlich über den Kopf. „Sehr gut, Wata."

Im Kabinentrakt flackerten die Szenen des Spiels über die Mattscheiben. Wataru Endo warf frisch geduscht einen Blick auf seine Aktion kurz vor Spielende. Hätte Hamadi den rein gemacht, was wäre das für ein Einstand gewesen. Erstes Spiel, erste Vorlage. Schade aber auch. Kurz begann er mit dem Schicksal zu hadern, dann machte er kehrt und ging aus dem Stadion, vorbei an den Journalisten, Richtung Parkplatz. Die Sporttasche verfrachtete er im Kofferraum seines Sportwagens, dann ließ er sich auf dem Fahrersitz nieder. Ein vertrautes Gefühl beschlich ihn sogleich, diese Lehne, genau richtig weich, das Sitzpolster mit den ergonomisch wertvollen, sanften Erhebungen zu den Seiten. Das ist ja wie ... Urplötzlich wurde seine heimelige Gefühlswallung von einer allergischen Reaktion abgelöst. Wataru Endo sah sich um. Der Blick auf seine Kopfstütze brachte die entscheidende Gewissheit. „Morgen lasse ich die Sitze wechseln. Noch vor dem Training", beschloss er und brauste in den Stuttgarter Spätnachmittag.

13. Spieltag

Holstein Kiel – Hamburger SV 1:1
Nachspielzeit

Sepp Herberger, zu seiner Zeit die unumstrittene Eminenz,
bis heute gibt es landesweit gegen ihn spärlich Resistenz.
Sein Wort ist gleich Gesetz, wie der Volksmund zu sagen pflegt.
Nur den einen seiner Sätze halte ich für widerlegt.

„Der Ball ist rund" – so sei die Norm, dagegen führ ich nichts ins Felde.
Ein Spielgerät von anderer Form – dann wär der Sport nicht mehr derselbe.
Sein Satz fährt aber wie folgt fort: „das Spiel dauert 90 Minuten".
Welch 'ne Chimäre für den Sport! Denn ich muss wahrlich nicht vermuten,

sondern kann felsenfest behaupten, dass noch bei keinem einz'gen Spiel,
das ich mit meinen eigenen Augen sah, dann auch der Abpfiff fiel.
Niemals war wirklich Schluss nach punktgenauen eineinhalb Stunden.
Zum Glück oder Verdruss wurde die Nachspielzeit erfunden.

Und die gibt zuverlässig Stoff für alle möglichen Annalen.
Meist gibt's ein Team, das hofft, oft muss ein Club bitter bezahlen.
Und dieser Zeit wird sie so relevant wie seither nie:
Der Grund ist wohl bekannt: Video Assistant Referee.

Er potenziert die Nachspielzeit in bisher ungeahnte Sphären.
Die Spieler täten ein'm beinah leid, wenn sie nicht so vermögend wären.
Doch keine der Expertenzungen wagt's Herberger zu korrigieren.
So sehe ich mich nun gezwungen die Weisheit umzuformulieren.

Auch wenn der Geiste Sepps mich schauert, sag ich als blanker Realist:
Der Ball ist rund und das Spiel dauert, bis wirklich abgepfiffen ist.

Der Hamburger Sportverein hat in dieser Spielzeit eine besonders innige Verbindung zur Nachspielzeit. Nachdem am letzten Spieltag dem Gegner aus Wehen nach Ablauf der regulären Spielzeit das Tor zum 1:1 gelang, so widerfuhr eine Woche später den Hamburgern diese glückliche Fügung. Auch hier war ein Eckball, der nicht entscheidend geklärt werden konnte, ursächlich für einen späten Ausgleichstreffer. Der eingewechselte Timo Letschert ließ seine Mannschaft in der 91. Minute jubeln und einen zwar verdienten, aber quasi nicht mehr für möglich gehaltenen Punkt aus Kiel mitnehmen. Ein gefundenes Fressen für die im Gedicht beschriebenen Annalen der Nachspielzeit – und ebenso für die in der Vorwoche von Kollege Boveland dargestellte Relativitätstheorie Dieter Heckings.

VfL Osnabrück – VfB Stuttgart 1:0
Clueso-Gewinner

Aus den Boxen schallt Clueso und bläuliches Bildschirmlicht dient dem Mann vor dem Laptop als einzige Lichtquelle.

„An allem was man sagt, an allem was man sagt, ist auch was dran.
Egal wer kommt, egal wer geht, egal es kommt nicht darauf an.
Ich glaube nichts, ich glaub an dich, glaubst du an mich, ich glaub ich auch.
Ich frage mich, ich frage dich, doch frag ich nicht, fragst du dich auch."

„An allem was man sagt, an allem was man sagt, ist auch was dran." Die Schubibar hängt mir noch in den Klamotten. Wieder einmal. Wieder einmal die Schubibar. Es ist der Melting Pot in allen Facetten des Begriffs. Da kommen die Leute zusammen, arm und reich und jung und alt, und dort am Tisch – außer am Stammtisch – ist auch ein Plätzchen für dich frei. Eingeladen auf eine Halbe. Ab der zweiten Halben und dem richtigen Ergebnis auch ein paar Erdnüsschen. Am Samstag gab es keine, aber die Gäste, die Seele der Schubibar, zürnten. 80 Millionen Bundestrainer im Land, so heißt es. Und alle Schubibar-Dauerkartenbesitzer sind die besten VfB-Trainer. Sie alle wissen es besser und an allem, was sie sagen, ist auch was dran. Zumindest an vielem und so können wir einfachen

Fußballgänger es nicht fassen. Wie titelte der Kicker so liebevoll: „Nach der Krise ist vor der Krise: Man wähnte sich schon wieder in der Spur. Dann kam Osnabrück und die vierte Niederlage der Stuttgarter in den jüngsten fünf Ligaspielen. Nach der Krise ist vor der Krise und der VfB ist ins Hintertreffen geraten auf dem Weg zum erhofften Aufstieg."

Nach der Krise ist vor der Krise. Wunderbar, wäre es nicht so zermürbend. Es ist nämlich auffällig, wie schwer sich der VfB gegen Mannschaften aus den unteren Tabellenregionen tut, also gegen Mannschaften, die spielerisch vor allem selten stattfinden, aber um jeden phrasenschweinischen Grashalm kämpfen. Nun, die Vergangenheit lehrt aber auch Demut, die auf einige Fans schon abfärbt. So auf diesen, der weise, hoffnungsfroh und sinngemäß feststellte: „4 Niederlagen aus 5 Spielen und immer noch 3 Punkte hinter dem Tabellenführer." Mittlerweile und nach dem Sieg des neuen Tabellenführers aus Bielefeld sind es zwar 5 Punkte, aber die Botschaft ist klar. Das ist nicht alles Gold, aber noch ist nichts passiert. Und das ist ein Wunder, das nicht immer mit „der stärksten (2.) Liga der Welt" umschrieben werden kann. Die „Großen" haben Probleme. Punkt. Nicht, dass die Leistung von Arminia Bielefeld – vor allem nach dem Lauf der letzten Rückrunde – überrascht, hingegen das Abschneiden der beiden HSVs aus dem Norden, der Nürnberger Franken und der Schwaben schon.

„Ich bin dabei, du bist dabei, wir sind dabei uns zu verlieren.
Ich bin dabei, bist du dabei, sind wir dabei uns zu verlieren.
Ich bin dabei, du bist dabei, wir sind dabei uns zu verlieren.
Ich bin dabei, bist du dabei, bin ich dabei uns zu verlieren."

Das haben sich alle anders vorgestellt. Allen voran natürlich der 1. FC Nürnberg und Hannover 96, da läuft ja gar nichts, dagegen ist es beim HSV und dem VfB Jammern auf hohem Niveau, aber es ist eben kein unberechtigter Jammer. Man wollte oben mitspielen, unter den Top 5, und am liebsten einen beruhigenden Abstand auf Platz 6 haben. Dass nun die Reihenfolge Bielefeld, Hamburg, Stuttgart, Heidenheim, Aue ist, kommt dann doch überraschend. Problem und Grund zur Sorge ist die nicht abzusehende Verbesserung. Das Loch in der VfB-Abwehr, das bei der herben Niederlage in Hamburg zu einem Leck korrodierte, ist inzwischen gestopft, aber vorne verballert die Mannschaft zu viele Chancen. Lässt sich zu schnell von einem massierten und aggressiven Mittelfeld aus der Ruhe bringen. Dabei befindet sich die Mannschaft und der Verein auf dem Weg, auf dem Stuttgarter Weg, und im Gegensatz zum letzten Zweitligaaufenthalt könnte es ein Prozess sein, der womöglich länger dauert, aber dann auch länger anhalten soll. Es wurde ein neuer Trainer geholt, der kompromisslos und zum Leidwesen der Fans seinen Fußball durchbringen will. Ein Faktum, das die VfB-ler noch zu schätzen wissen lernen. Dann merken sie nämlich, dass sich der Gegner auf ihre Mannschaft einstellen muss und nicht andersherum. Dann wurde da noch ein neues Team geholt, jung und hungrig und manchmal eben auch leichtsinnig und unerfahren. Ganz nebenbei wird auch noch der Verein umgebaut und abgesehen von der Tatsache, dass es nur besser werden kann, scheint die Mitgliederversammlung im Dezember ein Erfolg zu werden. Eine tiefgreifende, aber überlegte Veränderung und mit viel Glück – toi, toi, toi – sitzen dann Menschen mit Ahnung und Leidenschaft auf den wichtigen Posten im Verein.

„Leichter als leicht, geht es vielleicht, leichter als das, was vielleicht war. Leichter als leicht, das ist nicht weit von hier zu dem, was noch nicht war. Suchst du mich, dann such ich dich, ist die Versuchung groß genug. Ich lass es zu, komm lass es zu, komm lass es uns noch einmal tun. Ich geb' nicht auf, gehst du mit mir, gehst du mit mir, mit auf uns zu. Fällt dir nichts ein, komm leg nicht auf, komm reg dich auf und komm zur Ruh."

So nämlich. Der Super-Gau wäre ein weiteres Jahr Zweitklassigkeit, aber das ist in weiter Ferne. Es gibt Gründe für Kritik, aber es ist die Phase, in der Demut und Geduld geübt werden darf. „Leichter, als leicht, [...] leichter als das, was vielleicht war." Was war? Daran wollen doch alle Stuttgarter einen Haken machen. Ruhig bleiben und die Leute die Arbeit machen lassen, für die sie geholt worden sind. Das braucht manchmal Zeit. Und wenn es nicht klappt? Dann klappt es beim zweiten Mal. Uns bekommen sie hier nicht weg und das bisschen Aufregung und Luftmachen ist doch das, weshalb wir zum Fußball gehen.

„An allem was man sagt, an allem was man sagt, ist auch was dran
Egal wer kommt, egal wer geht, egal es kommt nicht darauf an
Ich glaube nichts, ich glaub an dich, glaubst du an mich, ich glaub ich
auch.
Ich frage mich, ich frage dich, doch frag ich nicht, fragst du dich auch.“

Der Mann klappt den Laptop zu, steht seufzend auf und verlässt das Zimmer. Clueso – Gewinner.

14. Spieltag

Hamburger SV – Dynamo Dresden 2:1
Pferdelunge

Die große Zeit der beiden Vereine ist schon lange vorüber und beide warten auf den ersehnten Tag der Wiederkehr auf die große Bühne, die ihre Welt bedeutet. In manch einem verbotenen Traum sieht sich der ein oder andere Spieler, Trainer, Funktionär wieder da oben. Auf dem Rathausplatz an der Alster oder im Dynamo-Stadion, einen Pokal in die sternenklare Nacht reckend – nebensächlich welche Art von Pokal.

Dies ist eine der Gemeinsamkeiten dieser beiden Vereine mit so langer Tradition. Beide hängen den Ereignissen und den Erfolgen der späten achtziger Jahre nach.

Und dann ist da ja noch diese Erscheinung vom 23. Spieltag 1994. Es war ein schmuddeliger Samstagnachmittag im Volksparkstadion, als es bei Dynamo Dresden schon bergab ging und im nächsten Jahr tatsächlichen im Abstieg kumulierte und der HSV noch dachte, an alte Zeiten anknüpfen zu können. An diesem Tag ging ein Spieler der Dresdener dem Hamburger Star-Mittelfeld um Harald „Lumpi" Spörl, Jörg „Ali" Albertz, Thomas von Hessen und Yordan „die Augenbraue" Letchkov so dermaßen auf die Nerven, dass HSV-Trainer Benno Möhlmann später sagte: „Dieser Junge, dieser Beißer, gegen den will ich nicht nochmal spielen, sondern mit ihm!"

Der Junge war ein Dresdener Eigengewächs. Mit 11 Jahren kam Sven Kmetsch zur Dynamo, weil er es wollte und weil sein Trainer es wollte. Zwar war es eine Fahrt von über einer Stunde von Bautzen nach Dresden, aber Svens Trainer machte unmissverständlich klar, dass dies der einzige Weg für den kommenden Star der DDR-Auswahl sein würde. Er war so sehr davon überzeugt, dass es schon mal vorkam, dass er selbst – eigentlich einfacher Jugendtrainer des BSG Motor Bautzen – den kleinen Sven nach Dresden zum Training fuhr. Ja, klein war der Sven noch immer, fast noch so klein wie damals, als er ihn von der BSG Motor Großdubrau nach Bautzen lockte. Aber der Junge hatte was, das spürte er. So jemanden hatte er noch nie trainiert und manchmal saß er abends in seinem Fernsehsessel und malte sich die Bilder aus, wie seine Entdeckung Sven Kmetsch seinen Herzensverein Dynamo Dresden zur Oberligameisterschaft schoss. Er war so hartnäckig, bis Herr und Frau Kmetsch zustimmten. Es waren einfache Leute, die bei der Erziehung ihres Sohnes aber alles richtig gemacht hatten. Sven fiel neben dem Platz nicht auf. Wie seine Eltern. Ganz nebenbei linientreu, zumindest nicht anderweitig auffällig, das musste erst einmal reichen.

Über eine Stunde mit dem Auto dauerte es also bis zum Training und seine Eltern hatten zum Glück eines, aber Sven wäre auch mit dem Zug gefahren. Über drei Stunden von Bautzen nach Bischofswerder, da am Bahnhof in den Zug nach Dresden und vorbei am Schloss in Ramenau. Aber der Junge wollte das so. Nach den Spielen am Wochenende: Pflichtprogramm bei den Großeltern in Kleinwelka. Eine Oase mit dem kleinen Gartenstück und den schattenspendenden Obstbäumen. Für Sven die besten Bedingungen. Die Stämme als Pfosten, Opa oder Vater, manchmal auch Mutter oder Oma, als Torhüter und Torhüterinnen und dann drauf, drauf, drauf. Nur seine Stollenschuhe durfte er da nicht anziehen, das war streng verboten. Im Frühjahr und Sommer fuhren sie von Kleinwelka aus auch oft an die Talsperre. Dort hatte der kleine Sven schwimmen gelernt, das war nicht ganz legal, aber Opa winkte nur ab. Sven war auch ein guter Schwimmer, aber noch besser im Fußball. Wobei, so gut war er gar nicht. Immer der Kleinste, kniff und biss er sich in jeden Gegner und lief, als gäbe es kein Morgen. „Eine Ausdauer hat der Junge", sagte sein Trainer und Entdecker oft und der Vater antwortete dann nur: „Hat er von seiner Mutter, die war als Jugendliche auch Ausnahmeläuferin, hätte es damals fast in den Kader geschafft." Und so zogen die Jahre ins Land mit der Mauer drum herum und aus Sven Kmetsch wurde Quetsche und Zerquetsche und „du kriegst gleich eine gekmetscht" wurde zum Sprichwort in der Jugendmannschaft, die auch DDR-Meister wurde und als die goldene Generation Dynamos galt.

1988 war das, konnte ja niemand ahnen, dass Dynamo Dresden Dynamo Berlin nicht mehr den Rang ablaufen würde. Dass es mit der Vormachtstellung bald vorbei sein sollte, das dachte keiner in der Mannschaft, das wünschte sich keiner in der Mannschaft und bis zu den Herren blieben sie zusammen und auf einmal spielte Kmetsch in der Oberliga seines Vereins. Nicht erwähnenswert die kurzen Gast-spiele bei Meißen und Stahl Riesa. Aber nach neun Spielen in der Ober-liga war es das mit der DDR. Dem guten Abschneiden der Dresdener war es zu verdanken, dass sie in die 1. Bundesliga aufrückten und Sven Kmetsch ein Bundesligist wurde.

Bis 1994 auch bei Dynamo Dresden, bis es zu dem verhängnisvol-len Spiel kam. Danach wollten die Hamburger die Pferdelunge auf alle Fälle und 1995 kam er: Sven Kmetsch, Sohn der Stadt Bautzen, in der Hansestadt Hamburg. Und dort reifte er zum Kapitän und National-spieler. Gut, nur zwei Länderspiele und bei noch näherer Betrachtung nur zwei Halbzeiten und dann auch nur gegen Armenien und Oman, aber zwei Länderspiele haben oder nicht haben. Ein ehrlicher Arbeiter, ein bodenständiger Typ, sagten seine Mitspieler über ihn. Ein Wech-sel nach Gelsenkirchen beinahe die logische Schlussfolgerung. Schade.

Und 25 Jahre nach diesem Spiel im Volksparkstadion, dem miesen 1:1 bei miesem Wetter, hoffte Sven Kmetsch auf ein erneutes, diesmal munteres Unentschieden. Aber es kam anders. Wieder im Volkspark wurde diesmal der große HSV der Favoritenrolle in dem Sinne gerecht, dass sie die drei Punkte in Hamburg behielten, auch und unter ande-rem deshalb, weil kein neuer Sven Kmetsch dem Hamburger Letchkov der Neuzeit, Sonny Kittel, aufhalten konnte. Und, klar, ein Tor in der Nachspielzeit!

VfB Stuttgart – Karlsruher SC 3:0
Besonders besonders

Fangen wir heute mal da an, wo wir meistens aufhören: Der VfB hat das baden-württembergische Derby gegen der Karlsruher SC mit 3:0 für sich entschieden. Soweit die Fakten. Doch was war das denn jetzt, dieses besondere Spiel, zu diesem speziellen Zeitpunkt unter den nicht alltäglichen Randbedingungen?

Balsam für die schwäbische Seele? Opium fürs Volk? Wasser auf die Mühlen der Euphoriker? Wind in den Segeln der Skeptiker?

In den Kommentarspalten der sozialen Netzwerke, welche zuverläs-sig sowohl einen authentischen Einblick in die schwäbische Fan-Seele geben als auch diesen Blog regelmäßig inspirieren, ist man sich traditionell uneinig. Die Einschätzungen reichen von einem „souveränen Erfolg" bis hin zu einem „Dusel-Ding". Eingeleitet durch ein „Glücksf*ckertor" würde KSC-Trainer Alois Schwarz anmerken. Die größte übereinstimmende Schnittmenge findet sich in folgenden Themengebieten.

1.) Am Sonntag feierte der VfB seinen bislang höchsten Saison-Sieg. Zum zweiten Mal spielte der VfB in dieser Saison zu Null. Beides hatte Tim Walter in der Pressekonferenz vorausgesagt. Demzufolge ist die Mannschaft mittlerweile imstande die Vorstellungen (respektive: die Prophezeiungen) des Trainers umzusetzen.

2.) Wataru Endo: „Bissig", „fleißig", „passgenau". Drei Attribute des Spielers mit der Rückennummer Drei, der bislang erst genauso viele Einsatzminuten verzeichnet hatte, im Derby jedoch von vielen zum Spieler des Spiels gekürt wurde. Wataru Endo, bis dato nur regelmäßigen traditionell-zweitklassig-Lesenden ein Begriff, überzeugte und katapultierte sich damit in die Notizbücher diverser Journalisten, die bei der nächsten Pressekonferenz den Cheftrainer garantiert fragen werden, warum er so lange auf einen Startelf-Einsatz warten musste.

3.) Ganz im Gegenteil dazu die Meinungen über einen Altgedienten: Mario Gomez enttäuschte die Anhängerschaft. „Phlegmatisch", „unsäglich" und „grottenschlecht", so die angebotenen Attribute in den mehr oder weniger sozialen Medien. Ein vorgezogener Beginn seiner Trainerkarriere wird vorgeschlagen.

Und hier muss ich entschieden einschreiten und vom Darlegen von Fakten zum Brechen von Lanzen übergehen.

Zugegeben, Mario Gomez mag mittlerweile den Zenit seines Mittelstürmerdaseins überschritten haben. Und ja, Tim Walter neigt mitunter zu übertriebenen Aussagen. Aber dieser Mario Gomez, der 34-jährige, zeitweilige Vorruheständler, ist für dieses Team des VfB Stuttgarts tatsächlich von dem unschätzbaren Wert, den ihm sein Trainer in jeder Pressekonferenz bescheinigt.

Ein Beleg dafür: Das Interview, welches Gomez im Anschluss an das gewonnene Derby mit dem SWR führte, öffnete mir persönlich die verklärten Augen. Selten hörte ich einen Fußballer meines Herzensvereins so reflektiert, so klar analysierend, so klug und wohlüberlegt sprechen. Er bleibt auf dem Teppich – als einer der Wenigen bricht er die Partie gegen den KSC auf das herunter, was es im Kern ist – ein Fußballspiel. Ein wichtiges zwar, aber kein überlebenswichtiges, kein Krieg. Er relativiert die Unruhe im Umfeld. Er mahnt die Medien zu mehr Fingerspitzengefühl und weniger reißerischer Berichterstattung. Er erinnert an das junge Durchschnittsalter der Mannschaft. Er kritisiert gar das teils aufbrausende Naturell des eigenen Trainers und er lobt Dieter Hecking, den Übungsleiter des direkten Aufstiegskonkurrenten HSV.

Die auf der Hand liegende Frage: Warum macht der das?
Die kinderleichte Antwort lautet: Weil er es kann.

Mario Gomez ist sich seiner Position auf und neben dem Platz wohl bewusst, gibt zu, dass er im Spiel nicht mehr der Spritzigste ist, und lässt sich dementsprechend klaglos aus- oder einwechseln; nicht viele Akteure mit einer vergleichbaren Vita wären derart demütig. Auf der mentalen Ebene ist er aber so wichtig wie nie zuvor, hier spielt er jetzt seine geballte Lebenserfahrung aus, denn wenn sich ein weltbekannter Stürmerstar und sein weniger üppig dekorierter Vereinstrainer in sachlich authentischer Art öffentlich kritisieren dürfen, ohne dass dies das Loyalitätsverhältnis der beiden negativ berührt, ist das meines Erachtens ein großer Gewinn für den Club. Und gerade deswegen ist es so wichtig, dass dieser Mario Gomez eben noch NICHT Trainer ist, sondern immer noch Teil der Mannschaft. Denn in dieser Position kann er vermitteln und die teils vehement vorgetragenen Verbalbotschaften des Coaches „übersetzen". Für die jüngeren Mitspieler, für die Medien und für die Fans. Das tut er pflichtbewusst und mannschaftsdienlich und nicht zuletzt, weil er sich mit dem VfB Stuttgart identifiziert. Und gerade deswegen dürfte ihn der Sieg gegen den Karlsruher SC insgeheim doch besonders gefreut haben.

Zum Schluss noch eine kleine waltereske Prophezeiung meinerseits: Mario Gomez schießt in dieser Saison mindestens zehn Tore.

15. Spieltag

VfL Osnabrück – Hamburger SV 2:1
Kopf an

Wir müssen vom Kopf her da sein. Immer 100 % fokussiert. Alles andere ausblenden. 90 Minuten lang zählt nur eins.

Markige Sprüche, Fußballfloskeln, immer wieder durch die Gebetsmühle gedreht und dann wieder pulverisiert. An sich sollte der Mensch doch in der Lage sein, sich eineinhalb Stunden pro Woche nur auf eine Sache zu konzentrieren. Doch dass dies bei der Ausübung der besagten Rasenballsportart nicht so einfach ist, wie es sich hier liest, wurde mir spätestens damals klar, als ich zu meiner Zeit als Juniorentrainer einmal einen verzweifelten Schreikrampf bekam, nachdem sämtliche der mir anvertrauten Halbwüchsigen mitten in einer umkämpften Partie das Fußballspielen vorübergehend einstellten und sich stattdessen der ausgiebigen Betrachtung eines Zeppelins widmeten, welcher mit ungewöhnlich niedriger Flughöhe über den Sportplatz schwebte.

Nun könnte man jenes Phänomen mit kindlicher Neugier erklären, doch das Ablenkungspotenzial steigt meinen Recherchen zufolge mit zunehmendem Alter linear an. Denn während in der F-Jugend das unbekannte Flugobjekt eine Polarisation der Aufmerksamkeit auf das eigentlich Wesentliche empfindlich stören kann, genügt in der E-Jugend schon die kratzende, lange Unterhose, mit welcher die gutmeinende Mutter ihren Sprössling zur Verhinderung von aufgeschlagenen Knien auf dem Aschenplatz ausgestattet hatte, um den Konzentrationsfluss empfindlich zu stören. Die unliebsame Rückennummer, die der unbarmherzige Trainer seinem Mittelfeldspieler in der D-Jugend zuteilt („Du kriegst die 14, ist das einzige Trikot in deiner Größe"), die hübsche Christiane aus der 8c, die urplötzlich mit zwei Freundinnen an der Seitenlinie steht, während die C-Jugend ihres Heimatvereins das Pokalhalbfinale bestreitet, der fehlende Schlaf nach einer durchgezockten Nacht, der dem Innenverteidiger der B-Jugend beim Aufwärmen unweigerlich einholt, das neue Haarband des Torwarts, das dem windigen Wetter beim A-Jugend-Abstiegskrimi nicht genügend Standhaftigkeit entgegenzusetzen hat, die beachtenswerte Alkoholfahne, die der Ansprache des Bezirksliga-Trainers an seinen kurz vor der Einwechslung stehenden Top-Joker die Ernsthaftigkeit entzieht – all das kann, wie ich aus eigener Erfahrung berichten darf, der Fokussierung entscheidend entgegen wirken.

Nun könnte man jene Phänomene mit der mangelnden Professionalität der Protagonisten abtun, die den unteren Spielklassen vielerorts immanent ist. Doch wie ist es dann zu erklären, dass auch viele Fußball-Lehrer landauf landab ihren hochbezahlten Berufsfußballern immer wieder mangelnde Einstellung vorwerfen und als Grund für eine schlechte Leistung ins Feld führen? Ich meine mir erlauben zu können, behaupten zu dürfen, dass solche Symptome, die Profis von der schönsten Nebensache der Welt ablenken könnten, mit dem Aufstieg auf der Karriereleiter eher mehr als weniger werden.

Die höhere Anzahl an Zuschauern, mit all ihren vielartigen und lautstarken Begleiterscheinungen. Da ist die mannigfaltige mediale Komponente wie die BILD-Zeitung, Wolf-Christoph Fuß und Instagram. Da ist sich bewegende Bandenwerbung, an die sich nur nahezu alle Bundesligaprofis mittlerweile gewöhnt haben.

Und trotzdem mutmaße ich, dass es die kleinen Dinge sind, die sich manches Mal hartnäckig im Hinterkopf festbeißen, dergestalt auf den Platz mitgeschleppt werden und der Gedankenzentralisierung negativ entgegenwirken. Dinge, die den Fernsehzuschauenden verborgen bleiben. Dinge wie der beim Einlaufen unfreiwillig inhalierte, beißende Geruch des Aftershaves des Vordermenschen, das nicht zu Eitern aufhören wollende Ekzem am linken Ohr des jungen Labradorrüden der Spielerfrau, der vergessene Anruf zum Hochzeitstag bei den Schwiegereltern. Kleine, menschliche Schwächen also. Solche, die augenscheinlich auch ursächlich dafür sind, dass in jedem mittelständischen Unternehmen mal eine Rechnung verschwindet, in jedem Handwerksbetrieb mal eine falsche Fugenfarbe verwendet wird und in manchem Kapitel dieses Buches auch mal ein Tippfheler passiert.

Und das ist auch gut so.

Kein Mensch will ein Spiel sehen, in dem alle Akteure zu jeder Zeit vollkommen fokussiert sind und in dem folglich auch keine Fehler gemacht werden. Vielleicht wäre die 2. Liga dann rein tabellarisch noch spannender, da alle Mannschaften im Gleichschritt pro Spieltag Punkt für Punkt holen würden. Aber sicherlich wäre sie weniger interessant und weniger menschlich.

In diesem Sinne: Ein Hoch auf die Zeppeline, auf die kratzenden Unterhosen, auf die unliebsamen Rückennummern oder alle anderen ablenkenden Artefakte, die womöglich auch die Akteure des favorisierten Hamburger Sportvereins davon abgehalten haben, im Spiel gegen den VfL Osnabrück ihre bestmögliche Leistung abzurufen, und dazu führten, das Spiel gegen den vermeintlichen Underdog mit 1:2 zu verlieren.

SV Sandhausen – VfB Stuttgart 2:1
Neig'schmeckta

Als ich an diesem Freitagabend todmüde ins Bett falle, sind meine Arme labbrig wie Gummi und auch an allen anderen Stellen des Körpers spüre ich die Strapazen des Tages und der gesamten letzten Woche. Mit einem Auge und geschwinden Daumen öffne ich die Fußball-App meines Vertrauens und schaue nach den Ergebnissen. Das ist reiner Zufall, der Schlaf drückt mir schon die Augen zu. Fast hätte ich auch komplett vergessen, dass meine Mannschaft an dem Abend gespielt hat. Ein Freitagabend-Flutlichtspiel, eigentlich ein schöner Anlass für einen gemütlichen Kneipenabend, wäre es nicht gegen die Violetten gegangen, die ligaintern auch Favoritenfresser genannt werden, wäre es auch nicht der Tag meines Umzuges gewesen. Also halb blind und im Wegdämmern sehe ich das Ergebnis, diese beiden Zahlen, und es löst nichts in mir aus. Zwar muss ich nochmal sicher gehen, aber emotional regt sich nichts. Der Aufsteiger aus Osnabrück hat seinem Namen wieder alle Ehre gemacht. Aber darüber müsst ihr diese Woche andernorts lesen. An diesem Freitagabend ist es mir ohnehin egal. Das Spiel der Primaballerina würde ich mir am nächsten Tag zu Gemüte führen und überhaupt bin ich ja in dieser Woche mit den Stuttgartern dran und die spielen erst am Sonntag.

Mir ist das Recht, der Umzug hat alle Kraft aus mir gesaugt und fertig sind wir noch nicht. Umzug also: Schon kurz vorher hatte ich mehr und mehr das Gefühl in Stuttgart angekommen zu sein, aber der erste Umzug innerhalb der Stadt, raus aus der WG, rein in eine richtige Wohnung, das trägt schon zu einem richtigen Wohlfühlen bei und ganz leicht geht mir schon ein „Zuhause" von den Lippen. „Zuhause", dieses seltsame menschliche Konstrukt. Es ist dieses altbekannte Phänomen, das ich von früher und von den Zeltlagern kenne. Obwohl ich da nicht mal in einem richtigen Haus geschlafen habe, sondern in einem Zelt und dieses Zelt weit entfernt vom richtigen „Zuhause" stand, hieß es doch schnell nach einer Wanderung: „Jetzt geht es nach Hause", und eben jenes Zelt war gemeint. Schnell richten wir Menschen uns den Ort so ein, dass wir uns zuhause fühlen. In diesem Sinne bin ich schon seit meiner Ankunft in Stuttgart zuhause.

Wie wurde ich hier in der Stadt aufgenommen?! Von den Menschen und meiner WG! Und doch war es in meinem Hinterkopf lange ein Ort, von dem ich nicht wusste, wie lange ich hier sein sollte. Und nun ist es mein Zuhause. Ich habe einen Stuttgarter Stempel im Ausweis und ein Kehrwoche-Schild an der Haustür (ratet mal, wer da nicht mitspielt). Ich bin ein Neig'schmeckta (Anm. d. Verf. für die Außerschwaben: Neig'schmeckta ist Dialekt und heißt eigentlich Reingeschmeckter und meint so viel wie Zugezogener). „Neig'schmeckter", das klingt abwertend, ist aber eigentlich ein Lob. Es bedeutet: „Nee, einer von uns bist du nicht. Schon gar nicht, wenn du versuchst, so zu reden, wie wir reden – was du eh nicht kannst und nicht versuchen solltest, wenn du uns nicht beleidigen willst –, aber Respekt, dass du es schon so lange bei uns und mit uns ausgehalten hast." Ein Neig'schmeckta wird nämlich immer ein Neig'schmeckta bleiben. Egal was kommt. Sogar dann, wenn du weißt, dass es *der Wasen* und nicht *die Wasen* heißt.

Diese Schwaben, das ist schon ein besonderes Völkchen. Alleine das Konzept vom Gaisburger Marsch oder Herrgottsbescheißerle und bereits erwähnter Kehrwoche. Ich glaube, dass nur der Tod Ausrede ist, keine Kehrwoche zu machen. Schnell bekommt man im Ländle das Schwäbische eingeimpft und dazu gehört auch der VfB. Fast erschrocken beobachte ich, wie sehr ich da schon mitfiebere. Am Spieltag wenigstens regelmäßig den Ticker aktualisiere, wenn ich das Spiel nicht sehen kann und nicht gerade umziehe – und das obwohl der VfB in vielerlei Hinsicht der direkte Konkurrent des HSV ist. Ich ätze und ätzte gegen Dietrich und Reschke, schwärme für Hitzelsperger, werfe Walter die fehlende Handschrift oder ausbleibende Verbesserung vor (wobei beim VfB ja ohnehin mit jedem behobenen Problem neue entstehen).

Was es über meine masochistischen Züge aussagt, dass ich mir neben dem HSV jetzt auch noch den VfB angelacht habe, das bleibt wohl ein Thema für das eigene Zwiegespräch. Am Ende dieses Gesprächs werde ich es mir nicht erklärt haben können und mit einem lapidaren „Fußball" abtun und mit den Achseln zucken. Es soll auch nur ein kleiner Ausflug in meine Gedankenwelt sein, hust. Nun bin ich fest im Stuttgarter Süden gelandet und hängen geblieben.

Die HSV-Zusammenfassung habe ich noch immer nicht gesehen, aber am Sonntag und nach dem geglückten Umzug – gerade erst haben wir den großen Bauernschrank in den 3. Stock gestemmt – da habe ich routiniert den Ticker aktualisiert. Bouhaddouz mit nem Doppelpack, Gomez mit dem Hattrick, der in die Geschichtsbücher eingehen wird, da fällt dir irgendwann nichts mehr ein. „Mit dem Kader", heißt es dann, „sowas sollte ich mal Montag auf der Arbeit abliefern."

Manchmal merke ich sogar, dass ich den hier nötigen „das Glas ist halb leer"-Pessimismus schon aufgenommen habe. „Das Bruddeln ist des Schwabens einzig Müßiggang", wie ein von mir erfundenes Sprichwort lautet. Es ist erkennbar an der schwäbischen Art der Bilanzierung. Zuerst waren es nämlich 4 Niederlagen aus 5 Spielen, jetzt sind es 5 Niederlagen aus 7 Spielen. Es wird negative Bilanz gezogen, auch wenn ab und zu mal ein Dreier zwischenfällt. Am Ende der Saison werden es x Niederlagen aus 34 Spielen sein, ob das für den Aufstieg reicht oder nicht? Abgerechnet wird am Ende, aber die Zündschnur ist kurz.

In dieser Situation ist unvorhersehbar, was nächste Woche passiert. Dann geht es gegen Nürnberg, eigentlich ein Spitzenspiel, wenn man nach der Ansetzung am Montagabend geht. Der Club aus Nürnberg ist auch eigentlich eine Mannschaft für oben, was dem VfB zugutekäme, aber zu viele „eigentlich" in den letzten zwei Sätzen sagen schon alles. Der Club dümpelt nämlich gerade irgendwo im Tabellenkeller rum, was dem VfB wiederum gar nicht zugutekäme. Die Kleinen und Schwachen mögen sie nicht. Nach Sandhausen ist man ja schon traditionell gar nicht gerne gefahren. Aber mir ist nach diesem Wochenende eh alles recht.

Nach dem VfB-Spiel haben wir den hochgestemmten Schrank direkt aufgebaut. Die Wohnung ist schon ganz wohnlich, auch wenn noch überall Werkzeuge und Kisten rumstehen. Die Wände sind noch nackt, aber das kommt noch alles. Ich bin angekommen! Soll der Rest der Republik über Stuttgart schimpfen und die Mietpreise weiter ins Exorbitante steigen, hier bekommt ihr mich so schnell nicht weg, nicht mal dem VfB wird es gelingen. Stolz und wie ein Aussätziger trage ich den Titel „Neig'schmeckta". Den werde ich nicht mehr los, aber in meinen Ohren rauscht das Meer.

16. Spieltag

Hamburger SV – 1. FC Heidenheim 0:1
Das Fehlen der Leichtigkeit

„Alles, was ich im Leben über Moral oder Verpflichtungen des Menschen gelernt habe, verdanke ich dem Fußball."

Sagte dereinst der Schriftsteller, Philosoph und bekennender Fußballfan Albert Camus über den Fußball. Fußball und Philosophie, das ist offensichtlich eine Beziehung, die funktionieren kann, gibt es doch mehr Parallelen als im ersten Moment gedacht. Zwar meinte Camus damals wohl noch etwas anderes, als er den Begriff „Moral" in Bezug auf Fußball verwendete und sicher meinte er auch etwas anderes, als er „Verpflichtungen" in Bezug auf Fußball verwendete, aber philosophisch kommen einem zuweilen die Pressekonferenzen und nach den Spielen die Fieldinterviews vor. Woche für Woche heben die Fußballer, die für etwas anderes Profis sind, die philosophischen Perlen. So machte sich Aaron Hunt nach dem Spiel gegen Heidenheim auf die Suche nach diesen, als er sich auf die Suche nach der Leichtigkeit machte.

Es waren fast zwei Jahrzehnte nach Camus' größtem Triumph, des Weltmeistertitels der Schriftsteller, dem Gewinn des Literaturnobelpreises, als der HSV mit seiner längsten Serie an ungeschlagenen Spielen vor Leichtigkeit sprühte. Saisonübergreifend hatten die Rothosen 1981/82 und 1982/83 19 – in Worten: neunzehn – Heimspiele nicht verloren.* Dass so eine Erfolgsgeschichte so lange her ist, ist für den heutigen HSV-Fan nicht verwunderlich. 1987 wurde der letzte und unbedeutendste der bedeutenden Titel, der DFB-Pokal, gewonnen (natürlich möchte ich die UI-Cup-Siege 2005 und 2007 nicht unterschlagen, unter Kennern auch noch der Intertoto-Cup oder Cup der guten Hoffnung genannt). Na, zumindest war der HSV Anfang der Achtziger so eine richtige Heimmacht und konnte daran später nicht mehr anknüpfen.

Einzig Ende der Neunziger, Anfang der Zweitausender, als das Volksparkstadion gerade in ein reines Fußballstadion mit dem schrecklichen Namen AOL-Arena umgebaut und umbenannt wurde, da gab es eine Zeit, als der kleine Butschi Boveland mit seiner teuer erwünschten ersten HSV-Dauerkarte liebend gerne ins Stadion pilgerte. Nicht nur weil Block 25A sein neues Wohnzimmer wurde, sondern auch weil Präger, Mehdiiiii und kürzlich geschasster Kovac in der Saison 99/2000 richtig für Furore sorgten. Elf nicht verlorene Heimspiele waren es damals, darunter Unentschieden gegen die Bayern, torreiche Partys gegen Berlin und Bielefeld und natürlich die köstliche Saisoneröffnung gegen die Stuttgarter Schwaben (1:0 Cardoso, 2:0 Butt, 3:0 Butt, alle Tore vorbereitet von oben bereits Genannten). Man mag es gar nicht für möglich halten, dass die erste Niederlage erst am 24. Spieltag passierte und dann auch noch gegen den zukünftigen Absteiger aus Ulm. Ja, ja, der SSV Ulm. Die Kollegen haben auch mal in der Bundesliga gekickt.

Auch in der 2. Bundesliga – zumindest in der zweiten Saison – hat sich der HSV zu einer ähnlichen Heimmacht entwickelt. Zum 16. Spieltag stand noch keine Niederlage zu Buche und mit dieser breiten Brust, aber einer Niederlage im Rücken, marschierten die rot Behosten gegen Heidenheim in ihr 50. Zweitligaspiel. Die zweite Schwaben-Elf mit Ambition (wenn es nicht nach Tiefstapelfahrer Schmidt geht) hat sich erfolgreich an die „Verfolgergruppe" geheftet. Die Anführungszeichen sollen hervorheben, dass zum Verfolgen eigentlich jemand oder etwas vorweg eilen müsste, was im Falle der 2. Liga ja nicht zutrifft.

Und hier ist auch schon der nächste Knackpunkt: Wieder einmal gab es in der 2. Liga ein „Topspiel" zwischen dem 2. und dem 4. Diese Anführungszeichen sollen die inflationäre Bemühung dieses Begriffes verdeutlichen. Zum Beispiel wurde auch das Spiel zwischen den Stuttgartern und den Nürnbergern als Topspiel klassifiziert, was in Anbetracht der misslichen, aber seit dem Fall Jatta, doch auch belustigenden Situation der „Glubberer" blanker Hohn ist. Die Anführungszeichen sollen hier im Übrigen das aberwitzige Fränkisch karikieren.

Nun scheint es mir abgeschweift zu sein, war ich doch bei der Heimstärke der Hamburger, der daraus resultierenden breiten Brust, dem Druck, auch das Jubiläumsspiel erfolgreich zu gestalten, gepaart mit der hochnäsigen „Prima Ballerina"-Performance (Hecking) der Vorwoche. Was schon nach einer Gleichung klingt, soll auch in Zahlen gesprochen werden: 76%–24% Ballbesitz, 8–1 Ecken, 738–236 Pässe, 16–9 Torschüsse, aber eben auch: 121,7:124,6 gelaufene Kilometer (das ist noch nicht so schlimm, hat doch mein alter Trainer Friedhelm immer gesagt: „Wer passt, muss nicht laufen!"), 0:2 Alutreffer und 0:1 Tore.

Wenn wir diesen Zahlensalat mit Blick auf die bisherige Saison wieder in Worte übersetzen, dann war es eine typische Niederlage in Manier eines Aufstiegsaspiranten. Der Ballbesitz zeigt die Dominanz, die aber ohne Ideen und mit Chancenwucher nichts bedeutet und manchmal eine Niederlage mit sich bringt. Ungesehen würde ich jeder Kritik Glauben schenken, die besagt, dass der HSV dominant, aber behäbig und mit Schwierigkeiten bei der Kreation von Chancen agierte. Es ist der Unterschied, der eine Topmannschaft von einer normalen Mannschaft trennt und ein langjähriges Problem der Hamburger – selbst in der 2. Liga. Denn eine unausgesprochene Fußballweisheit meinerseits sagt, dass Konter durch Fehler entstehen. Die Folgeweisheit führt aus: Konter sind sehr gefährlich! Abschließende Fußballweisheit ist sicher: Durch Konter können auch devote Mannschaften Torchancen erarbeiten und Tore erzielen. Da bringt alle Dominanz nichts.

Weniger verkopft gelingt es Dieter Hecking, den gordischen Knoten zu lösen: „Wenn du vorne kein Tor machst, dann musst du eben hinten die Null stehen haben." Fußballphilosophie in Reinform. Nun steh ich hier, ich armer Tor!

Die erste zweite Niederlage in Folge in dieser Saison und angesteckt von den Mechanismen des Fußballs, zieht ein Tief namens Minikrise auf und bringt den so gerne und schnell leckschlagenden Kahn HSV in unnötige Schlagseite. Eigentlich ist nämlich Ebbe und der HSV liegt beinahe noch im Trockendock und Kapitän Hecking hat eigentlich alles unter Kontrolle. Eigentlich. Wie wurde er gelobt für die Ruhe, die er in den Verein brachte, aber nun hapert es hier und dort und überhaupt, ein Aufstieg ist so nicht möglich.

Halten wir besser mal den Ball flach und schauen uns an, was passiert. Bielefeld muss den Atem der Schwergewichte auf Platz 2 und 3 erst einmal aushalten. Stuttgart ist punktgleich und auch nicht sattelfest und der Rest? Vor Nürnberg muss gerade wirklich niemand Angst haben ... Trotzdem ist Hobbyphilosoph Hunt auf der Suche nach der verlorenen Leichtigkeit, bilanziert aber schlussendlich: „Uns fehlt momentan ein Erfolgserlebnis, dann wird vieles leichter."

In seinem letzten Prosawerk – „Der Fall" von 1956 – lässt Camus seinen Protagonisten sagen: „Nur im Fußballstadion und im Theater kann ich mich noch völlig unschuldig fühlen." Mit dieser Unschuld und dem berühmten Quäntchen Glück wird auch die Leichtigkeit wieder in den Volkspark kehren.

Ich gehe davon aus, dass die längste Serie ungeschlagener Spiele auch gleich-bedeutend mit der längsten Serie ungeschlagener Heimspiele ist. Sollte der HSV irgendwann einmal mehr als 19 Heimspiele nicht verloren haben, so sei es hiermit korrigiert. Für möglichen, aber äußerst nerdigen Fauxpas würde ich mich hier dann unterwürfig entschuldigen und gleichzeitig auf ebendiese nerdige Klugscheißerei verweisen.

VfB Stuttgart – 1. FC Nürnberg 3:1
Es könnte alles so einfach sein

Die Einlaufhymne erfüllt gerade den verregneten Cannstatter Abendhimmel, als Matze, Jakob und ich unsere Plätze in der Untertürkheimer Kurve einnehmen. Ohne große Vorbesprechung sind wir also sofort mittendrin im Spiel und sehen eine gewohnt ballbesitzende, engagierte Stuttgarter Mannschaft, die bald trotzdem mit 0:1 zurückliegt und der Teufelskreis beginnt sich zu drehen: Die Mannschaft rennt weiter krampfig an, ohne Ideen. Die Wiedereingliederung des vermeintlichen Heilsbringers und Spielgestalters Daniel Didavi gestaltet sich schwierig, ohne Bindung, ohne Spritzigkeit. Fans murren, werden verbal ausfällig und selbst hier, in der Untertürkheimer Kurve, wo traditionell eher die gemäßigteren VfB-Anhänger sitzen, ertönt bei jedem Rückpass auf den Torspieler genauso selbstverständlich ein Pfeifkonzert, wie der Torschrei bei Endos vermeintlichem Ausgleichstreffer. Und bei Gomez' vermeintlichem 1:1. Anschließend entlädt sich die Wut nur noch teilweise auf die Mannschaft – der übrige Furor trifft den übergeordneten Fußballdachverband. Doch es ist auch tatsächlich schwer zu ertragen. Der symbolische Höhepunkt: Sosa schlägt über den Ball und erntet höhnischen Beifall von den Rängen. Die einzig positiven Lichtblicke in der ersten Halbzeit sind die Stücke vom Lübecker Marzipan, die Jakob väterlich an seine Leidensgenossen verteilt.

Die Halbzeitanalyse fällt, entgegen der ausgefallenen Vorbesprechung, umso ausführlicher aus. Und jeder hat seinen eigenen Erklärungsansatz. Matze prangert die Kaderzusammenstellung an, es werde zu sehr auf – politisch korrekt ausgedrückt – antiquarische Obstsammelbehältnisse gesetzt. Jakob sieht die generell überhöhte Erwartungshaltung im Umfeld, die insbesondere auch von Management und Präsidium in Sätzen wie „Aufstieg um jeden Preis" gesät wird, als lähmendes Element. Ich suche, ganz der Pädagoge, die Wurzel des Übels im zwischenmenschlichen Kern der Mannschaft und verweise auf Santiago Ascasíbar, der vor nicht allzu langer Zeit beinahe seinen Wechsel erstreikte, anschließend begnadigt wurde und seitdem, wie per Streik gefordert, permanent auf seiner Lieblingsposition zum Einsatz kommt – das müsse doch für Unmut unter den Kollegen sorgen.

Ohne allzu hohe Erwartungen lassen wir die zweite Halbzeit über uns ergehen und werden Zeuge eines Trendwechsels. Auf dem Rasen wirkt der brustlösende Handelfmetertreffer von Silas wahre Wunder, der VfB kombiniert sich zu zwei weiteren Toren – eines sogar, so VAR ich keine Videowortwitze mehr machen wollte, durch Mario Gomez – und fährt einen letztlich verdienten Heimsieg ein. Auf der Tribüne murrt niemand mehr, beim Rückpass auf den Torspieler ist kein Pfiff mehr zu hören, ein ungenauer Flugball wird mit aufmunterndem Applaus bedacht. Der gleiche Mensch, der in der ersten Halbzeit noch die halbe Mannschaft ins sibirische Arbeitslager und Tim Walter in die Wüste schicken wollte, nippt nun selbstzufrieden an seinem roten Glühwein. Ein Sinneswandel? So schnell? So einfach?

Bei meinem ersten Stadionbesuch in dieser Saison betitelte ich den VfB als ein Ventil der Emotionen, diese Meinung hat sich mittlerweile verfestigt.

Nun drängen sich eine weitere Feststellung in Bezug auf den VfB und neue Fragen hinsichtlich des Fußballs auf.

Zunächst die Feststellung: In weiten Teilen der Anhängerschaft des VfB Stuttgarts scheinen nur zwei Gefühlswallungen zu existieren: blanker Hass und blinde Liebe. Diese wechseln sich genauso gerne ab wie sie sich vermischen.

Nun die übergeordnete Frage: Ist der Fußball einfach einfach? Und ist dieses zweite Einfach ein Einfach im Sinne von „einfach gestrickt" oder ein Einfach im Sinne von „einfach schön"?

Irgendwo dazwischen muss die Erklärung liegen, dass ein einfaches Tor genügt, um eine Stunde Kampf und Krampf, um eine Stunde Wut, Bluthochdruck und eine erhebliche Menge vergossenes Bier zu vergessen?

Das wäre sehr einfach und trotzdem nicht leicht zu verstehen.

17. Spieltag

SV Sandhausen – Hamburger SV 1:1
Halb Fußball, halb Ballett

„Los, schwing den Lachs in die Mitte." Lasse tippelt ungeduldig von einem Fuß auf den anderen. Er steht kurz vor dem Fünfmeterraum und wartet. Er wartet auf seinen Kumpel Fred. Genauer gesagt wartet er auf eine Flanke. Fred steht an der Außenlinie und bindet sich den Schuh. „Nun mach schon", meckert Lasse. „Is' ja gut, Kleiner." So nennt Fred Lasse manchmal, weil er ein bisschen stolz darauf ist, einen halben Kopf größer zu sein als sein Freund. Ansonsten sind sie sich sehr ähnlich: Beide haben dunkelblondes Haar, beide besuchen die dritte Klasse, beide spielen beim Bostelbeker SV in der E-Jugend und beide sind HSV-Fans. Fred zurrt die Doppelschleife fest und spuckt fachmännisch auf den Rasen. Dann nimmt er den Ball an den Fuß, läuft ein paar Schritte und passt den Ball halbhoch in die Mitte zu Lasse. Der dreht sich, erwischt den Ball mit dem Hinterteil und von da aus kullert der Ball in Richtung rechter Torpfosten. Patrick, der im Tor steht, lacht aus vollem Hals: „Ha, Ha!! Verkackt, verkackt!!".

„Flach, sollst du ihn spielen. Fla-hach!! Checkst du das echt nicht?!", fährt Lasse seinen Vorlagengeber an.

„Die Pille ist scheiße, da is' viel zu wenig Luft drin", versucht sich Fred zu verteidigen.

„Dein Fuß ist scheiße", bläfft Lasse zurück.

„Der HSV ist scheiße."

Patrick lächelt schadenfroh. Auch er geht in dieselbe Klasse, auch er spielt beim BSV, aber im Gegensatz zu Lasse und Fred ist er FC St. Pauli-Fan und im Gegensatz zum HSV hat der FC St. Pauli am Wochenende gewonnen. „Ihr schlagt ja nicht mal Sandhausen und ihr wollt wieder in die erste Liga? Pff." Patrick tippt sich mit dem Finger an den Kopf, während er den Ball lässig zu Lasse zurückrollt.

„Halt's Maul", brüllt Lasse und drischt dermaßen auf den Ball, dass Patrick sich nur überrascht wegducken und den Ball ins Netz lassen kann. „Passt lieber auf, dass ihr nicht absteigt, ihr Pfeifen."

„Wir haben wenigstens gegen Wehen gewonnen, wie habt ihr gegen die nochmal gespielt?" Patrick weiß, wie er seine beiden Kumpels auf die Palme bringen kann. Er holt den Ball aus dem Kasten und schlägt ihn weit ins Feld hinein. „Und Alter, eure Auswärtstrikots sind ja mal abartig hässlich. Hat die Tim Wiese designt? Zehn kleine Schweinchen aufm Platz oder was?" Fred sprintet der Kugel hinterher und ruft: „Lieber n rosanes Auswärtstrikot als n kackbraunes Heimtrikot." Patrick zieht eine Grimasse und Fred fährt fort: „Und ja, jetzt hast du 'ne große Fresse, aber wie viele Punkte habt ihr? 15? 16? Also sei mal bitte leise."

„18", korrigiert Patrick und dann spielt er seinen großen Trumpf. „Aber ...", er lässt eine gekonnte Pause, „wir sind DERBYSIEGER, DERBYSIEGER, HEY! HEY! DERBYSIEGER, DERBYSIEGER, HEY! HEY!" Patrick springt in seinem Strafraum auf und ab, bis ihn der wutschnaubende Lasse erreicht hat und ihn mit beiden Armen zu Boden wirft. Die Beiden wälzen sich im Schlamm, Patrick drückt Lasse seinen stinkenden Torwarthandschuh ins Gesicht, Lasse reißt ein Büschel Gras aus und versucht, es in Patricks Mund zu stopfen. Fred hat den Ball mittlerweile erreicht und donnert ihn in Richtung der raufenden Jungs. „AUA!" Von Lasses Rücken springt der Ball in Richtung Außenlinie. Patrick lässt von ihm ab, spuckt einen Grashalm aus, kniet sich neben Lasse, kichert und hilft ihm schlussendlich wieder auf die Beine. Dazu murmelt er leise, aber dennoch deutlich hörbar „Dutzi-Dutzi-Dudziak", was Lasse aber bewusst nicht beachtet. Er klopft sich den Schmutz vom weißen Trikot.

„Jetzt komm, bring den Ball nochmal", ruft er Fred zu. „Aber flach jetzt."

Fred konzentriert sich, läuft drei Schritte, tanzt einen vorgestellten Gegenspieler aus, legt sich den Ball vor und passt flach in die Mitte. Lasse springt, kurz bevor ihn der Ball erreicht, hoch, dreht sich und trifft den Ball dabei mit der linken Hacke. Von dort aus geht der Ball in die lange Ecke des Tores. Patrick kann nur hinterherschauen.

„Toooor, Tooorrr", Lasse dreht jubelnd ab und läuft in Freds Richtung, „Hinterseer macht das Ding!" „Jaaa", Fred fällt ihm um den Hals. „Alter, was ein Tor, Mann."

Patrick schüttelt den Kopf. „Das klappt auch nur einmal in hundert Jahren."

Doch das nehmen die beiden anderen Jungs nicht wahr. Sie stehen längst am Gitter des Bolzplatzes und feiern mit den Fans in der Kurve, die in ihren Köpfen lautstark zu hören sind.

SV Darmstadt – VfB Stuttgart 1:1
Im Feindesland

Fußball ist ein Militärsport, zumindest war es mal so in Deutschland zu Beginn des 20. Jahrhunderts. Zur allgemeinen körperlichen Ertüchtigung abseits des Turnsports. Und das klingt noch heute durch. Angriff und Verteidigung, Sturm und Abwehr, Flankenlauf und Dauerbelagerung. Der Kapitän hat das Sagen und ein Tor wird geschossen. Der Trainer arbeitet die Taktik aus, um den Gegner empfindlich zu schlagen. Der Platz, das Schlachtfeld. Nach einem Foul geht der niedergestreckte Feind zu Boden (was in den letzten Jahrzehnten aber zugenommen hat). Fußball ist ein martialischer Sport. Das war aber nicht die einzige Erkenntnis, die ich am Montagabend hatte.

Es ging damit los, dass ich fremdgegangen bin. So hat es sich angefühlt, als wir mit ein paar Jungs in ein mir unbekanntes Stüble rauschten. Kaum saßen wir, wurden Bewertungskriterien festgelegt. 1 zu 1 lassen sich so Kneipen nicht vergleichen, aber versuchen muss man es. Gut, die Geschichte mit dem Kamin ist schon heimelig und der Rest auch urig. Bierpreise, Anzahl der Fernseher, Sitzplätze, alles wurde unter die Lupe genommen. Unsere Plätze waren schon mal ganz gut und die Sicht auf den einen (!) Fernseher in Ordnung. Das alles und unser frühes Erscheinen gaben uns die Gelegenheit, den höchst wichtigen Informationen der Vorberichterstattung zu lauschen. Muss man sich mal bewusst machen: Der VfB hat mehr Ballbesitz als ManCity oder PSG. Über 70 % ist da keine Seltenheit. Wenn also ManCity Arsenal schlägt und der VfB mehr Ballbesitz als ManCity hat, dann muss doch der VfB eigentlich auch Darmstadt schlagen. Simple Rechnung und kein Geist im unbekannten Stüble bezweifelte das, vor allem nicht mein, mir ebenso unbekannter, Sitznachbar. Wir saßen noch nicht richtig, da blubberte er mir schon die Ohren voll, während er nebenher, die Lesebrille auf der Nasenspitze, die Wette im dreistelligen Bereich platzierte.

Und schon ging's los. Der VfB als Ballbesitzmonster natürlich im Ballbesitz und mit dem Ball nur in eine Richtung, nach ... zur Seite. Egal, fehlendes Spiel nach vorne machte der Nachbar links mit faszinierenden Informationen wett. „Der Sosa, der sieht ja echt auch wie, na sag schon, der Torwart vom VfB früher ...", „Hildebrand", „Hildebrand! Aber nicht nur wegen der Haare, auch das Gesicht." Kurzer Faktencheck in der Runde: Borna Sosa, kein Portugiese, kein Argentinier, Borna Sosa der Kroate. Aber schon da, nicht nur wegen der Haare, der für mich auffälligste Spieler.

Sprung in die zwanzigste Minute und es wurde körperlich. Griff an den Arm: „Hab ich's nicht gesagt?" Zugegeben, hatte er. Kurz vorher seine prophetische Aussage: „Den Kempe darfst du nie aus den Augen lassen." Damals ging der Schuss noch am Kasten vorbei, jetzt klingelte es hinter Ersatz-Kobel und Hildebrand-Nachfolger Bredlow. Ein Pass von Badstuber auf Castro landete unnötigerweise im Seitenaus, der Einwurf bei Mehlem, der per Heber auf Kempe, der wiederum vorher Phillips enteilt war und nun sicher die Pille hinter Bredlow verstaute. Die Stuttgarter Hintermannschaft wieder einmal wie mein Knie nach einem Spiel auf'm Ascheplatz: offen! Und: Same old, same old. Der VfB lag auswärts zurück.

Die Lilien mit dem 1:0 im Rücken verschwendeten nicht den Hauch eines Gedankens, ihr 10-Mann-Abwehr-Bollwerk zu lösen, trotzdem entlastete die Offensive immer mal wieder, was den Kommentator kurz vor der Pause zu einem „Jetzt verdient sich Darmstadt die Führung!" hinreißen ließ. Aber zum taktisch perfekten Zeitpunkt – Sekunden vor dem Pausenpfiff – der Ausgleich. Castros abgeblockten Schuss zementierte Sosa volley in die Maschen. Pause und fast alle im unbekannten Stüble witterten den großen Kabinenauftritt von Tim Walter, während die anderen die bestellte Bratwurst witterten.

Zweite Halbzeit: Alles jetzt aktiver und wilder, aber der VfB verzettelte sich zu oft in kleinen Scharmützeln und Nebenkriegsschauplätzen (Gelb für Walter) und war zu selten mit Idee. Einzig Sosa immer noch bärenstark (in meinen Augen). Guter Querpass auf Gomez, aber der drüber. Überhaupt hier nochmal ein Wort mehr zu Sosa. Sosa, später auch in anderen Medien hervorgehoben, machte, was er machen musste. Spielte stur die Bälle, die er spielen musste. Flankte ein ums andere Mal (zugegeben waren auch viele Blindgänger dabei) und der ausstehende Erfolg nur eine Frage der Zeit und tatsächlich eine der nächsten direkten Pässe auf Gomez verwertet dieser, aber – und wie könnte es anders sein – Abseits. Während sich VARio Gomez jubelnd Richtung Sosa drehte, machte der Teufelskerl wieder das, was er tun musste: Er zeigte Cojones, was man so vermutlich nicht auf Kroatisch sagt und wies Gevatter Gomez auf das Abseits-Malheur hin. Ich wiederhole: Teufelskerl! Der weitere Spielverlauf ist schnell erzählt: Mein Nachbar blubberte sowas wie „was wechseln denn die da?", fand immer mehr Gefallen an Endo, „der g'fällt mir", und an Schiedsrichter Ittrich, weil der zunehmend Mitleid mit den Stuttgartern hatte und immer mehr Entlastungsfreistöße für die Lilien nicht mehr gab. Nebenher erhöhte blubbernder Nebensitzer noch mal seinen Wetteinsatz, was mich sogar kurzfristig dazu bewog, dieser Nervensäge die Daumen zu drücken. Außer eines Pfostenschusses passierte aber auch nichts mehr groß und so leitete mein Sitznachbar auch den Abgesang ein: „Wenn man will, kann man es entscheiden, aber nicht so."

Ich für meinen Teil frage mich noch immer, warum da nicht mal ein Stürmer die Socken in ne Sosa-Flanke gehalten hat und stelle fest: So ein Ausflug in Feindesland ist ja ganz nett, aber das nächste Mal sind wir wieder in der Schubibar, da kenne ich meine Pappenheimer. Fußball ist ja immer noch Krieg!

18. Spieltag

SV Darmstadt – Hamburger SV 2:2
Aufstieg

Schon seit Anbeginn der Zeit stellen sich Menschen auf Bretter und verhindern so in schneereichen Gebieten im Schnee zu versinken. Tatsächlich soll es in Skandinavien Höhlenmalereien von den ersten Menschen auf Skiern geben. Natürlich die Skandinavier! Die haben bewiesenermaßen ordentlich Schnee vor der Hütte. Und alles, was wir über das Skifahren wissen, wissen wir von denen da oben. Telemark zum Beispiel ist eine Provinz in Norwegen. Dort hat Sondre Norheim eine Bindung entwickelt, die Skifahrer noch heute kennen und benutzen. Ganze Ski-Flug-Landungen wurden nach dieser Provinz benannt.

Natürlich blieb das kein Geheimnis. Aus der Not heraus erfunden, entwickelte sich Skifahren zu einer beliebten Freizeitbeschäftigung, die sich krankhaft ausbreitete und so verlief:

Zuerst mussten Mensch und Gesellschaft die Industrialisierung hinter sich lassen. Währenddessen war nämlich an Freizeitbeschäftigung nicht zu denken. Dann brauchte es junge Menschen, die diese Leidenschaften in andere, fremde Landstriche trugen – Studierende! Stark runtergebrochen trugen so junge Skandinavier die Skier in die Alpen und junge Engländer den Fußball nach Deutschland. War es Zufall, dass sich beide Sportarten, respektive Sportvereine, in der gleichen Zeit, nämlich Ende des 19. Jahrhunderts, etablierten? Das darf als offene Frage im Raum stehen bleiben. Fakt ist: Es gab ihn nun, den alpinen Skisport. Was neu ist, muss aber organisiert und entwickelt werden. Skilifte und regelmäßige Wettkämpfe waren nötig und 1931 wurde dann die erste alpine Skiweltmeisterschaft in Mürren ausgetragen.

Nur 478 Kilometer entfernt und ein Jahr und sechs Tage, nachdem der Schweizer David Zogg in Mürren erster Weltmeister und Landsmann Toni Seelos Vizeweltmeister im Slalom wurden, kam Ernst Hinterseer zur Welt. Quasi auf Skiern, in Kitzbühel. Damals war Kitzbühel noch ein kleiner Ort am Fuße des Hahnenkamms, heute ist es der

Nabel der Wintersportwelt. Das Hahnenkammrennen mit der Streif gehört zu den legendärsten und gefährlichsten Rennen der Welt. Ernst Hinterseer wuchs also dort auf, wo es nun Skifanatisten hinzieht, und natürlich fuhr auch er Ski, als wäre er auf Skiern geboren worden, aber weit davon entfernt ein Skistar zu werden. Bodenständig eben, wie die Kitzbüheler damals waren. Seine Eltern waren Bauern und der Junge wollte Senner (Hirte) werden und sollte es dafür nicht reichen, dann eben auch Bauer. Ein Junge, tief verwurzelt mit seiner Heimat.

Wenn man den alten Hinterseer heute trifft, wenn er im Sommer den Hahnenkamm runterwandert oder im Winter noch ab und zu auf der Piste steht, dann hört man ihn oft singen oder jodeln. Alte Volkslieder. Das Schuhplattlern hat er mittlerweile an den Nagel gehängt, aber zu besonderen Anlässen verleiht er seiner Heimatverbundenheit einen besonderen Ausdruck und singt, am liebsten mit dem Jöchl Leo und dem Eberharter Pepi. Seine wahre Leidenschaft aber war immer das Skifahren und der Junge hatte Talent. Er schmiss seine Lehre zum Zimmerer, der Traum des Senners hatte sich wohl in der Zwischenzeit erledigt, und fuhr als Skiläufer Titel und Erfolge ein. Weltmeister und Nachfolger von David Zogg und sogar Olympiasieger wurde er.

Heute wünscht sich der 87-Jährige nur noch Gesundheit und erfreut sich an seiner Familie. Seine Leidenschaften besitzt er noch, hat sie aber auch rechtzeitig weitergegeben. Sein erster Sohn Hansi hat gleich alles abbekommen, das Skifahren aber auch die Volksmusik. Und auch die anderen Söhne Guido und Ernst der Jüngere haben seine Sportbegeisterung geerbt und weitergegeben. Guidos Sohn zog es raus aus den Bergen. Auf die Skier stellt er sich zurzeit nicht so häufig, aber zu Hause ist er gerne. Bei seinem neuen Verein hat er dafür sogar alle Hebel in Bewegung gesetzt, dass er wenigstens in der Vorbereitung nochmal in seinem alten Kinderzimmer schlafen konnte. Der Weg nach Hamburg ist doch sonst sehr weit. Wie beschwerlich der Weg nach Hamburg und von da aus nach oben ist, das dürfte Lukas inzwischen festgestellt haben. Zum Jahresende und kurz nach der Saisonhalbzeit hat der Gipfelstürmer in bester Skifahrer-Manier mal wieder das Tor getroffen. Für den Sieg hat es nicht gereicht, aber das Ziel ist klar: Aufstieg! Und damit müsste sich der Österreicher ja eigentlich auskennen.

Hannover 96 – VfB Stuttgart 2:2
Auf der Suche nach Walternativen

Mal ehrlich: Den Text, den ich nun weihnachtsfeiertagsgeschwängert zwischen Familienessen und Kirchgang zusammenzimmere, hätte ich auch schon vor Beginn der Saison vorbereiten können. Allenfalls ein paar Zahlen hätten gegebenenfalls ausgetauscht und die Leerstellen für die Zitate ausgefüllt werden müssen. Wobei selbst diese erwartungsgemäß dieselbe Tonart anschlagen wie eh und je. Man hätte ja gerne anders gehandelt, aber nun konnte man nicht mehr anders handeln. Oder um es mit Karl Valentin zu sagen: Mögen hätten sie schon wollen, aber dürfen haben sie sich nicht getraut. Es lebe die konstante Inkonstanz.

„Der erlebt Weihnachten nicht mehr als VfB-Trainer", hatte mein befreundeter Fußballexperte und Dauerkartenbesitzer Helmut bereits im September vorausgesagt. Meine Meinung in der monatelangen Trainerdiskussion war lange Zeit eine andere. Ich gehörte zu denen, die dafür plädierten, den Tim mal machen zu lassen. Erst als selbst in traditionell seriösen Medien Meldungen von atmosphärischen Störungen zwischen Übungsleiter und Mannschaft zu lesen waren, änderte sich meine Einschätzung vom Ernst der Lage grundlegend. Demnach halte ich die getroffene Entscheidung des Sportvorstandes für richtig. Denn auch hier lege ich die gesamtgesellschaftliche Parallele als Maßstab an: Wenn das persönliche Verhältnis zwischen einem Chef und seinen Unterstellten gelitten hat, arbeiten selbige nicht mehr mit letztem Einsatz. Motivation und Ambition sind jedoch meines Erachtens exakt die Parameter, die in der leistungsdichten 2. Fußballbundesliga noch häufiger über Sieg oder Niederlage entscheiden als eine Spielklasse höher und auch dafür verantwortlich sind, dass nun eben Mannschaften wie Aue oder Heidenheim an das Tor zum Oberhaus anklopfen. Nur, wer kann diese Tugenden beim Verein für Bewegungsspiele wiedererwecken?

Ein Schleifer à la Felix Magath?
Ein Motivator à la Jürgen Klinsmann?
Ein Erneuerer à la Domenico Tedesco?

Und damit rein ins Trainerkarussell. Zwischen den Jahren werden die Herren Hitzlsperger und Mislintat wohl Überstunden schieben müssen, um eine langfristige und eben keine Zwischenlösung zu finden, damit die Roten zum Jahresanfang nicht schwarzsehen. Huub Stevens oder Bruno Labbadia sind die hämischen Vorschläge meiner Freunde ohne Brustringverbundenheit. Ein ehemaliger Kommilitone schlägt sich selbst als Übungsleiter vor und inszeniert sein Angebot auf Facebook medienwirksam mit einem alten Bild an der Seite von VfB-Legende Willi Entenmann im VfB-Presseraum – ein Running Gag, den er schon bei etlichen der vorherigen Trainerentlassungen platziert hatte.

Ich nehme das alles erschreckend unaufgeregt zur Kenntnis. In diesem Verein scheint die Trainerfigur längst zur Marionette verkommen zu sein. Unter Tayfun Korkut zeigte die Mannschaft innerhalb eines halben Jahres zwei komplett unterschiedliche Gesichter – Tim Walter schaffte dasselbe bei seinem letzten Auftritt als Verantwortlicher in Hannover (Endstand 2:2) innerhalb von zwei Halbzeiten.

Nun muss Tim Walter gehen, so sind die Mechanismen des großen Geschäfts. Ob es eine glückliche Entscheidung war, kann man heute noch nicht mit Sicherheit sagen. Im Gegensatz dazu verspricht diese Entlassung definitiv einen frisch zu mischenden Kartensatz, eine Neubestückung der rotweißen Wundertüte, ein weniger berechenbares Spielsystem und mit an Hochsicherheit grenzender Wahrscheinlichkeit eine Menge neuen Stoff für dieses Buch.

Im besten Falle muss Kollege Boveland schon in seinem vorvorletzten Beitrag mir und dem VfB zum Aufstieg gratulieren. Vielleicht fällt das Team aber auch komplett auseinander und spielt eine Rückrunde, die an Hannovers Hinrunde erinnert. Vielleicht schnappt der VfB dem Konkurrenten aus dem Norden auch in letzter Minute noch den Relegationsplatz weg. Vielleicht frage ich einfach bei Gelegenheit nochmal beim obengenannten Fußballpropheten Helmut nach seiner Prognose.

Es bleibt spannend und als Fazit der Hinrunde festzuhalten:

Der VfB steht auf Platz 3, drei Punkte hinter Tabellenführer Bielefeld, punktgleich mit dem Hamburger Sportverein. Es ist einerseits noch nichts verloren und andererseits noch alles möglich. Der VfB muss sich nun wiedermal neu (er)finden, um der direkten Konkurrenz

– wie zu Saisonbeginn geplant – immer einen Schritt voraus sein. Der erste Schritt ist damit getan, denn zumindest haben sie den Trainer nun schon früher gewechselt als der HSV.

19. Spieltag

Hamburger SV – 1. FC Nürnberg 4:1
Kleine Rechnung

Oben auf den Fildern mit Blick in den Stuttgarter Kessel liegt Sillenbuch. Noch heute steht hier ein üppiger Buchenwald, der der Gemeinde 1264 seinen Namen gab, und vermutlich lag es auch an der Ruhe des Waldes, weshalb Markus Schmidt hier hochgezogen ist. Natürlich auch für den SV Sillenbuch, der Verein, der ihn 1997 zum DFB-Schiedsrichter gemacht hatte. Pittoresk liegt der Platz des SVS zwischen Ortsrand und Buchenwald. Manchmal erinnert sich Schmidt an sein erstes Zweitligaspiel 1998 zurück. Ein unvergessliches Spiel, zumindest für ihn. Hannover 96 gegen Fortuna Düsseldorf. 0:2 der Endstand. Zu „seinem" ersten Torschützen Igli Trare hatte Schmidt immer ein besonderes Verhältnis, nicht so zu Fortunas Lars Unger, den er noch in der 90. Minute mit Gelb-Rot vom Platz schicken musste. Was für eine Feuertaufe! Und beinahe schmunzelnd erinnert sich Schmidt daran, wenn er sich denn nicht vertut, dass tatsächlich der heutige HSV-Trainer Hecking damals noch eingewechselt worden war. Ohnehin spielten damals für H96 einige Hamburger Fußballlegenden: Jürgen Degen, Otto Addo, Bastian Reinhardt. So was weiß Schmidt. In der Hinrunde musste er bereits einige Male in den Norden hoch und da bereitet man sich natürlich vor. Meistens bei einer Tasse Tee im Wintergarten und mit Blick auf den glitzernden Kessel. Was ihn aber an diesem Donnerstagabend erwarten sollte, dass wusste Markus Schmidt vorher nicht.

Die Wahl des Schiedsrichter bemisst sich traditionell nach der Leistung des Schiedsrichters im Spiel, also immer erst nach dem Spiel, aber um ganz ehrlich zu sein, Markus Schmidt, schien schon vor der Partie der perfekte Schiedsrichter zu sein. Die oberste Regel eines Schiedsrichters lautet nämlich: Nicht auffallen! Das ist es doch, was einen guten Schiedsrichter ausmacht und was sie selbst am liebsten haben, wenn nicht über sie gesprochen wird. Das war bei Schmidt oft der Fall. Ergo, eine scheinbar gute Wahl für das letzte Spiel des 19. Spieltages, wenn nämlich der 1. FC Nürnberg zu Besuch im Hamburger Volkspark sein sollte. Eine Partie mit Vorgeschichte:

Im Sommer 2019 waren die Voraussetzungen noch anders. Der HSV im zweiten Zweitligajahr und im zweiten Spiel der Saison – nach dem mageren Unentschieden gegen Darmstadt – schon unter Zugzwang und wollte natürlich auch der fränkische und frisch abgestiegene Traditionsverein ein Ausrufezeichen setzen. Mit einem zweiten Sieg den Saisonstart gegen den HSV veredeln, nachdem es gegen Dresden nicht rühmlich, aber doch für drei Punkte gereicht hatte. Das Ergebnis war dann aber eine Ansage. 0:4 ging der FCN vor heimischer Kulisse baden. Ein Ergebnis, das keine Diskussion zuließ, wenn da nicht die folgende Debatte um Jattas richtige Identität gewesen wäre. Dabei besudelten sich einige Zweitligamannschaften, allen voran die Nürnberger, nicht sonderlich mit Ruhm. Abgesehen von dem Einspruch beim DFB war es vor allem der obskure Zeuge, den der FCN-Sportvorstand Palikuca aus dem Hut zaubern wollte, der das Fass zum Überlaufen brachte. Nachdem der Fall Jatta abgeschlossen war, trat Palikuca dann auch noch gegen Leibold nach (Anm. d. Verf.: der ehemalige Franke war im Sommer zum HSV gekommen).

Wortbruch und andere Befindlichkeiten wurden geäußert und zeigten Palikucas emotionale Politik, die kaum verwundern darf. In der Weltgeschichte wurde schon für weniger ein Streit vom Zaun gebrochen und besonders effektiv war schon eh und je die Flucht nach vorne. Unruhe bei anderen stiften, wenn es in den eigenen vier Wänden nicht stimmt und da braucht es beim 1. FCN keine Hellseherei. Der steckt im Abstiegskampf und es droht ein negativer Durchmarsch. Und nun also das Spiel in Hamburg.

Palikuca wird mit einer aufgeheizten Stimmung gerechnet haben, das zumindest erschließt sich aus der Berichterstattung vorab. Er versuchte zu relativieren, nicht den Menschen Jatta in Frage zu stellen, sondern die Interessen seines Arbeitgebers. Es half aber alles nichts und hilfreich für Palikuca waren sicherlich auch nicht die Äußerungen vom Hamburger Boldt, der noch eine kleine Rechnung offen haben wollte. Nun ist so ein Vorgeplänkel ja auch völlig egal, da es hinlänglich bekannt ist, dass die Wahrheit auf dem Platz liegt. Und spätestens da war wirklich alles klar.

Das dachte sich auch insgeheim der rotnasige Markus Schmidt in seinem schwarzen Rollkragenpullover, den er auch bei seiner Arbeit als Personalchef der SSB Stuttgart hätte tragen können. Nürnberg ängstlich. Jatta mit der richtigen Antwort auf sein letztes halbes Jahr, nämlich mit einem Tor. Kittel lupft da weiter, wo er im letzten Jahr aufgehört hatte, und Hinterseer holt sich Selbstvertrauen. Sogar Handwerker auf Seiten der Nürnberger traf wieder im Spiel gegen den HSV, aber diesmal ins richtige Tor. Beim HSV klappte noch nicht alles, was im Winter einstudiert wurde, aber für Nürnberg reichte es. Mit drei Punkten und der gleichen Tordifferenz im ersten Spiel des Jahres, zieht der HSV wieder mit dem VfB gleich und steht dank der mehr geschossenen Tore wieder auf Platz zwei.

Das alles überschlug auch Markus Schmidt in einer kleinen Rechnung schnell im Kopf. Das Spiel hielt zwar zwei kleine Aufreger in Form des VAR bereit, aber er traf alle Entscheidungen richtig und fiel auch ansonsten nicht weiter auf. Ein toller Abend im kalten Hamburg und der Sillenbucher freute sich nach dem Spiel schon wieder auf eine schöne Tasse Tee. Diesmal mit Hamburger Kandis, dafür hatte sich Schmidt Zeit genommen.

VfB Stuttgart – 1. FC Heidenheim 3:0
VfB Stuttgart 2020

Jetzt neu: der VfB Stuttgart 2020.

Es sind schon einige Umstände, die den geneigten Fußballbeobachtenden zu solch reißerischer Überschrift verleiten könnten. Neues Jahrzehnt, neuer Übungsleiter, neuer Spielstil, aber auch neuer VfB? Die Spannung ob des ersten Heimspiels im frischen Kalenderjahr stand jedenfalls etlichen Fans im Stadion ins Gesicht geschrieben, waren doch vorab nur zwei Fragen geklärt: Kobel ist die Nummer eins und Kempf nach wie vor Kapitän.

Auf dem Platz legte die Mannschaft von Anfang an tatsächlich eine andere Grundauffassung des Fußballspielens an den Tag. Im Verlauf der bisherigen Saison hatte man sich ja schon schmerzlich daran gewöhnen müssen, dass die Herren mit dem Brustring die gegnerische

Mannschaft am Rande des eigenen Sechzehners einschnürten, um im Stile einer Handballmannschaft stetig und mangels zu gewinnendem Raum auch ohne Raumgewinn um den Strafraum herum zu spielen. Volle Kontrolle eben. Nicht so in diesem Spiel gegen Heidenheim. Von Anfang an ging es mehr hin und her. Mal ließ man die blaugekleideten Männer von der Ostalb kommen, mal versuchte man selbst, schnell in die Spitze zu spielen. Alte Laster waren dabei erwartungsgemäß immer noch zu erkennen: unabgestimmte Laufwege, mangelnde Passsicherheit im Aufbauspiel und fehlendes Tempo bei Kontersituationen. Doch hier und da blitzt auch so etwas wie Kombinationsfußball auf – meist dann, wenn Daniel Didavi seine Samtpantoffeln im Spiel hatte. Wie beim balsamierenden Führungstreffer, als ein mehr oder weniger geplanter Doppelpass mit Kempf in einer Doppelchance für Letzteren mündete und schlussendlich erfolgreich abgeschlossen wurde. Jetzt hielt der VfB den Schalthebel in der Hand, zeigte sich engagiert und grätschwillig und nahm die Führung mit in die Kabine.

Der Pausentee zeigte Anfang der zweiten Hälfte keine spielverändernde Wirkung, der VfB präsentierte sich gefestigter, aber nicht immer zwingend. Nur wenn Jungspund Nicolás González am Ball war, wurde es meist gefährlich – und zwar vorne wie hinten. Doch die Heidenheimer hatten wahrlich nicht ihren besten Tag erwischt: Schnatterers Flatterball ging drüber, Theuerkauf fiel nur durch billige Tricks auf und Torjäger Kleindienst erwies seinem Team mehrfach bestenfalls Bärendienste. So reichte eine gut getimte Sosa-Flanke und ein hinreichend platzierter González-Kopfball für die Verdopplung des Torabstands und für einen endgültig gebrochenen Willen bei den Blauhemden. Der abschließende Torerfolg von Routinier Gomez setzte ein I-Tüpfelchen auf eine gelungene Feuertaufe für den neuen Coach Pelegrino Materrazzo.

So wenig war nach einem Spiel in dieser Saison selten zu meckern. Wie entfesselt spielt der VfB noch nicht, aber zumindest befreit. Befreit vom selbst auferlegten Dominanzanspruch wirkte das Spiel elastischer, variabler und ironischerweise weitgehend kontrollierter als zur Ära Walter. Ob der Effekt bloß der des herkömmlichen neuen Besens war oder ob Pelegrino Matterazzo tatsächlich in allen Ecken nass durchgewischt hat und eine blitzsaubere bis glanzvolle Spielphilosophie schon bald Usus sein wird, diskutieren derzeit die Pessi- und Optimisten. Viel Zeit bleibt ihnen nicht: Schon am Samstag geht es gegen den FC St. Pauli.

Exilant Boveland, bitte übernehmen Sie.

20. Spieltag

VfL Bochum – Hamburger SV 1:3
Am Ende des Regenbogens

Halbseitig weiß, halbseitig regenbogenfarben. Das Kopfkino springt auch dieses Mal unwiderruflich an, sobald ich nur die Spielpaarung lese. In der Zeit, als sich mein fußballerischer Horizont längst auf die bundesweite Ebene hinaus entwickelt hatte, war ich bisweilen noch nicht davor gefeit, einen albernen Anfängerfehler zu machen und in Spielen, in denen nicht mein schwäbischer Lieblingsverein spielte, derjenigen Mannschaft die Daumen zu drücken, dessen Trikot mir besser gefiel. Das war in den späten Neunzigern dann eben oftmals der VfL Bochum.

Doch nicht nur das: Mit Delron Buckley hatten die Bochumer auch einen auffälligen Spieler in ihren Reihen, dessen klangvollen Namen ich gerne beim Kommentieren meiner eigenen Tipp-Kick-Spiele gebrauchte. Zusammen mit dem quirligen Yildiray Bastürk und Peter Peschel mit den schönen Haaren wirbelte er demnach des Öfteren gegnerische Abwehrreihen durcheinander und wurde bei seiner Auswechslung – meist kam der deutlich defensivere Thomas Reis für ihn in die Mannschaft – von den Fans frenetisch gefeiert. Dies passierte in der besagten Saison 98/99 freilich nur in meinem Kinderzimmer, denn in jener Spielzeit musste der als „unabsteigbar" geltende VfL zum dritten Mal den Weg in die 2. Liga antreten. Der Anfang der Transformation zur personifizierten grauen Maus begann.

Gut 20 Jahre später spielen die Mannen von der Castroper Straße die zehnte Zweitligasaison in Folge. An jenem mausgrauen Montag ist also der Hamburger SV zu Gast. Eine ehemalige Spitzenmannschaft, Ex-Bundesliga-Dino und Champions League-Teilnehmer. Ein Verein, der sich vehement dagegen sträubt einen ähnlichen Weg einschlagen zu müssen, wie es der VfL Bochum getan hat. Es ist das zweite Spiel nach der Winterpause, es ist kühl und es gießt wie aus Eimern: die perfekte Kulisse für ein Schaulaufen verblichener Glanzlichter.

Auch in der Saison 98/99 hatte dieses Spiel zu einem ähnlichen Zeitpunkt der Saison stattgefunden, ein Dienstagabendspiel war es. Freilich war die Winterpause annodazumal erheblich länger, sodass die äußeren Umstände bei diesem Nachholspiel Mitte März sicherlich andere gewesen sein dürften. Aber es waren ja auch andere Zeiten – für beide Mannschaften.

Am 19. Spieltag der Saison 98/99 glauben die Bochumer noch fest an den Klassenerhalt, der HSV wittert insgeheim noch eine Restchance auf die UEFA-Cup-Plätze. Und so beginnen beide Teams engagiert, der VfL, laut Kicker „mit viel Kraftaufwand, Laufbereitschaft, Aggressivität" verdient sich die 1:0-Führung, auch wenn dabei der Hamburger Abwehrspieler Andreas Fischer entscheidend mithilft. Der HSV operiert mit langen Bällen und hat einige gute Gelegenheiten zum Ausgleich.

Die Parallelen zum diesjährigen Aufeinandertreffen der ehemaligen Granden des Bundesligafußballs sind vorhanden. Auch an jenem verregneten Februarabend plätschert das Spiel nicht vor sich hin – Bochum spritzt in viele Bälle, erläuft, erkämpft, ergrätscht sich zumindest optische Ebenbürtigkeit und wäre ein Andreas Fischer auf dem Platz gewesen und in den Pass von Robin Tesche gelaufen, den Simon Zoller knapp verpasst, hätte es auch mit demselben Ergebnis in die Pause gehen können, wie vor knapp 21 Jahren. Dies stellt sich erst nach gut einer Stunde ein, als Simon Zoller aus 16 Metern unhaltbar abzieht und das Ruhrstadion in Aufruhr versetzt. Das Momentum auf der Seite des Außenseiters, der Sieg fühlbar nah, die Euphorie greifbar.

Flashback. Der HSV sucht immer wieder seinen schnellen Stürmer Anthony Yeboah, der mit seinen Finten und Dribblings der einzige Unruheherd im Bochumer Strafraum ist. Doch er erfährt zu wenig Unterstützung seitens seiner Mannschaftskameraden. Es fehlt an Genauigkeit im Abschluss und beim letzten Pass. Bochum bleibt wachsam und spekuliert auf Kontergelegenheiten. In der 81. Minute bietet sich so eine und ein eingewechselter 1,72m kleiner Flügelläufer namens Mehdi Mahdavikia köpft eine Hofmann-Hereingabe zum 2:0 in die Maschen. Die Entscheidung. Bochum sammelt wichtige Zähler gegen den Abstieg und der HSV muss seine Europapokalhoffnungen erstmal begraben.

An diesem Punkt entzweien sich die Handlungsstränge respektive Spielverläufe. Weil der HSV 2020 einen Außenverteidiger namens Tim Leibold in seinen Reihen weiß, der den Bochumer Führungstreffer mittels eines brachialen Volleyschusses unter die Latte egalisiert und einige Minuten später überlegt zu Neuzugang Pohjanpalo spielt, der das Spiel dreht. Sonny Kittel entscheidet dann per Schlenzer das Spiel endgültig zugunsten der Hanseaten.

Schlussendlich souverän, abgeklärt und mit klaren Pässen auf unwirtlichem Geläuf sammelt der HSV drei sogenannte Big Points und verleitet den Kommentator sogar zu einer lange nicht mehr gehörten Attribuierung: Die Hamburger hätten demnach „im Stile einer Spitzenmannschaft" agiert.

Summa summarum bleibt der HSV also ganz oben dran und der VfL Bochum kann mit der gezeigten Einstellung zurecht auf den erneuten Klassenerhalt hoffen. Und auch wenn die folgenden Aussagen mittlerweile eben nur eine Liga tiefer und gegebenenfalls nur für eine Woche Geltung beanspruchen, konkludieren wir abschließend: Der HSV zählt zu den Top-Teams und der VfL Bochum ist immer noch unabsteigbar. Von wegen graue Mäuse – alles eine Frage der Perspektive.

Übrigens: Delron Buckley ist mittlerweile Trainer der C-Jugend eines südafrikanischen Erstligisten und tritt in Tanzshows auf.

In der Saison 98/99 holten die Bochumer nach dem Sieg über den HSV nur noch ganze fünf Punkte und stiegen (wie eingangs beschrieben) ab. Der HSV dagegen sammelte im weiteren Saisonverlauf noch 25 Zähler – und verpasste den UEFA-Cup-Platz nur knapp. Sie trösteten sich auf dem Transfermarkt und holten nach der Saison Kopfballungeheuer Mehdi Mahdavikia vom VfL. Es sollte der Beginn einer achtjährigen Liebesbeziehung werden. Aber das ist eine andere Geschichte und soll womöglich ein andermal erzählt werden.

FC St. Pauli – VfB Stuttgart 1:1
An den Landungsbrücken raus

Das hatte er sich jetzt mal gegönnt. „Nee", hatte er zu den Freunden gesagt, „nee, das mache ich jetzt mal so. Mit dem 9er sind wir ja überall hingefahren. Weiß ich wohl." Und er wusste es ja wirklich noch. Überall waren sie zusammen gewesen. Ganz früher sogar noch im Europapokal. Aber auch alle deutschen Stadien kannte er. In Dortmund brennt echt die Hütte, Allianz-Arena kannste knicken, lohnt nicht. SAP? Muss nicht sein. Augsburg war nett, echt, Augsburg war nett, auch wegen der Stadtführung. Und in der 2. Liga? Klar, Darmstadt, Bochum, auch Bielefeld – obwohl er da ja in der Hinrunde das Spiel auf 'nem Parkplatz verbracht hatte. Sogar Sandhausen hatte er ja gesehen. Immer im 9er hin. Meistens echt nur hin, Spiel angucken und zurück. Hamburg im letzten Oktober war heftig. Ist ja auch 'ne Frage des Urlaubs, siehe Freitagabend- oder noch schlimmer Montagsspiele. Aber diesmal lag es nicht am Urlaub, das Spiel war ja am Samstag. Nee, diesmal hatte er einfach keine Lust, Freitag nach der Arbeit loszufahren und dann die Nacht auf der Autobahn zu verbringen. Hatte er kein Bock drauf. Also hatte er mal das Internet angemacht und mit beiden Händen der Deutschen Bahn sein Geld in den Rachen geworfen, um entspannt in Hamburg anzukommen. Koffer ins Hotel bringen und dann schön auf'm Kiez einen reinorgeln. So nämlich. Das hatte er sich jetzt mal gegönnt.

Jetzt wartete er vor dem Stadion auf die anderen und erkannte die Trümmertruppe schon von Weitem. Gott, sahen die scheiße aus. Anscheinend Stau, das hatten die ihm gestern Nacht noch geschrieben, aber da konnte er nicht antworten. Er hingegen: das blühende Leben, also fast. Er hatte morgens eine kleine Hafenrundfahrt gemacht, ein kleines Matjesbrötchen weggeatmet und ein paar Pilsetten vorne am Bug weggenascht, dann ging das auch wieder mit dem Kater. Eben war er dann auch noch in der bekannten Pauli-Kneipe direkt am Stadion. Jolly Rakete oder so ähnlich. Das ist hier „auf" St. Pauli so, haben die ihm gestern Nacht erklärt. „Wenn du uns nicht blöd kommst, kommen wir dir nicht blöd. Scheiß auf deine Farben, außer die sind blau, klar ne?"

Eben, so war das bei den Pauli-Fans, da fiel ihm nur ein Begriff ein: Au – Authen – Authentiz – na, echt waren die halt. Deswegen ist er mit dem Zug gekommen, weil er endlich Hamburg kennenlernen wollte. Das fehlte ihm auf seiner Liste. Damals wollte er mal mit Ursel hin. Der hatte er mal eine Barkassenfahrt auf der Riccarda III geschenkt. Da hat die Ursel aber geglotzt. „Wie soll das denn gehen?", hat sie noch wie blöd gefragt. Die Hellste ist sie ja nie gewesen, aber geliebt hatte er sie ja schon. Na, und im Oktober war ja auch keine Zeit gewesen. Erst wollte er ja beide Spiele in Hamburg sehen. Also Samstag hin und wieder zurück. Mittwoch hin und wieder zurück. Da hätte er nur einen Tag Urlaub nehmen müssen, aber nach der Klatsche hatte er da natürlich auch keine Böcke mehr drauf gehabt. Dann lieber Urlaub sparen. Aber gegen Pauli war es die letzte Gelegenheit in dieser Saison in Sachen Hamburg. Das war der Grund, warum er sich das gegönnt hatte, wegen des Wetters ganz sicher nicht. Im Oktober war das schon eine Katastrophe gewesen, aber heute: Regen – kein Regen – viel Regen – kein Regen – büsschen Regen – Platzregen – kein Regen – Nieselregen – kein Regen. In Hamburg gab es 27 Wörter für Regen, aber es reichten zwei: Echtes Schmuddelwetter! In einem Wort: Hamburg.

Für den Kater aber perfekt und wirklich, der Abend gestern ...

Das Hotel direkt am Hafen. An den Landungsbrücken raus. Dann erst mal einen Cocktail 20 Stockwerke über der Stadt. „Jetzt gönn dir doch auch mal was!" Davidstraße runter, ein Blick in die Herbertstraße, in die Davidwache und die Boutique Bizarre, holla die Waldfee, Reeperbahn und Hamburger Berg, Seilerstraße. Ruhig mal schon den Weg zum Stadion ablaufen und einprägen. In der Hein-Hoyer-Straße – „da kriegste den Schwaben nicht aus mir raus" – eine ehrliche Portion Kässpätzle weggedrückt. Ein traditionell schwäbisches Etablissement, merkste sofort. Paulinenstraße und dann ist da auch schon das Stadion. Mitten in der Stadt. Sein Versuch einer goldenen Meile zum Stadion endete im Schiffbruch und heute morgen natürlich Kater, also Hafenrundfahrt. Jetzt im Stadion und mit 'ner Knolle am Hals, so sagen sie hier, sind die Sorgen dahin, sogar die auf dem Platz. Eigentlich herrschte ja Aufbruchstimmung, wieder einmal. Und er war auch guter Dinge. Aber da unten auf dem Rasen lief echt gar nichts. Nicht mal der Ball. Was für ein Acker! Da hakt es schon noch. Aber was sollste machen?

Wieder viele Wechsel. Der Abwehrchef und der Torjäger müssen früh verletzt ausgewechselt werden. Aber gallig waren die Jungs nicht,

als ob die hier auf St. Pauli nur drauf warteten, die drei Punkte abzuge-
ben. Am Ende wenigstens einen Punkt mitgenommen. Das war Abnut-
zungskrieg à la 2. Bundesliga. Die Stimmung im 9er hätte er nicht erleben wollen.

Leider hatten sich Teile der VfB-Fans 2020 nicht unter Kontrolle
und fielen durch niveaulose und sexistische Spruchbänder auf. Wer soll
das lustig finden? Ist nämlich nicht lustig, im Gegenteil: Das ist schade,
echt, echt schade. Da kannst du dich nur schämen und ins Jolly Rakete
brauchte er jetzt auch nicht mehr gehen. Die werden nicht gut auf uns
zu sprechen sein, dachte er sich. Auf der anderen Seite und das hatte
er gestern gelernt: Hamburg ist halt auch nicht für alle was. Hamburg kann dich echt fertig machen, das kann sich halt nicht jeder gön-
nen, dachte er sich und war froh, dass er in dieser Saison nicht mehr da
hoch musste.

21. Spieltag

Hamburger SV – Karlsruher SC 2:0
Hamburger Weg

„Der HSV ist jetzt langweilig."
(Simeon Boveland)

Es ist nie gut sich zu wiederholen und noch seltener ist es gut, sich selbst zu zitieren, aber es kommen Zeiten im Leben, da merkt der Mensch, dass die eigenen Worte manchmal einfach die besten Worte sind. Es ist die Last der Lebenserfahrung und die menschliche Eigenart sich die Dinge erklären zu wollen, zu müssen. In Worten, die im Kern verstanden werden. Und hier stehe ich, ich armer ... und zitiere mich selbst. „Der HSV ist jetzt langweilig". Das ist natürlich pures Understatement! Neben der menschlichen Eigenart sich die Dinge erklären zu wollen, hat der Mensch – und ich kann grundsätzlich nur von mir selbst sprechen – die Eigenart (oder lieber Fähigkeit?), sich selbst zu beruhigen. Die Fallhöhe minimieren. Große Gedanken, Ideen und Träume rasen heiß durch unsere Köpfe, aber viele von ihnen werden das Tageslicht nie erblicken. Und das ist manchmal auch besser so. Ausgesprochene Träume, Ideen und Gedanken sind die Messlatte des eigenen Handelns. Sage ich: „Der HSV ist jetzt langweilig", ist langweilig nicht gleich öde, sondern seriös. „Der HSV ist jetzt langweilig", beinhaltet aber auch die Angst und die Sorge, dass er es morgen schon nicht mehr sein könnte. Warum aber langweilig? Ich möchte mich – obschon ich mich bereits ausgiebig wiederholt habe – nicht nochmal auf diese Ochsentour begeben, sondern mich einfach auf die Vorberichterstattung der letzten Woche und damit auf die Vorberichterstattung vor dem Rückspiel gegen den KSC stützen.

3. 2. 2020 „Karlsruher SC trennt sich von Trainer Schwartz"
Der KSC verliert auch das zweite Spiel im neuen Jahr und trennt sich von Trainer Alois Schwartz. Der Klassenerhalt soll erreicht werden, es

tut allen leid, Danke für alles usw. usf. Interimsweise wird Co-Trainer Eichner übernehmen. Das Ganze zwei Tage vor dem DFB-Pokal Achtelfinale gegen Saarbrücken (das im Übrigen dann im Elfmeterschießen verloren wurde).

30 Trainer saßen in dieser Saison schon auf den Trainerbänken aller Zweitligisten. 8 Vereine sahen verschiedene Saisonziele in Gefahr. Darunter auch die drei Absteiger aus der Bundesliga. Der HSV hat seinen Trainer noch. Und der konnte die Veränderung beim Gegner nur lapidar kommentieren: „Alles, was wir bis zum Pokalspiel gesehen haben, können wir eigentlich über den Haufen werfen." Dann eben die Mannschaft neu einstellen, am Ende, so Hecking weiter, „kommt es [...] darauf an, was wir machen." Gott sei Dank, langweilig!

5. 2. 2020, „Der HSV begreift Pyrotechnik als Teil der Fankultur"

„Als erstem Profidub in Deutschland wurde dem Hamburger SV das kontrollierte Abbrennen von Pyrotechnik erlaubt. Der Zweitligist sieht in der einmaligen Aktion nur den ersten Schritt auf dem Weg zu einem neuen Umgang mit dem Thema Pyrotechnik."

Was ist denn jetzt los? Kontrolliertes Abbrennen von Pyro? Oktroyierter Spaß? Ursache des Problems ist, dass viele Fußballfans Pyro als Teil der Fankultur begreifen, der klamme HSV aber über die letzten Jahre immer wieder Hunderttausende Euros Strafe zahlen musste. Es wurde von Seiten des HSV der Dialog mit den Fangruppen gesucht, mit den Hamburger Behörden und dem DFB gesprochen. Nun also, am vergangenen Samstag eine Pyro-Show mit Choreo, überwacht und rechtens. Alle haben sich daran gehalten, ob es den Fans aber reicht, den Spaß diktiert zu bekommen, sei nochmal dahin gestellt. Zurückhaltend äußerten sich alle Parteien, es sei ein guter Anfang.

Aufgepeitscht von dieser Show, „das ist geil, wenn du in ein Stadion reinkommst und so etwas siehst", so Kapitän Rick van Drongelen nach dem Spiel, ließen sich die Hamburger auf ein ganz unterhaltsames Spielchen mit dem KSC ein, der in der Anfangsviertelstunde gut und gerne auch in Führung hätten gehen können. Aber diese Konjunktivkonstruktion ist so kompliziert wie die Aktion vom Karlsruher Lorenz (auch wenn ich hier unterschlage, dass der kleine Heuer Fernandes sich ganz groß und den Winkel ganz klein machte und Schaub kurz vorher den Ball auch nicht unbedingt an die Latte hätte schießen müssen. Tja, zu kompliziert). Nach 20 Minuten legte sich dann auch van Drongelen nicht nur die Worte für nach dem Spiel, sondern auch den Ball zurecht und fackelte ihn einfach mal aufs Tor. Selbst aus diesem Klärungsversuch gelingt es Hinterseer zurzeit eine Torchance zu basteln. Trotz oder genau wegen dieser Chancenwucherei brauchte es dann in der zweiten Hälfte die Unterstützung vom KSC. Lorenz, die Chance aus der ersten Halbzeit noch nicht verdaut, querschlägt den Ball mustergültig auf Hinterseers Kopf, der dankenswerterweise einnickt. Ins Tor gegangen wäre der Ball wohl auch so. Speaking of "richtig stehen", das tut Lukas Hinterseer auch nach einem typischen wie unorthodoxen Dribbling Jattas und schiebt den Ball über die Linie.

Und weil der Text mit einer Wiederholung begann und ich auch schon vorher den Lattenkracher von Schaub unterschlagen habe, wiederhole ich im doppelten Sinne: Schaub trifft vor dem 2:0 noch einmal die Latte. Der Neue, der sich in den ersten Spielen zu einem Dreh- und Angelpunkt im Hamburger Mittelfeld aufspielte, verdient sich bald sein erstes Tor und gibt Trainer Hecking die Gelegenheit nun auf fast allen Positionen auf ebenbürtigen Ersatz zurückzugreifen.

Und die Conclusio? Der HSV scheint auf dem Hamburger Weg und an den richtigen Stellen zu kommunizieren. Im Pyro-Fall scheint es noch fraglich, aber das ist erst einmal zweitrangig. Es gibt ja auch Mittel und Wege. Besonders passend und schön formuliert das der NDR, der den eigenen Pyro-Beitrag wie folgt schließt: „Im Volksparkstadion gab es in den vergangenen Monaten fast keine Verfehlungen, massiv gezündelt wurde von den HSV-Fans beinahe ausschließlich in fremden Stadien." Oder in Rick van Drongelens Worten: „Ich finde es super, Pyro gehört zum Fußball. Nicht auf den Platz, aber zu den Fans." Ganz langweilig muss es ja auch nicht werden.

VfB Stuttgart – Erzgebirge Aue 3:0
Abgeschweift

Daniel Didavi sei Dank. Eiskalt verwandelt er zwei sich ihm bietende Torgelegenheiten in eine komfortable 2:0-Halbzeitführung. Im Stadion riecht es nach zufriedendurchgekauter roter Wurst. Daniel Didavi. Einfach ein krasser Typ. Was für ein Fußballer. Wenn der nicht in den entscheidenden Phasen seiner Karriere so oft verletzt gewesen wäre, hätte der doch garantiert in der Nationalmannschaft seine mannschaftsdienlichen Kabinettstückchen gezeigt. Der feingeistreiche Föbbler aus Nürtingen. Ich stell mir gerade vor, wie er mal an 'nem freien Wochenende mit seinen alten Kumpels auf 'nem runtergerockten Bolzplatz in Roßdorf kickt und alle so gnadenlos in Grund und Boden spielt, technisch und physisch so meilenweit überlegen, wie der sein muss. Wahnsinn, wieder so ein Kerl aus der eigenen Jugend. Seit er sieben ist beim VfB. Der war dann bestimmt früher auch mal Einlaufkind.

Einlaufkinder. Ist das jetzt ernsthaft gut gemeintes soziales Engagement oder bloß 'ne perfide kalkulierte Marketingaktion? Wahrscheinlich beides irgendwie. Aber seit wann gibt's die überhaupt? Muss ich mal bei Wikipedia googlen. Okay ich mach's direkt: Willi Lemke, damals findiger und windiger Manager von Werder Bremen, hat die Idee nach Deutschland gebracht, 1994, nach 'ner Brasilien-Reise. Damals hat er sogar noch 'nen Verteidiger namens Junior Baiano im Schlepptau gehabt. Der blieb aber nicht lange in der Bundesliga. Die Einlaufkinder, die auch Auflaufkinder oder Eskortenkinder genannt werden, sind bis heute nicht mehr wegzudenken.

Einlaufkinder – Auflaufkinder – Eskortenkinder. Seltsame Begriffe allesamt. Seltsamer Job auch. Genauso wie *Statistikzufütterer* in der Bundesliga. Sitzen da allen Ernstes bei jedem Spiel irgendwelche Hansel mit Bleistift und Spielberichtsbogen in irgendeinem Keller und notieren sich handschriftlich jegliche Spielaktionen? Ist halt echt fast so. Es ist ein Team aus einem Scout und drei Trackern. Der Scout diktiert die Spielaktionen und die Tracker hacken das ins System ein. Ballkontakt für Ballkontakt, wobei die offizielle Bezeichnung Ballbesitzphase lautet, also egal ob der Spieler einen Direktpass weiterleitet oder sieben Gegenspieler ausdribbelt und anschließend siebzehnmal jongliert – rein statistisch ist das alles ein Ballkontakt.

Ein Augenschmaus ist das neue Ausweichtrikot ja nur in manchen Augen, aber was war denn nochmal das *ästhetisch fragwürdigste VfB-Trikot aller Zeiten?* Das lila-weiße aus der Saison 94/95? Das rot-schwarz-karierte Torwarttrikot von Eike Immel aus der Spielzeit 93/94? Das Camouflage-Muster auf dem Stadttrikot 2017/18? Oder das Fritzle-Sondertrikot aus derselben Saison? Oder doch das goldene Auswärtstrikot von 2000/2001? Egal welches, da gibt's doch diesen Sammler, der über 500 im Spiel getragene VfB-Trikots sein Eigen nennt. Der hat sogar das rote Sondertrikot mit dem 80er-Jahre-Muster mit dem nur einmalig im UEFA-CUP 1988/89 gegen Banyasz Tatabanya gespielt wurde. Verrückt, der hat sie bestimmt (nicht mehr) alle.

Apropos verrückt: Was macht eigentlich *Anastasios Donis?* Das ist ja auch so einer, an dem sich die Geister scheiden. Ich als disziplinverrarrter Teamplayer war ja selten gut auf ihn zu sprechen, aber andere sagen, dass der VfB nicht abgestiegen wäre, hätten die Trainer nur konsequenter auf ihn gesetzt. Aber jetzt spielt er bei Rennes, Quatsch, bei Reims, Stade Reims, keine Ahnung wo genau das liegt, irgendwo in der Champagne vermutlich. Aber da hat er jetzt auch noch nicht so richtig eingeschlagen. Zwölf Spiele und keine Torbeteiligung, zuletzt war er dreimal hintereinander ohne Einsatz, einmal sogar nicht im Kader. Ich glaub ja, das ist einer der Marke Alexandru Maxim – großes Potenzial noch größeres Ego. Daher: Leistungsschwankungen zwischen Europa-League-Niveau und Benefizspiel-Level. Naja, Reims ist grad Tabellenzehnter, da wird's wohl reichen für den Klassenerhalt, dann greift die Klausel und er muss seinen Vierjahresvertrag dort antreten. Einen Posten weniger auf der Gehaltsliste.

„Gleich isses aus." Die nüchterne Bemerkung meines rüstigen Vordermenschens reißt mich aus meinen Gedanken. „Oin Tor no", kreischt eine Frau hinter mir, „I wünsch mir no oin Tor vom Gommes. Ledstes Mol hatts au glappt, als I des gsagt hab."

Nebensitzer Max und ich wechseln vielsagende Blicke. Wir hätten uns eine insgesamt ereignisreichere zweite Hälfte gewünscht, aber bis auf einen nennenswerten Versuch den 0:2-Rückstand noch anzufechten, kam nichts Nervenaufreibendes von der Gastmannschaft aus dem Erzgebirge. Der VfB verwaltete das Ergebnis gleichsam in einer einschläfernden Bierruhe.

Wir können uns tatsächlich nicht erinnern, wann wir zuletzt einer solch unaufgeregten Halbzeit live beiwohnen durften. An diesem viel zu warmen Februarnachmittag hätte Gregor Kobel in seinem Torraum auch guten Gewissens Gänseblümchen zählen können. Man selbst hätte seelenruhig das Kreuzworträtsel aus der Stadionzeitschrift lösen oder vollkommen entspannt Nasebohren und Däumchendrehen gleichzeitig versuchen können. Tatsächlich bilden wir uns ein, ab und an die Tauben gurren zu hören, die das Stadion in regelmäßigen Abständen überfliegen, so friedlich mutet das Treiben auf dem grünen Rasen an.

Doch kurz bevor wir die Sitzschalen hochschnellen lassen und uns auf den Heimweg machen, wird es noch einmal wirklich laut in der Arena. Der Wunsch unserer Hinterfrau geht tatsächlich in Erfüllung.

22. Spieltag

Hannover 96 – Hamburger SV 1:1
Im Strohhut

Gunnar schreckte hoch. „Scheiße, verschlafen." Kaum gedacht, wunderte er sich auch schon über diesen Geistesblitz. Er konnte sich nicht mehr erinnern, wann er das letzte Mal verschlafen hatte, wann er jemals einen so drängenden Termin gehabt hatte, den er hätte verschlafen können. Seit mehr als acht Jahren ging er keiner geregelten Beschäftigung nach und zum Amt ging er immer nur dann, wenn er zufällig dran dachte. Oder er in seiner vollkommen verhärmten Kellerwohnung zufällig einen Mahnbescheid fand.

Ungeschickt tastete er nach seiner Armbanduhr auf dem Nachttisch. Er fand sie nicht, was daran lag, dass sie noch immer an seinem Handgelenk hing. Überhaupt war er vollständig angezogen, er hatte sich allem Anschein nach vor dem Zubettgehen nicht einmal mehr die Mühe gemacht, sich seiner Schuhe zu entledigen. Langsam dämmerte es ihm wieder. Fränky, Posche, der Spielautomat, der übellaunige Norbert, der sie schon um kurz nach zwei rauswerfen wollte. „Muss dann doch noch n bisschen später geworden sein", schlussfolgerte Gunnar, nachdem er die zu dreiviertelgefüllte Bierflasche neben seiner Matratze inspizierte. Sowas passierte ihm nur äußerst selten, den Schlummertrunk stehen lassen. Er setzte sich auf und sein Kopf machte sich umgehend schmerzhaft bemerkbar. Auch das war seltsam, normalerweise steckte er die allwöchentlichen Kneipenabende besser weg. „Nu denn. Hilft ja nichts." Der erste Schluck schmeckte schal und wässrig, darum war der zweite auch gleich der Letzte und der Schlummertrunk im Handumdrehen zum Konterbier geworden. Unsicher erhob er sich und testete, ob rein körperlich noch alles dran war. Bis auf seinen hämmernden Schädel schien er okay zu sein. Nur die Hände wollte er waschen, die waren doch ungewöhnlich schmutzig.

Im Badezimmer angekommen schrubbte er nach Leibeskräften an seinen Pfoten – Seife hatte er keine mehr im Haus, ein Rest Kölnisch

Wasser musste herhalten. „War ich doch etwas knülle gestern", murmelte er, „Aber was' das denn?" Zahlen und Ziffern säumten seinen Handrücken. Ungelenk und offenbar mit äußerst viel Druck hatte ihm jemand mittels eines schwarzen Kugelschreibers eine Botschaft in den Handrücken geprägt. Gunnar verstand nicht: H 9 6 H S V 1 3 U H R. Was sollte das heißen? 96er – so hieß der Schnaps, den Norbert im Strohhut immer ausschenkte. 96 % Alkohol hätte der anscheinend. „Korn und Strohrum – scharf wie Schatzschneiders linke Klebe." Den Wahlspruch bekam man im Strohhut dauernd zu hören. Schatzschneider. Gunnar musste immer wieder nachfragen, wer denn dieser Typ doch gleich wieder war.

In diesem Augenblick ging ihm ein fahles Licht auf: Er war verabredet. Mit Posche. Und Fränky. Im Strohhut. Fußball kam. Und weil es 2. Bundesliga war, schon um 13 Uhr. Posche hatte ihm zum Abschied einen gehörigen Klaps auf den Hinterkopf gegeben und ihm bedeutet, nicht zu spät zu kommen. Es sei obendrein noch sein Geburtstag. Und der war ihm wichtig. Nicht ganz so wichtig wie Hannover 96, aber fast. Jetzt hatte Gunnar Stress, seine Armbanduhr sagte 13:55 Uhr, sicher waren alle schon angefressen und er konnte sich, sobald er den Laden betrat, auf eine Abreibung gefasst machen. Er überlegte kurz, sich einfach wieder ins Bett zu legen, verwarf den Gedanken aber gleich wieder. Er würde sofort losgehen, schließlich war er schon angezogen und auf ein Frühstück hatte er ohnehin keinen Appetit.

So schleppte er sich hinaus auf die Straße und so hastig wie es mit seinem chronisch verstauchten Bein eben ging, schlurfte er in Richtung der Stammkneipe. Mit jedem Schritt wurde er unsicherer. Posche würde ihm zur Begrüßung direkt eine zimmern, so viel stand fest. Fränky würde ihn eine elende Kameradensau schimpfen und er würde für den Rest des Tages auf dem Schämschemel (dem wackligsten Barhocker der Kneipe, bei dem eines der drei Beine angesengt war) sitzen müssen. Er verlangsamte seinen Schritt, lugte zunächst verstohlen durch das vergilbte Fenster ins Innere des Kneipenvorraums, was vollkommen unsinnig war, denn die Schmutzschicht auf der Scheibe war dicker als das Fensterglas selbst. Zögerlich betrat er nun den Vorraum und schob den Vorhang zum Gastraum auf. Es roch nach Ranz und Muffe. Die Dartscheibe, das Aquarium und der Fernseher waren die einzigen Lichtquellen im Raum.

Posche, Fränky und Norbert hatten ihn nicht kommen sehen. Wie gebannt starrten sie auf die Mattscheibe. Dann stieß Posche einen markerschütternden Schrei aus, sprang in die Luft und stieß dabei zwei Barhocker sowie sein frisches Bierglas um. Anschließend ergoß sich ein Schwall feuchter Küsse auf Fränkys Halbglatze. Posche hatte sich auf die Bar gestellt und seinen Kumpel fest umschlungen. Im Taumel entdeckt er den verdutzt und erschrocken dreinblickenden Gunnar. „Gunaaaaar", schrie er, „Mennsch, dich schick' der Himmel. Haste das gesehen? Der Teuchi, der Teuchi!!" Gunnar verstand nur Bahnhof. „Jo, alles Gute", stammelte er. „Meennsch Du, Gunnar, aldes Haus, na komm ran, komm ran, Norbeeert, gibt dem Wiesenwaldi mal zwei 96er und zwei Halbe auf's Haus. 1:0 gegen die Fischköppe. Ich glaub es ja nicht." Posche war nicht zu bremsen. In der nächsten halben Stunde feuerte er sämtliche Hannoveraner Fangesänge ab, die ihm in seinen angesoffenen Sinn kamen. Zum Finale eines jeden verlangte er lautstark nach einer Runde 96ern und Norbert bediente zuverlässig. Alle tranken mit. Widerstand war zwecklos. Gunnar hatte nicht unbedingt das Bedürfnis gehabt, sich schon wieder zulaufen zu lassen, aber ihm blieb nichts anderes übrig. Und er wollte sich auch nichts anmerken lassen. Wenn die Stimmung kippen sollte, würde das Gesprächsthema schnell auf ihn und sein verspätetes Eintreffen schwenken und dann wäre er geliefert. Da war ein Sturztrunk die angenehmere Alternative.

Also trank er einen nach dem anderen und sang, so gut er konnte mit, insbesondere bei den Oooo-Stellen, was Posche verzückte. „Gunnar, Mensch, wirst ja nochn richtiger Fußball-Klopper, Mennnsch." „Jaja, nur dir zuliebe", lallte Gunnar, blickte verstohlen auf den Fernseher. Wie lange ging nochmal so ein Spiel? 90 Minuten? Oder 100? Er war sich nicht mehr sicher. Und er konnte die Ziffern auf dem Bildschirm beim besten Willen auch nicht mehr entziffern. Ein rot-weiß-grünes Gequirl war alles, was er erkennen konnte. Jetzt zeigten sie einen weißhaarigen Spieler in Großaufnahme. Er wurde von seinem Kollegen umarmt und umgerissen. Auf der Brust der beiden Spieler prangte ein rautenähnliches Muster. „Auf jeden Fall nicht 96", dachte Gunnar. „Hee, schau mal, da ..." wollte er einwerfen, aber da nahm ihn Posche, mittlerweile völlig von Sinnen, auch schon freundschaftlich in den Schwitzkasten, drückte seinen Kopf auf die Theke und fuhr ihm mit der Faust durch die schütter werdenden Haare. „Mein lieber Gunnar, es ist so schön, dass es dich gibt." Das Gerubble auf seinem Kopf wurde Gunnar unangenehm. „Ach hör auf, hör auf." Posche dachte nicht daran und schrammelte umso heftiger, dass die Schuppen nur so flogen. „Aah, jetzt echt, STOPP."

Mit einem Ruck riss Gunnar seinen Kopf nach oben und hämmerte ihn unfreiwillig gegen Posches Ömme. Der kippte sofort aus den Latschen und schlug neben der Bar auf. „Scheiße." Gunnar blickte betreten zu Boden. Aber Norbert nahm ihn zur Seite: „Sauber abgeräumt, Bursche. Lass den mal schlafen, der hatte eh zu viel." „Jo, ist vielleicht echt das Beste", Fränky hievte Posche auf einen nebenstehenden Tisch. „Lass den schlafen ja, der pennt wie'n Babyweizen. Der träumt seinen Traum vom Derby-Sieg." Norbert zwinkerte Gunnar kurz, aber unmissverständlich zu. Der Barmann hatte das Fernsehprogramm auf den gängigen Musikvideokanal umgeschaltet, der sonst auch immer lief, wenn gerade keine wichtige Fußballliveübertragung auf dem Programm stand. Gunnar lächelte wissend. Doch spätestens nach dem nächsten 96er verblassten auch bei ihm die Erinnerungen an diesen frühen Samstagnachmittag.

Am nächsten Morgen wachte Gunnar auf, mit dem ungewissen Gefühl, einen geheimen Pakt geschlossen zu haben.

VfL Bochum – VfB Stuttgart 0:1
Nachschlagewerk zum Montagsspiel

Prelude:

Ein Abend in der weltbesten Fußballkneipe im Stuttgarter Osten. Montagabend-Flutlichtspiel bei Fritz-Walter-Gedächtnis-Wetter. VfL Bochum gegen den VfB Stuttgart. Der eine Verein steht auf einem Relegationsplatz, der andere knapp über dem Strich. Unterschiedlicher könnte die Ausgangslage nicht sein. Auch in der weltbesten Fußballkneipe im Stuttgarter Osten (das kann nicht oft genug gesagt werden) ist die Ausgangslage eine andere. Unsere Stammplätze sind besetzt von Schatzi und ihrem Mann. Ein älteres Ehepaar mit lederner Haut und einem unbändigen Durst nach Weißweinschorle. Der Mann, der seine Frau liebevoll Schatzi nennt und schon alles durchgemacht hat

(„da kenne ich mich aus"), fällt besonders dadurch auf, dass er immer wieder telefoniert und dabei insistiert: „Kümmer' dich um die Rolex!" Wir werden hellhörig, aber mehr passiert an der Ecke erst einmal nicht. Schatzi hingegen ergänzt und verstärkt gerne, was ihr Mann oder sie selbst schon gesagt hat. Meist mit einem schwäbischen „Haja!"

Schatzi: *(wissend)* „Heute ist der 17. Zwote!"

Schatzi: *(bestimmt und direkt hinterher)* „Februar!"

Das also die persönliche Ausgangslage vor dem Spiel.

Auswärtsschwäche, die:
Vor dem Spiel gegen den VfL Bochum hat der VfB diese A. gewissermaßen. Sechsmal in Folge konnte in der Ferne kein Sieg gefeiert werden. Der Norden hat sich da als unglückliches Pflaster erwiesen. Neben der Klatsche gegen den HSV (2:6) gab es keine Siege gegen St. Pauli (1:1), Hannover (2:2) und Osnabrück (0:1). Dazu kommen Sandhausen (1:2) und Darmstadt (1:1).

Castroper Straße, die:
Das eigentliche Highlight Bochums. Hier wurden die großen Siege gefeiert und Niederlagen gemeinsam beweint. Es ist die Fahrstuhlkabine des VfL. An diesem Montagabend auch der Ort, an dem sich der 14. mit dem 3. der Liga misst. Aber, und das wissen alle, an der Castroper Straße ist es immer laut, denn es kommt Herbert Grönemeyer! An so einem Montagabend kann alles passieren. *Du bist keine Schönheit/ Vor Arbeit ganz grau/ Du liebst dich ohne Schminke/ Bist 'ne ehrliche Haut/ Leider total verbaut/ Aber gerade das macht dich aus.* Darauf muss sich der VfB Stuttgart einstellen.

Defensive, die:
In der Hinrunde zu oft eine einzige Katastrophe, hat die Hintermannschaft unter Regie des neuen Trainers die Probleme in den Griff bekommen. Ein Gegentor in der Rückrunde ist der Beleg und das, obwohl eine Vielzahl der etatmäßigen Verteidiger ausfallen (oder deshalb?). Spannend natürlich, wie die Abwehr aber mit der Offensiv-Power der Bochumer umgehen würde. Die haben nämlich – gemessen an ihrem Tabellenplatz – erstaunlich viele Tore auf dem Konto.

Entwicklung, die:
Der neue Trainer Matarazzo ist zufrieden mit der Entwicklung seiner Mannschaft. Die Abwehr hat sich stabilisiert (→ *Defensive*) und vorne schießt der Sturm Tore, meistens zumindest und im neuen Jahr bisher meist eines mehr als der Gegner.

Flutlicht, das:
Für jeden Fußballer etwas Tolles. Nur für mich persönlich sind die Spiele am Abend nicht mit tollen Momenten verknüpft, sondern mit Schmerzen. Abgesehen von der Tatsache, dass es bei uns nur wenige Rasenplätze gab, hatte unser Rasen keine Flutlichtanlage. Ergo: Asche. Ergo: Offene Knie. Aber da alle anderen die Flutlichtspiele feiern, muss da ja was dran sein. Dafür fährt man doch dann auch gerne an einem Montag durch das Land.

Gomez, der:
Erlebt seinen zweiten Frühling. Drei seiner fünf Saisontore hat er im Jahr 2020 geschossen. Bei dem ein oder anderen VfB-Fan ist das noch nicht angekommen. „Wie? Der Gomez spielt von Anfang an?", spricht es dann verwundert im formvollendeten Schwäbisch, was ich gar nicht erst versuchen möchte nachzumachen – aus Respekt! Die Frau, Schatzi, die das an diesem Montagabend in der Kneipe zu ihrem Mann sagt, wird hier noch ihre Rolle spielen.

Konter, der:
Am Montagabend wurde schnell klar, worauf das hinauslaufen würde. In den ersten 30 Minuten war es ein erwartbares und dröges Spiel. Der VfB mit gefühlten 80 % Ballbesitz gegen auf Konter lauernde Bochumer. In der ersten Hälfte wirkte es, als wäre es schon die 80. Minute, Bochum müsste ein 1:0 über die Zeit bringen und das mit nur zehn Mann. Puuh!

Montagsspiel, das:
Dieses unsägliche Abendspiel. Dabei ist es nicht mal irgendein Abendspiel. Freitagabend ist doch ok. Samstagabend noch völlig in Ordnung. Aber Montag? Wer hat denn da Bock und Zeit knapp 400 Kilometer zu fressen? Eben! Aber Flutlicht, Flutlicht ist ja immer geil! (→ *Flutlicht*). Phänomen: Oft regnet es montagabends.

Nix, das:
„Nix, die können gar nix, gar nix. Die können gar nix", sieht Schatzi wissend und mitteilungseifrig.

Offensive, die:
Hochgelobt und besser bestückt als jede andere Offensive der 2. Liga, fehlt es den Stuttgartern doch oft an Ideen oder Durchschlagskraft, das Abwehrmassiv der aufopferungswilligen Verteidigungen zu sprengen. Trainer Matarazzo macht aber keinen Druck, im Gegenteil. Verbieten will er nichts, Spaß sollen sie da vorne haben.

Pokal-Fight, der:
So mutet das Spiel lange Zeit an. Dem findigen Zuschauer wird schnell klar, dass den unterklassigen Bochumern nach dieser tollen, aber laufintensiven Vorstellung früher oder später die Puste ausgehen würde. Der Fehler vor dem 1:0 sinnbildlich dafür und hanebüchen.

Publikum, das/ Reporter, der:
Bruddler, die etwas auf sich halten, ätzen gegen den Reporter resp. Kommentator. In der weltbesten Fußballkneipe im Stuttgarter Osten ist das nicht anders. „So ein Arschloch von Reporter", ist hier beinahe eine wohlgemeinte Nettigkeit. Die eigene Mannschaft klein- und schlecht reden, das darf nur das Publikum, der Reporter hat neutral zu sein. Welche Art Journalismus soll das sonst sein? Tatsächlich hat der Reporter Anwandlungen, die ich nur von meiner Mutter kenne, wenn sie alle Schaltjahre mal ein Spiel sieht und den Goliath auffordert, auch mal den kleinen David ein Tor schießen zu lassen (Mama: „Das ist doch ungerecht."). So wurde die ein oder andere Schiedsrichterentscheidung vom Reporter kommentiert mit: „Bei aller Liebe, das war gegen Bochum. Das muss der Schiedsrichter sehen."
Und aus der Rubrik „Schatzi unterstreicht, was schon gesagt wurde!"
Reporter: *(Reaktion auf die Stuttgarter Chancenverwertung)* „Da geht der Stuttgarter Trainer aus dem Anzug."
Schatzi: *(wissend)* „Der Pellegrino!"

Riemann, der:

Mensch, Mensch, Mensch, du, was für ein Spiel! Torwart Riemann mit einem Sahnetag. In Minute 3 mit einer richtig guten Tat gegen den Köpfer des kurzköpfigen Castro. Aber auch im weiteren Verlauf eine sichere Bank und im noch weiteren Verlauf Libero, Sechser und Stürmer in Personalunion. Mein persönliches Highlight war aber der Kommentator beim Laufduell Riemanns gegen Silas: „Das wird knapp, Riemann." Ein Teufelskerl. Hat nur noch gefehlt, dass er vorne selbst ein Tor macht oder beim letzten, gemächlichen Zurücklaufen und dem Förster-Schuss abwinkt und „Augenmaß" ruft.

Rückrunde, die:

Ging für die beiden Mannschaften ganz unterschiedlich los. Der VfB Stuttgart hat in der Rückrunde noch gar nicht verloren (aber siehe → *Auswärtsschwäche*). Der VfL Bochum hat am Spieltag zuvor den ersten Sieg in der Rückrunde eingefahren und würde sich so gerne etwas Luft auf den Relegationsplatz verschaffen.

Schwarze Serie, die:

Die Auswärtsschwäche (→ *Auswärtsschwäche*) wurde ja bereits angesprochen, aber damit einher geht noch ein anderes Problem: Seit September hat der VfB in der Liga keine zwei Spiele in Folge gewonnen. Das soll sich ändern.

VfB, der / Visier, das:

Der VfB hat den HSV im Visier. Durch das Remis des direkten Konkurrenten kann der VfB gleichziehen. Heidenheim, als erster Verfolger, hat auch Punkte liegen gelassen, so kann der Abstand auf Platz 4 vergrößert werden. Keine Bigpoints also, aber schon wichtige Punkte. Funfact: Mit einem 13:0 wäre der VfB am HSV vorbeigezogen.

Wurstsalat, der:

Nicht nur eine Delikatesse im Ländle, auch in der weltbesten Fußballkneipe im Stuttgarter Osten ein feiner Gaumenkitzler. So ist zu vermuten, da immer zum VfB-Spiel der Wurstsalat-Mann kommt und einen Wurstsalat bestellt, „mit Käse". Das ist der Wirtin der weltbesten Fußballkneipe im Stuttgarter Osten natürlich bekannt und so stellt sie auch ungefragt ein Spezi dazu.

Weißweinschorle, die:
Eines der Lieblingsgetränke von Schatzi und ihrem Mann, die beide gerne Golf spielen – aber nicht im Winter – und Menschen in Gespräche verwickeln, die keine Lust darauf haben, zum Beispiel den Wurstsalat-Mann (→ Wurstsalat). Weißweinschorle trinken die beiden wie Wasser.

Zentrum, das:
Da ging in der ersten Hälfte alles durch beim VfB, auch weil die Bochumer Außenverteidiger Gamboa und Danillo (die beiden haben, entgegen der Kicker-Noten, ein richtig starkes Spiel gemacht) Silas und Massimo meist im Griff hatten. So also immer schön durch die Mitte. Am 16er hatte irgendein Stuttgarter dann die geniale Idee, den Ball nochmal irgendwo drüber zu lupfen oder halbhoch irgendwo in die Gasse zu spielen. Schade, da war manchmal mehr drin.

Ziel, das:
Seit Menschengedenken steht es fest: Der VfB Stuttgart will aufsteigen. Ab Herbst 2020 soll wieder erstklassig gekickt werden (was machen wir denn dann eigentlich?). Mit dem Sieg gegen den VfL Bochum hat sich Stuttgart etwas Platz nach unten verschafft und verfolgt nun im Gleichschritt mit dem HSV die Arminia. Alle drei Mannschaften haben nächste Woche nicht die leichtesten Gegner vor der Brust. Der VfB empfängt die guten Regensburger, Bielefeld in einem Fast-Derby Hannover und der HSV den Stadtrivalen vom Kiez.

23. Spieltag

Hamburger SV – FC St. Pauli 0:2
Interview mit einem Zeitzeugen

Hansen sitzt auf einem abgewetzten Sofa. Auf dem Fliesentisch ein Aschenbecher, in dem eine Zigarette glimmt. „Eigentlich rauche ich gar nicht, ja", zuckt Hansen entschuldigend mit den Achseln. Im Zimmer stehen noch Umzugskartons, auf dem Balkon die alten Blumentöpfe mit toten, braunen Blumen aus dem letzten Jahr. „Die Vormieter haben das alles stehenlassen", erzählt Hansen traditionell zweitklassig. Noch vor der ersten Frage kommt Hansen ins Reden.

HANSEN: Nach diesem unsäglichen Tag musste ich einfach raus aus der Stadt. Die Wohnung hier in Berlin kam gerade recht.

traditionell zweitklassig: Nicht so schnell, Herr Hansen. Sie reden vom 22. 2. 2020. Nehmen Sie uns mit auf diese Reise.

HANSEN: *(ungehalten)* Natürlich rede ich von dem Tag. *(ruhiger)* Sie sehen, so richtig verkraftet habe ich das noch nicht. Eigentlich müsste ich aber am 16.9.19 anfangen oder noch besser am 10.3. letzten Jahres. Da war die Welt fast wieder in Ordnung. Das erste Zweitligajahr, aber trotzdem Pauli auswärts 4:0 weggeknallt. Aber dann ging es los. Das Hinspiel haben wir ja auch schon 2:0 verloren. Der alte Makel, die haben halt kein Mittel gefunden. Ich bin ein echter Fan, ja? Ich war überall, ja? Sogar zu den öffentlichen Trainingseinheiten bin ich gegangen, wenn es ging. HSV, ja? Das's mein Leben.

(Umständlich zieht Hansen das Hemd aus der Hose. Unter der großen Raute auf seiner Brust prangen die Worte „meine Liebe, mein Leben")

'Tschuldigung. Aber selbst im Hinspiel konnte ich mir nicht vorgaukeln, dass es nicht verdient war. Das Problem, ja? Das Problem beim HSV in der 2. Liga ist, dass keiner gegen den HSV verlieren will, ja. Die stellen sich mit Mann und Maus hinten rein und gucken, was passiert.

Die wissen seit 10 Jahren, dass der HSV so ein Problem nicht lösen kann. Wissen die. Meinen Sie, bei Pauli müssen sie den Jungs noch was ins Getränk machen, wenn es gegen den HSV geht? Nee, die brennen, aber so richtig.

traditionell zweitklassig: Aber nochmal zurück zum 22.2.20. An was erinnern Sie sich da noch?

HANSEN: Von vorne, ja? *(atmet tief ein)* Derby ist immer besonders. Immer, ja? Deshalb waren wir am Abend davor schon mal bei Knut. „Warmmachen", ja? Aber nicht lang. Der Spieltag ging dann los, wie immer. Is 'n richtiges Proz... Proz... Naa! Ritual. Aufstehen, duschen, Trikot rauslegen. An dem Tag das blaue Hyundai von Uhlsport. Ich hatte damals auch so Treter von Uhlsport mit Klappzunge. Das Trikot mit dem schwarzblauen Kragen sieht einfach edel aus. Finde ich immer noch das Schönste. Dann die Kutte mit der alten Westkurve Block E hinten drauf angezogen. Schal und Ballonmütze, ja? Und dann los zum Treffpunkt. In der 2. Liga hast du ja keine Zeit, Spiel geht schon um 13.00 Uhr los. Vor dem Stadion an Giselas Wagen ein paar Holsten mit den Anderen gefrühstückt und dann rein. War ja 'ne Choreo geplant mit allem Drum und Dran. Harri und Büddi und alle Mann auch dabei. Sah auch geil aus. „Hamburger SV – unsere Liebe, unser Leiden, unser Leben!" – so wahr. In der 5. Minute dann alle so die Dinger geworfen. Glaubt man gar nicht, dass wir da früher einfach Klopapier hatten. Heute alles im Ultrafanshop für Stadionbedarf bestellt, oder wat? Sah geil aus und die Jungs da unten auf dem Rasen zu Beginn auch schwer zu Gange. Ham' ja erst auf die Nord gespielt. Da musste aber Pauli den Mannschaftsbus vorfahren. Zweimal Alu. Alleine 2020 ja sicher schon 6–8 Mal Alu getroffen. Kittel mit 'nem guten Strahl und Pohjanpalo.

Aber dann typisch HSV. Schaub im Mittelfeld mit 'ner Querflanke. Da gibt es nicht mal einen Fachbegriff für, ja? Selbst wenn der ankommt: Was soll denn Leibold damit anfangen? Und dann hat van Drongelen 'nen Wendekreis wie 'n Sattelschlepper. Der nächste Verteidiger war Hunt, sagt schon alles. Und dann war es schon vorbei. Hab ich gespürt. Da war so eine Energie bei Pauli. Die wussten auf einmal, da geht was. Ging ja auch was.

traditionell zweitklassig: Und dann fiel kurz danach das 2:0!

HANSEN: *(schreit)* Sagen Sie das doch nicht so, als hätten Sie die Weisheit mit Löffeln gefressen!

traditionell zweitklassig: Entschuldigung, ich wollte Ihnen nicht zu ...

HANSEN: Schon gut. Wissen Sie, in der 80. Minute haben die HSV-Fans gesungen: „Die Nummer 1 der Stadt werdet ihr nie. Scheiß St. Pauli!" Das müssen Sie sich mal geben. 2:0 verlieren. Im Hin- und Rückspiel und die singen so was. Das ist der Kern des Problems beim HSV. Die denken echt alle, dass wir die Besten sind. Ham' dann auch alle geschrieben: Stadtmeister. Blabla. Das ist mir egal. Auch die Rivalität. St. Pauli interessiert mich ein Scheiß. Aber St. Pauli, ja? Die musst du aus dem Stadion schießen! Die muss man nach dem Spiel völlig verstört nach Hause bringen! Essen auf Rädern, das volle Programm, wenn du aufsteigen willst. Aber das war gar nichts. So war das 2:0. HSV plötzlich total verunsichert. Aber hätte ich wissen müssen. Als sie die Seitenwahl schon verloren haben, hätte ich es wissen müssen, dass das nichts wird. Und dann als die Fans das gesungen haben, wusste ich, dass es das für mich war.

traditionell zweitklassig: Was haben Sie da gespürt?

HANSEN: Nichts. Ich habe nichts mehr gespürt, nur Leere. Bin direkt nach Hause und saß auf dem Bett und war einfach leer. Konnte gar nicht trauern.

Hansen steht am Rand eines Kunstrasenplatzes. Auf dem Feld spielt Hertha 03 Zehlendorf gegen die Spandauer Kickers. 9. gegen 13. der Kreisklasse. Hertha 03 ist nach einem 0:2-Rückstand nochmal zurückgekommen. Es steht 2:2 und es regnet in Strömen.

HANSEN: *(nickt)* Das ist alles, was ich noch sehen kann.

traditionell zweitklassig: Schauen Sie denn noch Spiele vom HSV?

HANSEN: Wenn es sich vermeiden lässt, dann nicht, ja? Kriege natürlich alles mit, aber gesehen habe ich seitdem kein Spiel mehr komplett. War auch nicht mehr wieder in Hamburg. Hab Angst, dass mich da meine Emotionen so gefühlsmäßig einholen. Die Trauer an der Tür klingelt und mir in die Fresse schlägt. Da fühle ich mich noch nicht bereit, ja.

traditionell zweitklassig: Aber HSV-Fan sind Sie noch?

HANSEN: Da muss ich Ihnen mal was sagen. Fan sein, das bist du. Bist du einfach. Da kannst du nich' einfach sagen: Bin ich nicht mehr. Nee, „Hamburger SV – unsere Liebe, unser Leiden, unser Leben!" Als HSV-Fan bist du es gewöhnt, in die Eier zu bekommen, ja. Da war jahrelang jemand da und hat dir richtig fein in die Eier getreten, und alle standen drum rum und haben gelacht. Das tut am Anfang weh, aber irgendwann weißt du schon: „Da kommt noch einer, brauchste gar nicht denken, da kommt noch einer." Und der kommt auch. Es geht immer schlimmer. HSV! Aber tut nicht mehr weh. Abgestorbenes Gewebe, nenn' ich das immer. So doll können die mir gar nicht in die Eier treten, dass das noch weh tut. Aber wissen Sie, es gibt dann doch so Spiele wie gegen Pauli, da zuckt es doch nochmal. Irgendein Nerv ist da noch nicht durch und du zuckst, ja? So ist das. Das war so ein Tag.

VfB Stuttgart – Jahn Regensburg 2:0
Schwäbischer Standard

„Den macht er." Wataru Endo ist nach der Attacke von Max Besuschkow noch nicht mal fertig ausgerollt, da hat sich Daniel Didavi schon den Ball geschnappt. Selbstverständlich behalte ich meine Vorahnung für mich; das Fußballstadion ist wohl der einzige Platz, an dem ich zeitlebens so etwas wie Aberglauben an den Tag lege. Zudem wäre ich mit meinem Optimismus in diesem Block der Gegengerade ziemlich allein. Die altbekannte Riege aus der Reihe vor Max und mir war in der ersten Halbzeit in gewohnter Manier mit der Stuttgarter Mannschaft ins Gericht gegangen: hart und kaltherzig. „Blind" und „krank" waren dabei noch die freundlicheren Attribute. Ein leichtfertig verlorener Ball im Mittelfeld ließ den Klassensprecher der Bruddlerbande schließlich vollkommen die Fassung verlieren: „Was ist das für eine jämmerliche Scheiß-Truppe?!" Der hatte gesessen.

Doch zurück zu Didavi. Unmissverständlicher kann man nicht zu Werk schreiten. Gonzalo Castro traut sich kaum den designierten Standardschützen anzusprechen. Zu tief ist der schon im Tunnel, zu fokussiert, zu genau sieht er schon die anvisierte Schussbahn vor seinem geistigen Auge. „Machst du?", fragt Castro womöglich zaghaft und bekommt nur ein entschlossenes Nicken zur Antwort. Der Ball ist längst ansehnlich angerichtet hinter dem Halbkreis aus Sprühschaum. „Geh aus dem Abseits", raune ich Atakan Karazor gedanklich zu. Die Mauer steht exakt in meiner Sichtachse und Karazor etwas dahinter. Sofort sind sie wieder da, die Gedanken an das Relegationsspiel gegen Union Berlin und den Fauxpas des Nicolás González. Karazor war zu diesem Zeitpunkt noch nicht im Verein gewesen, doch ich hoffe inständig, dass er nun nicht den gleichen Fehler macht wie sein jetziger Kollege. Wobei man dies dann auch als ein Zeugnis eines formvollendeten Anpassungsvorgangs werten könnte, ganz im Sinne des hier traditionell gelebten Try-and-Error-and-Repeat-Konzepts.

Ein Blick zu Didavi und mein plötzlicher Anflug an Pessimismus verfliegt. Fünf Schritte Anlauf, ehe er stehen bleibt. In Schrittstellung, den Blick geradeaus gerichtet. Der Schiedsrichter ermahnt die Spieler in der Mauer, pfeift noch einmal, um seiner Bitte Nachdruck zu verleihen. Dann läuft er rückwärts und ohne sich umzudrehen los. Er möchte hinter den Ball und sieht den bereits zur Ausführung bereitstehenden Didavi hinter sich nicht. Er läuft genau auf ihn zu. Gleich tritt er ihm auf den Fuß. Oder Didavi weicht aus und die ganze penible Vorbereitung war umsonst. Buusch! Oberschenkel an Knie, Stollen auf Spann. Der Schiedsrichter kann sich nur mittels eines kleinen seitlichen Ausfallschritts auf den Beinen halten. Doch Didavi steht wie zur Salzsäure erstarrt. In Schrittstellung, Blick geradeaus gerichtet. Fraglich, ob er den Zusammenstoß überhaupt bemerkt hat.

Sekundenbruchteile nach dem Pfiff des Schiedsrichters macht Didavi seinen Anlauf rückgängig und schreitet mit fünf kurzen, schnellen Schritten zur Tat. Mit seinem feinen, linken Fuß schickt er den Ball auf seine gut 25 Meter lange Reise. Das Netz erzittert, die Kurve bebt, Didavi springt vor Freude unters Stadiondach. „Der macht den wirklich." Unser Vordermann klatscht seine Nebensitzer ab. Der Kapitän der „jämmerlichen Scheiß-Truppe" verzückt. Und bestätigt mich und meinen Vordermann in unserer augenscheinlich so gegensätzlich erscheinenden Einstellung zu eigenen Intuitionen.

Merke: Gute Vorahnungen nie laut aussprechen.
Merke weiter: Schlechte Vorahnungen im Zweifelsfall aussprechen, um im besten Fall positiv überrascht zu werden – oder andernfalls ungehemmt und mit frischem Selbstbewusstsein weiterbruddeln zu dürfen. Schwäbischer Standard, eben.

24. Spieltag

Erzgebirge Aue – Hamburger SV 3:0
Keine einfache Aufgabe

Wieder verloren, wieder kein Tor geschossen. Der große, der ruhmreiche, der reiche Hamburger Sportverein, der den allseitig auferlegten Aufstiegsdruck dankend angenommen und zum eigenen Selbstverständnis erklärt hat. In solchen Spielen wird einem diese Erwartungshaltung süß-sauer und genüsslich aufs hart gewordene Brot geschmiert. Kommentatoren ergötzen sich in zynischen bis hämischen Worthülsen, reden in bester Boulevardmanier alles Schlechte ins Miserable und negieren alle kämpferischen Anstrengungen zu krampfhaften, verzweifelten Bemühungen. Die stoische, immer gleiche Mimik des Dieter Hecking, bei Hamburger Führungen als Pokerface bewundert, wird im unlogischen Umkehrschluss bei andersartigen Ergebnissen als ratlose Miene zum bösen Spiel gedeutet. Bezeichnend: Schon jetzt wetzen die Schreiberlinge die Bleistifte, um messerscharfe Parallelen zur letzten Saison zu zeichnen, in der der HSV zur selben Zeit den sicher geglaubten Aufstieg verspielte. Das einzige Glück im momentanen Unvermögen: Der VfB Stuttgart verliert gleichsam in Fürth und der HSV damit nicht den Anschluss an die direkten Aufstiegsränge. Was manch vermeintlich unparteiischen Reporter den vergangenen Spieltag zum „Elefantenfriedhof" erklären ließ – und mich einmal mehr um ein bisschen mehr Verhältnismäßigkeit bitten lässt.

Was macht Clubs wie den HSV oder den VfB denn zu großen Vereinen? Sicher, da sind die hohen Mitgliederzahlen, die riesigen Fußballarenen, die Trophäen in den Schränken, die gesteigerte Wirtschaftskraft und die Erinnerungen an einstige Europapokalabenteuer. Und spätestens jetzt sind wir auf der gefühlsduseligen Ebene angelangt: Die glorifizierten Souvenirs der heldenhaften Historie designieren Clubs wie den HSV oder den VfB zu Traditionsvereinen, jenes Attribut, welches der TSG 1899 Hoffenheim eine Etage höher gerade auf gefühlsdusslige Weise neidvoll abgesprochen wird.

Der HSV gehört in die 1. Liga. Punkt.

So war es, aber so ist es nicht mehr. Die Gründe liegen dort, wo die Tradition ihr Ende hat: In der jüngsten Vergangenheit, als dieser Satz emotionales Gesetz war. Doch wer einmal am Felsen abgerutscht ist, weiß, wie mühsam es ist, sich wieder aus eigener Kraft hoch zu ziehen. Egal wie viele Gipfel vorher schon erklommen wurden. Auf den Aufstieg arbeitet man hin, doch das Fallen trainiert man selten.

Die Bergsteigermetapher soll mitnichten Mitleid erwecken, sondern lediglich Tatsachen beschreiben. Meiner Ansicht nach, ist es zu einfach, aus der Tradition heraus einen Anspruch zu generieren, an dem alles Augenblickliche gemessen wird.

Ein Fußballspiel wird in Momenten entschieden. In Sekundenbruchteilen kann aus einer biederen Nullnummer ein dreckiger Sieg werden und der strauchelnde Favorit wird zur abgebrühten Spitzenmannschaft. So gesehen beim Klassenprimus Arminia Bielefeld: Dürftiges Spiel gegen den Vorletzten, der Pfosten rettet zuerst das Unentschieden, ehe eine abgefälschte Flanke den Sieg einleitet. Was im Erfolgsfall einfach schön ist, ist bei einer Niederlage einfach bitter. Und keiner kann mit Sicherheit wissen, ob meine These, dass der HSV sowohl gegen Pauli als auch gegen Aue gewonnen hätte, hätte Sonny Kittels Schuss im Derby eben nicht nur die Latte geküsst, nicht viel zu weit hergeholt ist. Oder ob das zu einfach wäre. Denn am Ende zählt doch nur das Endergebnis.

Ich stelle zum wiederholten Male fest: Der Fußball ist einfach einfach. Er ist einfach zu verstehen und man kann seinen Emotionen auf einfache Art freien Lauf lassen. Und diese Mischung macht es traditionell kompliziert. Auch für erfahrene Sportjournalisten, die meist selbst auch irgendwo Fußballfanatiker geblieben sind.

Doch wer weiß, vielleicht schaffen es ja die zwölf Punkte Abstand, die die einzig beständige Mannschaft der 2. Liga mittlerweile zwischen sich und den ersten Nichtaufstiegsplatz gebracht hat, die allgemeine mediale Sensationsspirale zurechtzurücken. Denn klammert man Tradition und Etat einmal aus und wirft für einen Wimpernschlag den Blick auf die tatsächlichen Fakten, so kommt der Top-Favorit auf den Aufstieg spätestens jetzt aus Ostwestfalen.

Arminia Bielefeld hat die beste Offensive, die beste Defensive und dazu ein geduldiges, begeisterndes und leidensfähiges Umfeld. Sie kennen die 2. Liga bestens, während die traditionsreichen Konkurrenten diese Spielklasse Woche für Woche neu kennenlernen müssen. Für alle Gegner der Ostwestfalen ist das Spiel gegen die Arminia eines von vielen und nicht eines der Spiele des Jahres. Bielefeld kann Woche für Woche befreit aufspielen, muss niemandem etwas beweisen und keinen bundesweiten Erwartungen gerecht werden. Sie fahren nächste Woche als Spitzenreiter zum VfB und sind trotzdem der Underdog, der nichts zu verlieren hat, während der HSV gegen Regensburg unbedingt gewinnen muss, damit der Volkszorn im Volkspark im Zaum gehalten wird.

Keine einfache Aufgabe. Aber das will ja keiner lesen.

SpVgg Greuther Fürth – VfB Stuttgart 2:0
Man darf es so billig sagen

Ich liege auf dem Sofa und habe mir selbst das Versprechen abgerungen, mich keinen Millimeter zu bewegen. Das klappt nur mit der richtigen Vorbereitung. Das kühle Getränk steht in greifbarer Nähe, das Ladekabel für den Laptop ist vorsorglich schon eingesteckt. Allerlei Knabbereien in verschiedenen Schüsseln gemeinsam mit dem Bier innerhalb des erreichbaren Radius aufgestellt. Sogar eine Decke liegt bereit, falls mich das Gesehene doch so sehr aufwühlen sollte und ich Wärme und Nähe brauche. Aber ich kenne die Ergebnisse schon und bin zumindest diesbezüglich guten Mutes. Müsste ich aber alles zusammenfassen, würde ich es so versuchen: Es ist nicht zu erklären, meine ich, und doch am Ende ganz leicht: Alle Favoriten haben verloren. Der VfB, der HSV und Liverpool. Damit muss man sich im Fußball dann auch einfach mal abfinden.

Morgens im Bett dachte ich da aber noch anders drüber und war doch gleichzeitig in Sorge. Da hatte ich noch gehofft auf blöde Wortspielchen verzichten zu können. Der HSV an diesem Samstag gegen Aue, aua. Der VfB gegen Fürth. Höhö. Das konnte ja eigentlich nur in die Hose gehen. Dass ich schon geahnt habe, dass nicht alles aalglatt gehen würde, zumindest könnte, beweist das Dickicht an Terminen, das ich mir auf den Samstag gegen 13.00 Uhr herum herangezüchtet hatte. Ich sollte bei einem Umzug helfen, um das VfB-Spiel nicht sehen zu müssen. Muss man sich mal vorstellen. Ein Umzug. Das ist für mich persönlich reinste Folter. Es ist das Beste am Erwachsenwerden, dass – wenn der finanzielle Rahmen stimmt – niemand mehr seine Freund*innen zwingen muss, bei Umzügen zu helfen. Was ich dabei völlig außer Acht gelassen habe, war die Tatsache, dass die umzugswillige Freundin im 4. Stock mit einem engen, kleinen Treppenhaus wohnte. Herzlichen Glückwunsch. Andererseits: Für meine Bedürfnisse natürlich optimal. Im Schweiße meines Angesichts nicht an das Spiel denken. Außerdem gab es Butterbrezeln, später Windbeutel, Kaffee, Bier, was will ich denn mehr?

„Drei Punkte!", flüstere ich mir zu. „Jetzt nicht dreist werden", die Stimme im Hinterkopf. Aua. Komisch eigentlich. Der VfB führt die Rückrundentabelle an. Hat noch kein Spiel verloren. Woher kommt die Befürchtung? Sie ist uns leidgeplagten Fans in die Wiege gelegt. „Wer zuletzt lacht, lacht am besten", wieder diese schnoddrige Stimme.

Der Plan des Tages also: Tagsüber umziehen, sich dem Bier (das hatte die Freundin ja nun gekauft und es wäre doch reichlich unfreundlich, sie auf diesen beiden Kästen sitzen zu lassen) hinzugeben und abends auf dem Sofa liegend die Sportschau zu gucken. Es hätte ja auch ein schöner Tag werden können. Hätte, hätte, ja, ja, aua!

Mit dem ersten Blick auf die Ergebnisse – die Spiele liefen schon und noch – lagen nur Heidenheim und der HSV zurück. Immerhin auch Heidenheim.

+++ Eilmeldung +++

„Silas übers Tor – Von Didavi wunderschön eingesetzt, verlädt Silas Wamangituka Fürth-Schlussmann Burchert, verzieht dann aber deutlich. Da war mehr drin." Scheiße, das kann ich mir so bildlich vorstellen und trotzdem werde ich später auf dem Sofa auf die Polster schlagen. Warum muss er den in den Winkel zirkeln wollen? Schon aus diesen wenigen Informationen weiß ich, dass die Sportschau später Daniel Didavi – in den letzten Wochen überragend – zum Protagonisten des Spiels machen wird. Das alles habe ich damals bei Elbkick.TV gelernt. „Erzähl eine Geschichte. Such dir einen Spieler, zu dem du immer wieder zurückkommst." Didavi bietet sich da einfach an. Er wird aber am Ende dieses Spieltages nicht der große Held sein. Überhaupt, am Ende wird es 2:0, 3:0, 2:0 und 1:0 ausgehen und Bielefeld als einzige Top 4-Mannschaft gewinnen können, wer ahnt denn sowas?

Als ich abends dann endlich auf dem Sofa liege, säuselt mir Alexander Bommes zu, dass Florian „Flo" Neuhaus mit dem Tor des Monats ein Wiederholungstäter ist. Er selbst verrät, wie Tore aus der Entfernung gemacht werden. Tipp: Es lohnt sich, wenn der Torwart weit vor seinem Tor steht. Aua.

Vor dem VfB-Spiel dann alles wie bereits gedacht. Vorbericht mit Daniel Didavi. Mit dem Freistoßtor aus der Vorwoche hat er sich selbst ein Geschenk zum 30. Geburtstag gemacht. Überhaupt: Punkte, die der VfB mit Didavi geholt hat, und Punkte, die der VfB ohne Didavi geholt hat, sprechen Bände. Jaja, der VfB schon halb aufgestiegen, wenn Didavi spielt, aua. Künstlich Fallhöhe schaffen. Du bist gemein, Bommes!

Dann kommt Marc Schlömer und gurrt Bommes-ähnlich. „Man darf es so billig sagen, Fürth verteidigt mit Mann und Maus", kommentiert er das Spiel. Die Never Ending Story. Fürth oder Bochum oder Sandhausen „verteidigt mit Mann und Maus". Folgende Grundproblematik: Vorne werden die Dinger über den Knick gestreichelt und immer Richtung lange Ecke geschoben (die Achse Silas-Didavi übrigens mit ein paar ganz feinen – stark einstudierten – Spielzügen. Didavi filetiert dabei die Fürther Abwehr, dass man gar nicht hinschauen mag!), aber hinten kann halt immer was passieren. Vor allem weil Fürth sich bei Standards und Kontern gar nicht doof anstellt.

In der zweiten Hälfte und in der Zusammenfassung der Sportschau eilt der Cutter dem Höhepunkt entgegen. Wieder nach einem Standard hebt Nathaniel Phillips unglücklich, wie sein ganzes Spiel an diesem Tage, das Abseits auf und Caligiuri schiebt ein. Caligiuri selbst hat nach dem Spiel nichts zu verbergen, spricht zwar erst vom „Quäntchen Glück", klärt die Journalisten aber dann über den Fürther Matchplan auf, der so einfach wie genial war: „Es war eine Mischung aus Ärgern und auf den Keks gehen." Und wenn man jemandem lange genug auf den Keks gegangen ist, dann kann man irgendwann auch selbst das Spiel machen. Branimir Hrgota jetzt auf der linken Außenbahn gegen Nathaniel Phillips, legt den Ball in die Mitte und Sebastian Ernst schiebt ein. Schlömer dazu: „Phillips wird niemals so alt werden, wie er in der Szene aussieht!" Zugegeben ein lustiger Spruch, aber doch auch eine ungewöhnliche Aktion in der Stuttgarter Defensive, die in den letzten Wochen mit Nathaniel Phillips sehr sicher stand.

Im Großen und Ganzen war es das aber auch. Der VfB verliert das erste Spiel in Zwo Zwanzig und der Aufstiegskampf verspricht zäh zu werden. Lichtblicke sind da nur, dass in den nächsten vier Wochen sowohl der Tabellenführer aus Bielefeld als auch der erste Jäger aus Hamburg ins Ländle kommen, das verspricht spannend zu werden. Mein persönlicher Lichtblick des Abends: Keinen Millimeter habe ich mich bewegt.

25. Spieltag

Hamburger SV – Jahn Regensburg 2:1
„Ferner liefen"

Am Sonntag mit Hut auf die Pferderennbahn und den Wettschein fest in der Hand. Der Startschuss fällt und schnell wird klar, dass Ronny Rocket, eigentlich als Favorit ins Rennen gegangen, nicht an vorangegangene Rennen anknüpfen kann. Woran es gelegen hat? Wer weiß, aber das Geld ist futsch. Erwartungen nicht erfüllt. Nicht einmal auf den Anzeigetafeln erscheint er mehr. Dort sind nur die wichtigsten Ränge aufgeführt. Einzig eine kleine Sparte ganz unten zeigt die Namen der Verlierer unter dem englischen Titel „also ran". So war das früher in England beim Pferderennen. Das „also ran" wurde dann auch in Deutschland übernommen und mit „ferner liefen" übersetzt. Ronny Rocket lief also unter dem Titel „ferner liefen" nicht weiter erwähnenswert auf einen untergeordneten Rang.

Im Fußball sind die untergeordneten Ränge von Liga zu Liga unterschiedlich. Kann nur der 1. Rang die Meisterschaft gewinnen, werden doch auch die Ränge 2 bis 4 in der Bundesliga mit der Champions League (bzw. der Quali) belohnt. Die Ränge 5 und 6 mit der kleinen Euro League. Alle weiteren Vereine können, trotz Saisonzielen und eigenen Erfolgen, doch nur unter dem Rang „ferner liefen" zusammengefasst werden.

Etwas anders ist es in der 2. Bundesliga. Hier gibt es auch eine Meisterschaft. Dieses Goodie ist verbunden mit dem direkten Aufstieg, der auch dem zweiten Rang angedeiht, aber danach wird es schon haarig. Seit einigen Jahren gibt es wieder die Relegation. Die drittbeste Mannschaft der zweiten Liga spielt gegen die drittschlechteste Mannschaft der ersten Liga. Belohnung und Strafe, um gerade noch den Kopf aus der Schlinge zu ziehen oder sich ein weiteres Jahr vorzuwerfen, warum dieses eine Spiel in der 90. Minute doch noch verloren wurde. Das ist natürlich spannend, aber nur für die Leute, die keine Verbindung zu den beiden Mannschaften haben, die in den erwiesenermaßen äußerst langweiligen Relegationsspielen auf dem Zahnfleisch gehen. Ungehöriger Druck lastet auf den Mannschaften.

Der HSV hat mit diesen Spielen Erfahrung. Hat alle Relegationsspiele bisher erfolgreich gestalten können, zog also immer noch gerade so den Kopf aus der Schlinge. Nun, in der 2. Liga, wäre es eine Strafe. Im letzten Jahr entgingen die Hamburger dieser Relegationsschmach nur Dank einer unvergleichbaren Negativserie. Am Ende begnügte man sich mit dem 4. Rang – eindeutig unter „ferner liefen". Und auch in diesem Jahr werden nun die Geister gerufen, die keiner im Haus haben will.

Nach der Pleite gegen den Stadtrivalen Pauli war man im Volkspark natürlich mehr als bedient. Hecking gewährte sogar schon früh nach dem Spiel Einblicke in sein Innenleben und versprach, sich mit viel Schokolade in den Schlaf zu weinen. Tage später gestand der Trainer, dass diese Niederlage, ja nicht irgendeine Niederlage, sondern die hanseatische Version der Mutter aller Niederlagen, am Team gezehrt hat. Die Gemeinschaft wurde heraufbeschworen: Elf Freunde sollt ihr sein. Hecking blickte zurück auf seine Prophezeiung des vorherigen Sommers, als er genau auf diese Situationen hingewiesen hatte. Es war also klar, dass nicht alles glatt laufen würde. Der HSV dürfe nun aber nicht in alte Muster verfallen. Diese Situationen seien Meilensteine einer Gemeinschaft, des Teamspirits und des „einer für alle, alle für einen". Und doch war dann da auch die rationale und distanzierte Einordnung des bisherigen Jahres 2020.

Der HSV hatte nach dem Spiel gegen Pauli aus 5 Spielen 10 Punkte geholt. Vor dem Pauli-Spiel im neuen Jahr noch gar nicht verloren. So müsse man es doch sehen. Nach der zweiten Niederlage in Folge lässt sich so eine Statistik natürlich anders lesen. Nach 6 Spielen sind es noch immer 10 Punkte, aber nun bereits zwei Niederlagen in Folge, zwei torlose Spiele hintereinander, drei Spiele ohne Sieg. Dahin der schöne Jahresstart mit drei Siegen in Folge und 9 zu 2 Toren. Schade Marmelade. Dazu ungeheures Verletzungspech. Mit Jahn Regensburg sollte jetzt zudem ein Schreckgespenst ins Volksparkstadion kommen, der sehr gute Erinnerungen an das Stadion und den HSV hat. Da gab es im letzten Jahr aber gehörig einen vor den Latz. Und der Gegner hatte auch in den letzten Wochen, zum Beispiel gegen den VfB gezeigt, wie unangenehm er ist.

Wieder einmal musste sich Hecking vor die Mannschaft stellen und herbeigerufene Krisen relativieren: „Diese Mannschaft ist charakterstark, aber sie bringt es im Moment nicht auf den Platz."

Er ist sich aber auch im Klaren: „Es ist gerade eine schwierige Phase."

Das Krisengerede der Vereinsspitze konterte Hecking gar: „Ich sage es nochmal: Zwei Niederlagen in Folge sind für mich noch keine Krise. [...] Wenn Bernd (Anm. d. Verf. Bernd Hoffmann, damals Vorstandsvorsitzender) meint, dass das für ihn eine Krise sei, dann kennt er Hamburg besser als ich, er ist schon viele Jahre hier in der Stadt. Deshalb gestehe ich ihm absolut zu, dieses Wort zu gebrauchen."

Mitschwingt aber, dass keiner der Verantwortlichen unter „ferner liefen" laufen will. Nicht schon wieder. Und das ist immer die Zeit, in der die Mechanismen des Geschäfts greifen. Die Sorge, dass der Trainer die Ziele nicht erreichen kann, gar die Mannschaft nicht erreicht. Beim HSV scheint zurzeit eine gespenstische Ruhe zu herrschen. Allen scheint klar, dass die Verantwortlichen die Richtigen in der Schaltzentrale sind. Keine Krise also, nur zwei Niederlagen in Folge und den Angstgegner vor der Brust. So spielt der HSV auch.

Glücklich nach Standard und Pingpong-Tor geht die Heimmannschaft in Führung, bekommt aber verdient noch vor der Pause den Ausgleich, weil die Abwehr eher einem Hühnerstall gleicht und der Ball, nun nicht pingpong-, aber flipperartig ins Tor geht. Mit etwas Glück wird das 1:2 nach der Pause nicht gegeben. Nur ein paar Sekunden später das 2:1 für den HSV. So schnell geht Fußball. In Fußballdeutschland wird man nach dem Spiel von Kampf und Befreiungsschlag sprechen. Tatsächlich steht der HSV gerade nur knapp über „ferner liefen". Nun geht es in den Endspurt der Saison und die Scheuklappen („wir schauen nur auf uns") reichen nicht mehr aus. Auf den letzten Metern schaut man auch nach rechts und links. Was macht die Konkurrenz? Dem HSV soll es nicht so ergehen wie Ronny Rocket, der unter „ferner liefen" die Saison beendet.

VfB Stuttgart – Arminia Bielefeld 1:1
Pressure

„Pressure? Pressure is millions of people in the world, parents, no money to buy food for their children. Not in football."

Hätte man José Mourinho nicht in den bisherigen Jahrzehnten seiner schillernden Trainerkarriere als Erfinder einer neuen Dimension oberhalb der Selbsterhöhung kennengelernt, man könnte fast dahinschmelzen vor solch weltmännischer Reflektiertheit, die man so höchstens einem Christian Streich zugetraut hätte. Selbstverständlich hatten die Worte des portugiesischen Poltergeists, die er anno dazumal nach zwei verlorenen Spielen in Folge äußerte, in allererster Linie sportpsychologische Gründe. Der Druck musste weg. Weg von der Mannschaft, weg von ihm. Zurück zu denen, die ihn maßgeblich verantworten, zurück ins Umfeld, zurück zu den Medien. Für den Moment dürfte ihm dies in jener Situation gelungen sein. Seine Antwort ließ den fragenden Reporter selbstredend entwaffnet zurück.

Pelegrino Materazzo hat außer seinem klangvollen südländischen Namen nicht viele offensichtliche Parallelen zu Mourinho und auch in Sachen Druckregulierung geht er anders vor. Authentischer. Ganz im Sinne des genannten Freiburger Übungsleiters Streich formuliert er das rund um den Cannstatter Wasen grassierende „Muss-Gefühl", welches auch vom Bielefelder Coach Uwe Neuhaus zielgerichtet unterstrichen wurde, um und spricht von purer „Vorfreude" auf das unvermeidliche Spitzenspiel.

Klar, Materazzo will mentaler Verkrampfung vorbeugen und den Fokus auf die eingeübten Automatismen legen anstatt auf das im eingeleiteten Endspurt der Saison immer schneller wirbelnde Drumherum. Aber funktioniert das? Geht das in die Köpfe der Spieler?

Fragt man einen früheren Stuttgarter Trainer, bekommt man eine andere Meinung zu hören: „Man braucht Druck, um Höchstleistung zu bringen." Felix Magath führte den VfB mit dieser Philosophie bis in die Champions League und war Vater des historischen Triumphes über Manchester United.

Differenzierter wird es nicht. Und wirklich zielführend auch nicht. Denn die zitierten Aussagen wurden allesamt jeweils vor geladenen Tinten-Patronen der Journaille getätigt. Wie abseits der medial sichtbaren Fassade gesprochen, motiviert oder scharf gemacht wird, steht auf einem anderen, wohl behüteten Blatt.

Ganz generell können sich die wenigsten ausmalen, wie es sich anfühlt, ein Spitzenspiel im eigenen Stadion, vor über 50.000 Zuschauern vor der Brust zu haben (auch wenn es heuer gegen den zweitbesten Club Ostwestfalens geht und nicht gegen das teuerste Team der Welt). Und genauso generell ist es verschieden, wie der oder die Einzelne damit umgehen würde, mit den wohlwollenden Hoffnungen, die in einen gesetzt werden, mit den sehnsüchtigen Erwartungen, die auf einen projiziert werden, mit der wachsamen Augenvielzahl, die jede Bewegung vermisst, bewertet und einordnet. Mit dem ganzen ... DRUCK!

Jetzt platzt es aus mir heraus. DRUCK, DRUCK, DRUCK! Natürlich ist da DRUCK. Wer bei Ecosia die Wörter „DRUCK und „FUSSBALL" eingibt, erhält 6.150.000 Suchergebnisse. Zugegeben, da spielt der Luftdruck des Balles mit rein, aber trotzdem. DRUCK im Fußball ist wie Pommes und Fettfinger – eine logische Verkettung der Dinge. Ich spüre diesen DRUCK doch schon das ganze Wochenende bis in meine tippenden Fingerspitzen. Ein Sieg gegen die Arminia – das wäre nicht nur eine Riesenchance ganz oben dran zu bleiben – das IST DIE Riesenchance. Und wenn die nicht genutzt wird, ist Heidenheim dran und der HSV vorbeigezogen. Spätestens dann hätten wir aber so richtig DRUCK!

Okay, runterfahren. Bringt ja nichts, sich in Rage zu schreiben. Der DRUCK ist da, zweifelsohne, drückt von außen. Simeon hat ein Manuskript unseres Blogs an sämtliche Verlage geschickt. Imaginär wartet also eine Horde kritischer Lektoren auf unsere nächste Veröffentlichung, um dann ihr Urteil zu fällen. Es geht also um viel diese Woche. Auch für uns. Es soll besonders gut werden. Aber wie? Was setzt man also diesem DRUCK von außen entgegen?

In meinem Fall tue ich das, was ich die letzten Wochen auch schon getan habe. Denken, Recherchieren, Schreiben, Redigieren, Schreiben, ein überflüssiges Wortspiel entschärfen, Schreiben, Recherchieren, Umformulieren, Absatz löschen, Schreiben, Denken, Schreiben, Punkt.

Das läuft beim 30. Text dieses Blogs mittlerweile verhältnismäßig flüssig. Übung macht den Schreiber(lehr)ling, die Worte fließen zwar noch immer nicht ganz von allein, aber dennoch zuverlässig, fast so als hätten sich im Laufe der Zeit ein paar Synapsen mehr verbunden, mentale Schemata ergänzt und sich schüchterne Automatismen ausgebildet.

Da sind wir wieder bei Materazzo, der mit dem VfB das Spitzenspiel gewinnen „will", nicht „muss" und dabei auf selbige eingeübte Routinen und auf die eigenen Stärken vertraut. Der den äußerlichen Druck von seinem Team nimmt und auf die intrinsische Motivation des einzelnen Spielers baut. Frei nach dem Motto: Wenn jeder wirklich will, müssten wir auch gewinnen.

Für mich ergibt das jetzt irgendwie Sinn.

Diese Erkenntnis nehme ich mit auf den Weg in die „weltbeste Fußballkneipe im Stuttgarter Osten" (Boveland, 2020), sehe zwei Mannschaften, die sich in der ersten Halbzeit egalisieren, sehe den VfB in Führung gehen, Materazzo eine folgenschwere Einwechslung vornehmen und Bielefeld ausgleichen. Am Ende steht es 1:1 unentschieden. Betretene Mienen allenthalben. Die Saison geht weiter und der DRUCK bleibt hoch. Bei Fußballspielern und Schreiberlingen.

26. Spieltag

SpVgg Greuter Fürth – Hamburger SV 2:2
Geisterlichter

Herr Lüsum faltete abermals die Hände hinter seinem Hinterkopf. Die Fingerkuppen der einen Hand gruben sich in den Handrücken der jeweils anderen Hand. Sein Blick pendelte zwischen dem Wandkalender, an dem immer noch ein Datum Mitte März rot umrandet hervorgehoben war, und dem Bildschirm seines Laptops, der unmissverständlich darstellte, was seit diesem eingerahmten Datum geschehen war. Seinem Lampenladen in der Steilshooperstraße fehlte ein deutlich fünfstelliger Betrag. Es war Sonntagmittag.

Herr Lüsum war direkt nach dem Mittagessen mit seiner Frau und seinem zwölfjährigen Sohn Fred wieder in seinen Laden gefahren, „die Inventur abschließen" hatte er als Grund angegeben und sich schon beim Tritt vor die Türe dafür geschämt. Die Inventur war längst abgeschlossen, in den Wochen des von der Regierung verhängten Lock-Downs hatte er schon zigmal jede Leuchte gezählt, jeden Lampenschirm zweimal umgedreht und letztendlich angefangen, nicht unbedingt benötige Einrichtungsgegenstände über eine Kleinanzeigenseite im Internet zu verkaufen. Er kämpfte ums Überleben. Die Soforthilfe des Staates versickerte in den laufenden Mietkosten und der Aufstockung der Kurzarbeitergehälter, die er seinen beiden langjährigen Mitarbeitenden Frau Schnarlig und Herrn Frieselow gewährte.

Herr Lüsum war eigentlich ein selbstbewusster, ein optimistischer Mensch, nicht umsonst prangte an der Schaufensterscheibe sein Wahlund Werbespruch: „Lüsums Lichter – Die Hellsten unter der Sonne."

Doch mittlerweile war in ihm nicht mal mehr ein fahles Fünkchen Hoffnung. Niemand hatte in den letzten beiden Wochen seit der Wiedereröffnung mehr als eine Glühbirne gekauft. Seine beiden treuen Großkunden hatten ihre für das Frühjahr angedachten Aufträge vorerst auf Eis gelegt. Einnahmen-Ebbe nannte er unterdurchschnittliche Monatsumsätze in der Regel.

Dieses Mal schien die Flut so weit entfernt wie nie.

Herr Lüsum war derart niedergeschlagen, dass er tatsächlich die unterste Schublade seines Schreibtisches öffnete und aus einer vergilbten Schachtel eine Zigarette zog. Normalerweise rauchte er nie, erst recht nicht in seinem Laden. Heute war alles egal. Das ungewohnte Nikotin legte sich wie ein zusätzlicher gräulicher Schleier auf sein Gemüt. Zwischen den Rauchschwaden verschwammen die Zahlen vor seinen Augen. Er dachte an seine Angestellten und wen von beiden er wohl zuerst entlassen müsste. Er dachte an seinen Großvater, der das Geschäft einst gegründet hatte, und an seinen Vater, unter dessen Regie sich Lüsums Lichter zur ersten Adresse für Leuchtmittel in Hamburg-Barmbek mauserte. Er dachte an seinen Sohn, den er nach seinem Realschulabschluss zum Einzelhandelskaufmann ausbilden wollte.

Ein kurzes, sonores Vibrieren riss ihn aus seinen Gedanken. Sein Mobiltelefon hatte gesurrt. Die eingegangene Nachricht brachte ihn zunächst zur Verwunderung. Es war eine Push-Nachricht seiner längst in Vergessenheit geratenen Sport-App: „Anstoß: FÜRTH-HSV". Diese App hatte er doch längst von seinem Smartphone entfernt. Hatte etwa Fred wieder an seinem Handy herumgedrückt? Genervt wischte er die Nachricht weg, doch seine gedankenverlorene Missstimmung war dahin – sie wandelte sich allmählich in sprudelnde Wut. Diese Mafia hatte mal wieder ihren Kopf aus der Schlinge gezogen. Ab heute flossen also wieder fleißig Fernsehgelder. Hygienisch selbstverständlich unbedenklich. Moralisch demnach absolut vertretbar. „Na Hauptsache, die Großen, die Reichen retten wieder ihren gut gepuderten Hintern." Letzteres hatte er laut gedacht und dabei seinen Laptop krachend zugeklappt. Er sprang auf, pfefferte seine Zigarette, die indes erloschen war, in Richtung Papierkorb. „Das ist doch krank, das ist doch einfach geisteskraaaank." Er konnte sich nicht erklären, warum er sich einmal die festgeschriebene Ablösesumme des dritten Hamburger Torhüters Tom Mickel gemerkt hatte, doch in diesem Moment schlug ihm diese Zahl mitten ins Gesicht: 250.000 €. Damit könnte er seinen Betrieb nicht nur retten, sondern grundsanieren, gegebenenfalls die leerstehenden Nachbarladenräumlichkeiten für mehrere Jahre zusätzlich anmieten und sich nebenbei noch den Traum eines Geschäftswagens ermöglichen.

Irre. Ungerecht. Absurd. Nein. Geisteskrank. Unfassbar. Geradezu beleidigend. Ignorant. Abscheulich. Wahnsinn. Einfach Wahnsinn.

Herr Lüsum schnaufte schwer auf dem Heimweg und dachte mal halblaut, mal leise. Als ihm eine Familie mit Kleinkindern auf dem schmalen Bürgersteig entgegenkam, wechselte er die Straßenseite und zog seinen Mundschutz noch tiefer ins Gesicht. Den Kiosk und das Malergeschäft Fricke ließ er links liegen. An der nächsten Straßenecke stand immer noch der Aufsteller von Juris Kneipe, dem „Zebrastreifen". Auf jedem Balken des stilisierten Logos prangte ein anderer Fußball-Wettbewerb: 1. Bundesliga (keine Freitagsspiele!), 2. Bundesliga (komplett!), Champions League (auch DAZN!), DFB-Pokal (komplett!), Euro League (nur Free TV!).

Herr Lüsum war im Begriff, erneut die Straßenseite zu wechseln, als Juri aus der Kneipentür geschlurft kam und unter angestrengtem Ächzen den Aufsteller packte.

„Hach Hermann, Hoppla. Hallo."

Herr Lüsum erwiderte die Begrüßung so knapp wie möglich. „Moin, Juri."

„Sonntagsspaziergang?", fragte Juri ungewollt unbarmherzig.

„Nee, du. War kurz im Laden."

„Hmm, grad Scheiße, oder?"

„Joah, es geht so."

„Wie, geht so?

„Na, ja ... Ne. Im Ernst. Hast schon recht. Is echt scheiße. Große Scheiße sogar."

„Scheiße."

„Ja."

Juri schaute betreten. Herr Lüsum zögerte, bevor er doch weitersprach.

„Aber bei dir is' bestimmt auch nich' besser?"

Juri winkte ab.

„Kannst vergessen. Ich mach zu. Ab Juni."

„Oh."

„Jaa, alles zu teuer. Keine Gäste, kein Geld. Ganz einfach."

Herr Lüsum schaute zu Boden.

„Das tut mir leid."

„Grade neue Hocker gekauft. Willst sehen? Muss ich jetzt dann eh verkaufen!"

Herr Lüsum hatte eigentlich keine Lust, brachte es aber nicht übers Herz, Juri, der schon mit einem Bein in seiner Kneipe war, dieses offenkundige Anliegen abzuschlagen, und so folgte er ihm in den Innenraum der Gaststätte, die er zu Beginn des Jahres noch regelmäßig besucht hatte. Die Bar, das Herzstück der Kneipe, ragte tief und halbrund in den Raum hinein und wirkte im Halbdunkeln noch mächtiger, als sie Herr Lüsum in Erinnerung gehabt hatte. Juri knipste die Thekenbeleuchtung an.

„Da schau. Echtholz. Ahorn. War nich' billig." Herr Lüsum zog einen Hocker zu sich und setzte sich prüfend darauf. „Joah, nich' übel" war sein Urteil, „hast jetzt noch 'n Holsten vom Fass für mich?"

Juri musste grinsen. „Hermann, die Zapfanlage is' längst leer. Steht doch alles ab." „Jaja, war ja nur'n Scherz", meinte Herr Lüsum erklärend.

„Aber ich hab' noch n paar Flaschen im Kühlraum, warte kurz." Ehe Herr Lüsum widersprechen konnte, war Juri schon im Hinterzimmer verschwunden und kam mit zwei Bieren zurück.

„Musst aber selber aufmachen, wegen Corona." Juri lachte schallend und Herr Lüsum ließ sich mehr und mehr von seinem Galgenhumor anstecken.

„Kommt nicht auch Fußball?" Juri war nun ganz in seiner leidenschaftlichen Gastwirtmanier und Herr Lüsum ließ es wortlos über sich ergehen.

Beide hatten ihrer jeweiligen Rolle in diesem einst so gewohnten Gesellschaftsspiel so lange entbehren müssen. Nachdem Juri die Fernbedienung gefunden hatte, schloss er die Tür der Gaststätte, setzte sich mit zwei Barhockern Sicherheitsabstand neben Herrn Lüsum und öffnete seinerseits eine Bierflasche. Wenig später flackerten die ersten Bilder über das hochauflösende Display des Flachbildschirms in der Ecke des Raumes. Die zwei Zuschauer im Zebrastreifen sahen ein Spiel vor leeren Rängen, in dem den Gastgebern aus Fürth der erste Treffer gelang, der HSV jedoch postwendend ausgleichen konnte und in der zweiten Halbzeit bald in Führung ging, was Juri dazu bewegte, noch eine Runde Holsten zu spendieren.

Die anschließend vergebenen Chancen zur Spielentscheidung sollten sich in der Nachspielzeit rächen. Fürth schoss noch den 2:2-Ausgleich und Herr Lüsums Zorn entlud sich in einem Trommelwirbel auf dem Tresen: „Das war so klar, das war so klar." „Einen wie Barbarez brauchen die, nur einen wie Barbarez", lamentierte Juri lautstark. Herr Lüsum redete sich in Rage „Das kann einfach nicht sein. Immer dasselbe. Dieser Verein. Ich pack es nicht. Es muss doch möglich sein, gegen Fürth kein Tor mehr zu kriegen. Bei dem, was die alle verdienen ..."

Hier brach er seine Tirade abrupt ab. Auch Juri blieb stumm. Mehrere Sekunden verstrichen, vielleicht eine Minute.

Dann erhob sich Herr Lüsum: „Tja, Juri, Mensch."

Juri schaute auf: „Herrmann, du. Machste los?"

„Jo, ich muss dann."

„Oke"

„Mach's gut dann. Und, ja. Bis bald. Hoffentlich"

„Jo, ebenfalls. Ahoi."

Herr Lüsum ging zur Tür.

„Und immer schön langsam vorm Zebrastreifen." Auch Juri war ein Mann der werbewirksamen Wahlsprüche, und so durfte auch bei dieser Verabschiedung sein verschmitzter Standardsatz nicht fehlen.

Herr Lüsum musste schmunzeln.

„Tschau Juri. Und Danke für das Bier. Und das. Alles. Heute. Das war ... naja. Irgendwie gut. Irgendwie."

Juris Augen leuchteten sanft.

SV Wehen Wiesbaden – VfB Stuttgart 2:1
So wie Kreisklasse, nur der Rasen is' besser

Es ist auf allen Kanälen das Gleiche zu sehen. Videoausschnitte, Tonmitschnitte und Transkriptionen der Konversationen auf dem Spielfeld. Die Fußballwelt samt VfB-Fans müssen sich so schnell nach dem Re-Start wieder aufregen und das nicht mal über den Re-Start an sich (aber dazu kommen wir noch). Schade eigentlich! Schade, weil zwar seit Samstag wieder der Ball in einer europäischen Topliga rollt, es aber alles Geisterspiele mit Mindestabstand und kontaktlosem Jubel sind, jaja. Das Ergebnis: Der Unterhaltungsfaktor liegt paradoxerweise in den leeren Stadien und der neuen Möglichkeit zu lauschen, was die Spieler und Funktionäre so erzählen. Schade aber auch, dass dieser einzige Unterhaltungsfaktor zum Fallstrick des VfB wurde. Schade, aber irgendwie auch klar.

Aber was war passiert?

Einerseits:
Der VfB spielt, als hätte es keine zwei Monate Pause gegeben. Alles wie immer. Der VfB schnürt Wiesbaden ein und dominiert das Spiel. Macht eine 100 %ige nicht, lässt die Zügel schleifen, geht mit einem 0:0 in die Pause und bekommt direkt im Anschluss den Gegentreffer. Kämpft sich wieder mühsam ran, macht das 1:1 (wobei der Torwart dem Ball selbst aus so kurzer Distanz nur knapp ausweichen konnte). In der letzten Minute und beim gegnerischen Eckball dann das vermeintliche Handspiel. Wer weiß? Niemand weiß. Niemand sieht es. Ist ja keiner da. Anscheinend auch nicht Schiedsrichter Stegemann und der VAR. Ach, was haben wir in dieser Saison schon über die Handspielregel gestritten?

Andererseits:
Schon wieder nimmt Fußball einen riesigen Raum ein, dabei gab es in den letzten zwei Monaten ganz andere Probleme. Auch der Ball in der Bundesliga ruhte, weil nämlich der

Fußball eben nur die schönste Nebensache der Welt und damit per Nomen schon traditionell zweitrangig ist.

Was in den letzten Monaten über marode Unternehmensstrukturen der Bundesligavereine, die sich zu gewissen Zeiten nicht scheuen, Millionen für die Leistung eines hoffentlich bald Angestellten auszugeben, geschrieben wurde, war doch einigermaßen überraschend. Auf Knien oder mit direkten Forderungen wurden die Arbeitnehmenden angebettelt, von Verträgen zurückzutreten, um zum Beispiel auf Gehalt zu verzichten (die Summe dieser Gehälter lassen wir mal außen vor). Fans, die sonst die Kosten überhöhter Stadionpreise bezahlen, sollten nun auch in Krisenzeiten zu ihrem Verein stehen und das am liebsten finanziell mit dem Verzicht der Rückzahlung bereits gekaufter Eintrittskarten.

Nachvollziehbar, dass alle die coronabedingten Einschränkungen aufheben wollen. Aber mit welcher Vehemenz und dem Verweis auf die Solvenz der Vereine, die mit Millionen jonglieren, das war überraschend. Aber am Ende stehen doch die Bürokräfte in der Geschäftsstelle vor dem Aus und keine hochbezahlten Aufsichtsratsposten. Das will keiner. Den Menschen der Gesellschaft wurde aber die Wiederaufnahme der Bundesliga als Lichtblick verkauft. Die Menschen bräuchten Hoffnung in dieser Zeit und diese Hoffnung soll ein Spiel sein, das ohne Zuschauende seinen Reiz und seine Bedeutung verliert. Die Gladiatoren in den Arenen sollen das Volk unterhalten. Brot und Spiele. Opium für das Volk. Was bedeutet es schon?

Und nu'?

Sein wir mal ehrlich: Das Beste am Re-Start und den leeren Stadien war doch, dass man mal die Trainer und Spieler fluchen hörte und eigentlich auch die Unsicherheit der Schiedsrichter durch das Zerrbild der Souveränität erblicken konnte. Verständlich bei dem Druck, der auf ihnen lastet. Für Unbeteiligte mag also auch die Leistung und das ewige Fragen von Stegemann erfrischend gewesen sein. Nur nicht für die VfB-Fans, die in der 90. Minute und mit der letzten Aktion einen zweifelhaften Elfer bekamen.

Hinfällig die ewig andauernde Hand-Diskussion. Dahin auch die Frische der Zwischenrufe. Um nämlich zum „seien wir mal ehrlich" zurückzukommen: Das ist doch nichts. Ohne Fans und Stimmung hebt sich die spielerische Leistung einer Profimannschaft kaum von der einer eingespielten Kreisliga-Mannschaft ab und dann ist es mir doch lieber, wenn der Schuss auf dem Ascheplatz nicht von den Rängen widerhallt. Bier ist billiger, Wurst ist billiger und alle Spieler werden sich für die Zeit der eiternden Knie an dieses legendäre Spiel erinnern.

Ich habe den Fußball vermisst und eben auch nicht, weil es Dinge gibt, die wichtiger sind, weil Fußball eben nur eine Nebensache ist. Jetzt rufe ich euch zu: Macht Schluss! Brecht die Saison ab und fangt im Herbst von vorne an. Dabei staube ich meinen Laptop ab und mache mich an die Arbeit.

27. Spieltag

Hamburger SV – Arminia Bielefeld 0:0
Ein hochkonzentrierter Vortrag

Zusammenfassung:
Der HSV kommt vor dem Spitzenspiel am kommenden Donnerstag langsam in Fahrt. Zwar wurde in den letzten beiden Spielen nach der Wiederaufnahme kein Sieg geholt, aber verloren wurde auch nicht. Der direkte Konkurrent aus Stuttgart würde das auch gerne von sich behaupten. Wie der HSV aber in dem gelobten Land der Bundesliga gewinnen will, wenn es nicht einmal in der 2. Liga funktioniert, soll hier nicht weiter erörtert werden. War es doch immerhin Bielefeld, der Tabellenführer, und Fürth, naja, Fürth ist ne harte Nuss, die man erst einmal knacken muss.

Ich will nicht prahlen, aber meinen Angelschein habe ich mit 60 von 60 Punkten bestanden. Ich weiß, dass Äschen nach Thymian riechen, dass das Blut der Aale nicht so toll ist und Nasen Nasen heißen, weil Nasen eben. Theoretisch bin ich also der Bezwinger der sieben Weltmeere, Neptun ist mein Sohn, Moby Dick mein gefräßiges Haustier. Ich bin Herr Simeon von und zu Angel. Ich habe den Sport erfunden und habe meiner untertänigsten Gefolgschaft das Angeln geschenkt wie Prometheus den Menschen das Feuer. In der Theorie. In der Praxis ist mir nicht ganz klar, warum ich lieber Spinner statt Blinker, Naturköder statt Wobbler nehmen sollte.

Das mit dem Angelschein war eine Schnapsidee. Wegen der Liebe in den Süden gezogen, habe ich hier einen Leidensgenossen getroffen. Eigentlich ein netter Typ. Seine einzige Geschmacksverirrung zeigt er in der Wahl seines Vereins: St. Pauli. Aber so kam es, dass wir in der letzten Saison zusammensaßen und das Rückspiel zwischen unseren beiden Lieblingsvereinen gesehen haben. Damals ein solides 4:0, was nur bei meinem Kumpel den Appetit auf Matjes verdarb. In der Halbzeit – damals stand es nur 1:0 – hatten wir die glorreiche Idee, einen Angelschein zu machen. Gründe wurden in Geburtsverpflichtung, entfernter Faszination, archaischem Jagddenken und Lernwillen gefunden. Und so saßen wir im Herbst im Angelkurs und waren in der Ecke wirklich die einzigen Anfänger und Ahnungslosen. In den Pausen gingen Bilder von metergroßen Welsen herum, die schon – und natürlich schwarz – gefangen worden waren und nur wir zwei Seegurken mussten erst einmal lernen, was ein Wels überhaupt ist. Ganz schön durchbeißen mussten wir uns, aber gefeiert wurde am Ende mit 'nem Küstenpils, Fischbrötchen und 'nem Rutenkauf. Die Motivation war groß, schnell ans Wasser zu kommen.

Aber der erste Angeltrip fiel flach, da Januar. Der zweite wegen Sturm Sabine. Mitte Februar hatten Forellen noch Schonzeit, und dann war da Corona. Das alles denke ich, als ich im selben Moment mit dem Anpfiff zwischen dem Hamburger SV und der Arminia meine Rute auswerfe und mit allem, was das Köder-Arsenal hergibt, auf den Zielfisch gehe. Mein Nebenmann, altbekannter Leidensgenosse, hat da noch mit ganz anderen Problemen zu kämpfen. Pauli hat wieder eine gescheppert bekommen, die Rute macht nicht so richtig mit, aber immerhin hat er schon 'ne Rotfeder gefangen. Und so hocke ich armer Schneider in den schwäbischen Niederungen an diesem pittoresken Ort, der malerischer nicht sein könnte. An den HSV kann ich kaum denken. Keine Zeit. Angeln ist Geduld. Angeln ist eine Tugend. Außerdem gibt's es keinen Empfang. Und mal ganz ehrlich: Wer kommt denn auf die Idee, ein Spiel am Sonntag um 13:30 Uhr anzusetzen? Das ist doch eine Unverschämtheit, oder? Und was ist jetzt mit den Glasfaserleitungen? „Edge", meistens aber das noch unerfreulichere Symbol: Ein leeres Dreieck, in dem sonst Striche wären. Schlimmer nur die Information „Notruf". Was habe ich mir hier eingebrockt?

Mit etwas viel Schmackes oder Zorn schleudere ich den Haken mit der künstlichen Bienenmade, die nach Knoblauch riecht, in das gegenüberliegende Gebüsch. Ich flippe aus und stelle mir vor, wie Sonny Kittel gerade jetzt was Tolles anstellt und danach jubelnd Richtung leere Nordtribüne abdreht, am Zaun rüttelt – 25 A, dort, wo ich früher immer stand – und seinen Schweiß in die ekstatische Menge sprüht. Nicht ganz realistisch, aber so sehe ich es vor mir, fast so genau wie die vier forellenähnlichen Schemen im trüben Wasser unter dem Baum gegenüber. Hinge meine Knoblauch-Kunst-Bienenmade nicht in eben diesem Baum, sondern hätte ich sie den Forellen direkt auf den Kopf geworfen, sie hätten den Köder trotzdem nicht geschluckt, weil heute einfach nichts klappt. Ich kann machen, was ich will, der Fisch will nicht an den Haken.

Während ich mich frage, woran es gelegen hat, avanciert Bielefelds Torhüter Ortega in Hamburg schon nach wenigen Minuten zum Spieler des Spiels. Wäre es ein größeres Erlebnis am Abend, eine Forelle zu grillen oder dass der HSV den Abstand auf Bielefeld verkürzt? Eine müßige Frage: Im Fernduell „Not gegen Elend" und „kann nicht gegen will nicht" war kein Sieger auszumachen.

Beweise dafür gab es zu genüge. Das Ufer blitzte und blinkte mittlerweile vor abgerissener Blinker, und Leibold köpfte den Ball an den Pfosten. Das sagt eigentlich alles. Fehlt nur noch, dass der HSV wieder ein spätes Tor bekommt.

Ich sitze mit leeren Händen wieder im Auto. Meine Arme schmerzen und meine Wangen sind gerötet. Da war mehr drin. Im Fußball heißt es, dass der Knoten irgendwann platzt. Hoffentlich im nächsten Spiel, gegen Stuttgart, das wäre schön. Wer sich nicht mehr recht entsinnen möchte, wie damals das Hinspiel ausgegangen ist, der kann das Ergebnis beim werten Kollegen Mack nochmal nachlesen. Ich will nach diesem Tag und bis Donnerstag erst einmal tiefstapeln, ich will es mir nicht mit allen verscherzen. Sollte der HSV verlieren, dann kann ich auf diese herbe Klatsche der Hinrunde verweisen, gewinnt der HSV, dann markiere ich den coolen, gönnerhaften Fußballverständigen à la „kann passieren", „sei es drum", „Kopf hoch", „wird schon wieder" „beim nächsten Mal", „noch ist alles drin", halt eben all das, was mein Kumpel sagte, als ich mich ohne Forelle und gänzlich ohne Fisch auf den Rückweg machte.

Holstein Kiel – VfB Stuttgart 3:2
Weiter so

Schaffen wir erst einmal Fakten: Der VfB hat in Kiel mit 2:3 verloren und ich habe von diesem Spiel nicht eine einzige Sekunde gesehen. Mein Nervenkostüm wurde somit geschont und ich kann mit Fug und

Recht behaupten, keine Erklärungen für diese erneute Niederlage zu haben. Mir bleibt also nur die Möglichkeit einer distanzierten Grundsatzreflexion.

Als leidgeprüfter Anhänger des Vereins mit angeborenem Hang zum Lamentieren, ist man in einer Situation wie der derzeitigen schwer versucht, alles in Frage zu stellen. Doch wenn man dies ernsthaft und unabhängig vom jüngsten Frustrationserlebnis tut, kann man eigentlich nur zu einem logischen Schluss kommen: Es ist komplett unlogisch, dass der VfB derzeit so strauchelt.

Betrachten wir zunächst die Mannschaft, gespickt mit individuellem Potenzial, das immer wieder unweigerlich aufblitzt. Mit jungen, hungrigen Spielern (González, Silas, Massimo, Kobel), mit erfahreneren Recken (Castro, Kaminski), mit Stars, die vorangehen können und sich teils durch authentische Vereinsverbundenheit (Didavi, Gomez), teils durch unerschütterlichen Ehrgeiz (Badstuber) auszeichnen. Sämtliche Lizenzspieler sind gestandene Erstliga-Profis oder haben zumindest eine ausgezeichnete Zweitligaspielzeit vorzuweisen. Die Altersmischung wirkt ausgewogen, die Harmonie im Team intakt.

Der Trainer scheint grundsätzlich einer von genau dem Schlag zu sein, den man im Verein und im Umfeld schätzen sollte. Ohne großen Namen, unverbraucht, intelligent, modern, jung, innovativ. Keiner der Riege Trapattoni, Stevens, Labbadia, Weinzierl, die man schon zuhauf hatte, eher einer, der in die Reihe der letzten Hoffnungs- und Sympathieträger um Hannes Wolf und Nico Willig passt. Kein Lautsprecher und Selbstdarsteller, wie es seinem Vorgänger vorgeworfen und wohl schlussendlich zum Verhängnis wurde. Ein ruhigerer, besonnenerer Typ. Alles Eigenschaften, die in der derzeitigen Situation vonnöten wären.

Entscheidenden Anteil an seiner Verpflichtung hatten Thomas Hitzlsperger und Sven Mislintat. Beides angesehene, fähige Menschen auf ihren Positionen. Hitzlsperger einerseits mit Strahlkraft nach außen, als Funktionär mit omnipotenter Vorbildfunktion, andererseits ein klarer, eloquenter Kommunikator mit natürlicher Autorität und dem nötigen Blick über den Tellerrand.

Die Verpflichtung Sven Mislintats löste seinerzeit erwartungsfrohe Begeisterungsstürme rund um den Wasen aus. Seine Top 11 an entdeckten Talenten wäre ohne Weiteres international konkurrenzfähig, sein exzellentes Auge, sein Netzwerk und sein Sachverstand sind unbestritten beachtlich und dürften ihm auch in den letzten Wochen und Monaten nicht abhandengekommen sein.

Eine Stufe weiter oben sitzt seit kurzer Zeit ein Präsident namens Claus Vogt, der zurückhaltend und besonnen agiert, der sich meist im Hintergrund hält, sich nicht aufspielt. Genau dies wurde allseits herbeigesehnt, nachdem sein Vorgänger eine andersartige Amtsausübung an den Tag gelegt hatte. Ruhe sollte einkehren in diesen Verein, denn auch das Fehlen jener wurde in der Vergangenheit oft als Faktor dafür ausgemacht, dass der VfB sportlich permanent unter seinen Möglichkeiten blieb.

Die finanziellen und strukturellen Rahmenbedingungen des Vereins für Bewegungsspiele unterstreichen nur das Fazit, dass sich aus all diesen Betrachtungen ergibt:

Es ist vollkommen unlogisch, dass dieser Club sich derzeit derart schwertut. Die direkt involvierten und handelnden Personen könnten (und werden vermutlich auch) mit ihrer Situationsanalyse noch gründlicher ins Detail gehen und ihren Finger in Wunden legen, die den derzeit noch entfernteren Beobachtern gänzlich verborgen bleiben. Gerade hinsichtlich des anstehenden Spitzenspiels gegen den Hamburger SV müsste doch nun nochmal alles und jeder auf den Prüfstand, um den, ironischerweise noch immer aus eigener Kraft möglichen, Aufstieg nicht endgültig zu verspielen. Meine subjektive und durchaus ernstgemeinte Devise für das kommende Heimspiel lautet dagegen genauso zwingenderweise anders:

Weiter so! Denn angesichts des momentanen Trends erwartet den VfB am Donnerstag ein ähnlich desaströses Ergebnis wie bei der 2:6-Niederlage in der Hinrunde. Das wäre logisch. Und genau DAS ist beim VfB doch derzeit gar nichts.

28. Spieltag

VfB Stuttgart – Hamburger SV 3:2
Das wird wild

11.02.2020, 19:01 Uhr
„Jungs, Stuttgart Stehplatz ist gesichert.
Das wird richtig geil. 6 Stück."

11.02.2020, 21:08 Uhr
„Ey, das wird richtig geil. Wir 3 auswärts im Steher!"

12.02.2020, 10:30 Uhr
„Aus Hamburg wird es ne Meute von 20 Leuten, laut Büddi."

12.02.2020, 10:31 Uhr
„Das wird wild", schreibe ich und meine es auch so. Meine Gedanken rasen. So viel Bettwäsche haben wir nicht, so viel Platz haben wir auf keinen Fall. Aber so steht es jetzt. Es ist der Zwischenstand eines fixen Plans an Weihnachten. Meine Brüder und ich, das erste Mal alle gemeinsam auswärts im Stadion. Wenn unsere Farben gegen den direkten Stuttgarter Konkurrenten spielen. Ob das gut gehen kann? „Aus Hamburg wird es ne Meute von 20 Leuten, laut Büddi." Büddi! Büddi hat das klar gemacht.

Büddi is 'ne Legende. Fanclubvorsitzender, HSV-Junkie, Maschine: „Büddi macht das klar", hat mein Bruder an Weihnachten gesagt und ihm direkt geschrieben. Büddis Antwort: „Wie viele?" „Der fackelt nicht lange", lacht mein Bruder. Wir sagen 6 und denken, dass wir die schon wegkriegen. Das ist immerhin der VfB gegen den HSV. Die Meute aus 20 Leuten besteht jetzt nicht nur aus meinen beiden Brüdern, sondern auch aus meinem Cousin und meinem Onkel, meinem Kumpel und längsten Stadionbegleiter in Personalunion (mit Mo war ich nach meinem ersten Spiel immer im Stadion. Erst hat seine Familie mich mitgenommen und dann hatten wir gemeinsam unsere Dauerkarten) und seiner hochschwangeren Frau. Das ist Liebe (zu ihm, zum HSV, is' doch egal!). „Aus Hamburg wird es ne Meute von 20 Leuten, laut Büddi."

28.05.2020, 23:43 Uhr
Kein Mensch hatte Büddi je so lange schweigen sehen. Ich schon mal gar nicht. Ich weiß gar nicht mehr ganz genau, wann und wo wir uns kennengelernt haben. Entweder am Borger mit 'nem Bier in der Hand oder erst im Stadion gegen Hoffenheim? Das war kurz vor meinem Umzug in den Süden, in der Saison, in der der HSV abgestiegen ist. Nach diesem ungefährdeten und überzeugenden Sieg lagen wir uns in den Armen und wussten, dass in dieser Form der Abstieg kein Thema sein sollte. Aber es war der Anfang vom Ende. Es gab also schon schlimme Niederlagen. Niederlagen, die Büddi das Aufstehen am nächsten Morgen erschwert hatten. Niederlagen, die körperlich schmerzten, aber heute war es anders. Biere wurden aufgetischt und standen unberührt vor der büddi'schen Salzsäule. Unter dem Tisch rollte ich aus Rastlosigkeit und Aufgebrachtheit eine Zigarette nach der anderen. Eine steckte ich Büddi in den Mund. „Was das denn für 'ne Zecken-Flöte?", hätte er an anderen Tagen gesagt. Der strikte Nichtraucher hatte immer eine Packung Marlboro Gold in der Tasche – „für Notfälle". Diesmal sagte er nichts, beugte sich – ohne die Hände zu benutzen – zur Kerze herunter und zündete die Zigarette an. Traurigkeit blitzte in seinen Augen auf, wieder starb ein Seemann. Hätte ich in seinen Kopf schauen können, dann hätte ich dieses windende Geschöpf gesehen. Ein Film der letzten Stunden:

28.05.2020, 10:22 Uhr
Der Plan war der gleiche Plan wie alle zwei Wochen: „Neuner und ab!"
Als der Tross dann über die B14 eintrudelte, war die hintere Reihe voll und Clemens, der selbsternannte Fahrer – „aber nur auf dem Hinweg" –, dozierte: „Ey, Leute, echt faszinierend: Das hier ist die schmutzigste Kreuzung Deutschlands. Zieht euch das mal rein." Der letzte Satz ging unter. In der letzten Reihe kam nach der „Kreuzung" ein ruppiges: „Fein-Staub-Aaaaalaaaaarm, schaaa-laaa-laaa-laaa-laaa-laaa-laaaaaaaarm, schalalalalalalaaaaaaarm!" Durch den Rückspiegel grinste Clemens Büddi an. „Na, ist geil ne?!"

Als gutes Omen wurde auch akzeptiert, dass der gemietete Neunsitzer plötzlich neben dem blauen HSV-MAN stand. Die hintere Reihe klopfte an die Scheibe und animierte den Fahrer zum Hupen. Aber plötzlich hatte Büddi ein schlechtes Gefühl, das hatte er selten bis nie, aber er hatte es und da war ihm kein gutes Omen gut genug. Da grummelte etwas in ihm. Er hatte ein Gefühl, aber mit einem Gefühl brauchte er den Jungs nicht kommen, nicht jetzt, nicht mit dem HSV-Bus auf der Nebenspur.

28.05.2020, 21:27 Uhr
2:0 zur Pause. Den VfB im eigenen Stadion deklassiert. Nicht den Hauch einer Chance hatten die. Die größte Chance war, als der „Stürmer" den Ball ins Seitenaus klärte. Wahnsinn, was waren die schlecht. Er erinnerte sich an das Hinspiel, 6:2. Damals schon zu hoch, auch wenn die Stuttgarter da auch unterirdisch schlecht waren. Was kam? Selbst in dem Spiel unnötige Gegentore und dann das unnötige Aus im DFB-Pokal. In der Kurve war die Stimmung ausgelassen, aber Büddi hatte noch immer dieses Gefühl, dieses Gefühl sich zu früh gefreut zu haben.

29.05.2020, 00:59 Uhr
Das Spiel war fast vergessen. Das Bier floss. Helles kann man zwar kaum dauerhaft saufen, aber es ging trotzdem rein. Mein Körper würde heute Nacht rebellieren, das war klar. So viel Nikotin wurde ihm noch nie zugeführt. Büddi saß und saß. Es gab eben solche Niederlagen und solche. Plötzlich schlug er beide Fäuste mit voller Wucht auf den Tisch, sprang auf, dass der Stuhl nach hinten kippte und polternd zu Boden fiel. Im Laden war es mucksmäuschenstill. Mit einer grenzdebilen Grimasse drehte Büddi sich zu uns um. Er hob das Bier, dass es in alle Richtungen spritzte, breitete die Arme aus:

„Wenigstens können wir nächste Saison wieder zu den Luschen nach Bremen fahren!"

VfB Stuttgart – Hamburger SV 3:2
Siegerschluck

2006. Der Schauplatz unseres Sommermärchens war der Bregel, ein Grillplatz vor dem CVJM-Freizeitheim auf einer Anhöhe am Rande des heimischen Wohngebiets. Schon zu den WM-Gruppenspielen hatte jener Platz – beziehungsweise die dort aufgebaute Großbildleinwand – sämtliche Fußballinteressierten zum gemeinschaftlichen Fernsehschauen zusammengespült. Hier traf man nicht nur Mannschafts- und Schulkameraden, sondern wenn man Glück hatte, auch seinen Schwarm aus der Mittelstufe, und wenn man Pech hatte die eigenen Eltern.

Mittendrin meine Clique, im besten Teenageralter, stolz schon legal ein Bier trinken zu dürfen und zu stolz um zuzugeben, dass es noch gar nicht so gut schmeckte. Beinahe rituell hatten wir bislang jeden Spieltag der deutschen Nationalmannschaft mit einem Grillfest in Lars' oder Max' Garten eingeläutet, bevor wir ausreichend aufgeheizt die gut 75 Höhenmeter zum Bregel hinaufprozessierten. So auch am Tag des Viertelfinales gegen Argentinien, an welchem wir sogar noch einen besonders begehrten Platz auf einer der wenigen Holzbänke im vorderen Bereich ergattern konnten. Und auch das Spiel war besonders – nicht hochklassig, aber spannend. Ein Duell auf Augenhöhe. Und das gemischte Fußballpublikum auf dem Bregel spiegelte dies wider – in manchen Momenten war es so still wie im Kino. Jeder bekämpfte die geradezu greifbare Nervosität auf seine Weise – wir blieben in Bewegung, pendelten zwischen Dixi-Klo, Getränkestand und Holzbank. Bis zum unvermeidlichen Elfmeterschießen.

Ich hatte mir gerade ein lauwarmes Bier mitbringen lassen und trank viel zu schnell. Das dauerte aber auch. Die Frage nach den Schützen, der Zettel von Lehmann, die aufmunternden Worte von Oliver Kahn. Bis die Seitenwahl beendet war, bedeckte lediglich noch ein letzter, feuchter Rest den Flaschenboden. Oliver Neuville trat zum ersten Elfmeter an und traf. In einem Anflug von augenscheinlich alkoholbedingtem Aberglauben stellte ich meine fast leere Flasche unter die Holzbank. „Das ist der Siegerschluck", sagte ich insgeheim zu mir. Im nächsten Moment verwandelte Julio Cruz eiskalt für Argentinien zum 2:2. Scharf geschossen, links oben, keine Spur von Nervenflattern und meine Siegeshoffnung war augenblicklich wie weggewischt. Selbst als Ballack traf und Ayala für Argentinien vergab, änderte sich meine Gefühlslage nicht. Alle Menschen auf dem Bregel standen mittlerweile. Bei Podolskis Elfmeter wurde mir die Sicht auf die Leinwand verdeckt und einen wohlgemeinten Schulterklopfer, der mich beinah in die Knie zwang, deutete ich dahingehend, dass der Versuch erfolgreich gewesen sein müsste. Bei Borowskis Elfmeter sah ich nicht einmal hin. Tor. Jetzt lief Cambiasso für Argentinien an, TV-Kommentator Reinhold Beckmann vergaß seine professionelle Unparteilichkeit und sprach aus, was sich alle Menschen um mich herum wünschten: Cambiasso sollte Nerven zeigen. Er tat ihm und uns den Gefallen, Lehmann hielt und jubelte eiskalt. Um mich herum vergaß man jegliche Contenance. Unzählige unnatürlich weit aufgerissene Münder, sämtliche umarmungswillige Gliedmaßen und Wogen von Speichel, Schweiß und Freudentränen überschütteten mich. Denn ich war indes abgetaucht. Die eine Faust vor Freude geballt und in der anderen mein vorsorglich weggestelltes Getränk.

Der letzte Rest darin war mittlerweile vermutlich standesgemäß schal geworden, doch selbstverständlich wurde in diesem Moment mein Geschmackssinn von der enormen Endorphinausschüttung übermannt. Der Siegerschluck schmeckte süß und ich war mir sicher meinen Teil zum Mannschaftserfolg beigetragen zu haben. Ein unvergesslicher Moment.

Warum ich knapp 14 Jahre später in der 87. Minute des Spiels VfB Stuttgart gegen den Hamburger SV beim Stand von 2:2 diese alte Tradition wiederaufleben lasse und den letzten Bierrest in meiner Dose instinktiv neben mich stelle, anstatt ihn auszutrinken, ist mir schleierhaft. Meinen persönlichen Sommermärchen-Move hatte ich noch zu fortgeschrittenen Teenage-Zeiten überstrapaziert und mir folglich abgewöhnt. Doch als Gonzalo Castro in der 92. Minute zum 3:2 einnetzt und der Schiedsrichter kurz danach abpfeift, schmeckt der Siegerschluck so süß wie anno dazumal. Pelegrino Materazzo, der – ebenfalls im „Instinktmodus" – den Treffer ausgelassen mit seinen Spielern an der Eckfahne feiert, wird ebenjenen Augenblick im Nachhinein als einen seiner „Top 3-Momente" als Fußball-Coach bezeichnen. Und auch ich muss lange zurückdenken, wann ich, seit dem Sommertag im Jahr 2006, von diesem Sport zuletzt auf so enorme Weise emotional bewegt wurde.

29. Spieltag

Hamburger SV – SV Wehen Wiesbaden 3:2
Dreizuzwei

Vorwehen

Der letzte Dino seiner Art ist heuer nur ein grauer Lurch.
An Spott wird demnach nicht gespart – viel macht man auf die Dauer
durch.
Zuletzt so tief ins Mark getroffen, dass mancher schon die Flinte warf.
Letztlich blieb also nur zu hoffen, dass man mal wieder punkten darf.

0:1
Man ist halt fast der letzte Mann,
der ein Tor noch verhindern kann.
Fatal, wenn der Verteidiger,
'nen Pass spielt, der nun leider sehr
vom angedachten Ziel abweicht,
ein Stürmer sich dazwischen schleicht
und dann der Spielball ganz gepflegt
per Heber in die Maschen schwebt.

1:1
Das Tornetz auf der linken Seite ist neidisch auf sein Gegenüber.
Denn dieses wurde nur gestreichelt, ein andrer Schuss ging klar darüber.
Nur ihm wurde mit Urgewalt die Innenseite strapaziert.
Ein Urschrei, der durchs Stadion hallt. Das Tornetz hat nicht applau-
diert.

2:1
Einer, der vorn die Chancen nutzt, ein Wesen zwischen Mensch und
Tier.
Nennt man zuweilen Strafraumfuchs in seinem heimischen Revier.

Klar, dass im nun genannten Fall der Kaltschnauz stach wie eh und je:
Auf jenem hohen Flankenball lag gut ein halber Meter Schnee.

2:2
Das Spiel war so dahingeplätschert,
in zweitklassigem Tugendstil.
Da kam der menschensgute Letschert
und fällte einen Baum zu viel.
Zur Strafe unternahm ein Schütze
aus elf Metern 'nen flachen Stoß.
Mit Glück hält man den mit der Mütze.
Pollersbeck spielte mützenlos.

3:2
Kinsombi kann im wahren Leben
auf mindestens zwei Sprachen reden.
Versteht sich gut mit den Kollegen,
nie um ein gutes Wort verlegen.
Nur die gesamte Presseschar
scheint er nicht allzu gern zu grüßen.
Er wendet sich an diese zwar,
doch nur mit Händen und mit Füßen.

Nachwehen
Ein Spiel mit Licht und Schatten. Ein Spiel mit Hin und Her.
Es läuft nicht alles glatt, wenngleich auch nicht vollends verquer.
Was macht man nun mit dem Fanal, das sich als HSV versteht?
Ob dieser graue Lurch nochmal zum großen Dino aufersteht?

Dynamo Dresden – VfB Stuttgart 0:2
Fantasy Football

Der 29. Spieltag ist rum und die Saison biegt mit Verzögerung auf die
Zielgerade ein. Jetzt beginnt das große Rechnen, das nach taktischem
Vermögen trachtet und Bauchlandungen nach sich ziehen kann. Es ist

wie zu Beginn einer jeden Saison mit den verschiedenen Tipp-Gemeinschaften. Anfangs sind noch alle motiviert und tippen schon Tage im Voraus, dann wird abgewartet: Was, wenn die medizinische Abteilung die Adduktorenprobleme des Stars nicht in den Griff bekommt? Wird die Verspätung zum Training Folgen für den Top-Scorer nach sich ziehen? Mit der Aufstellung wird also bis in den späten Freitagnachmittag gewartet. Mir nichts, dir nichts wird es dann aber doch vergessen. Keine Punkte. Ist doch scheiße. Vor allem, weil am letzten Spieltag die Ergebnisse auch schon ausgeblieben sind. So sicher war man da, dass die Heimmannschaft das Derby nach der letztjährigen Abreibung für sich entscheiden würde. Dass die Mannschaft aus dem Keller mit dem neuen Trainer nun den ersten Dreier einfahren würde. Aber nein! Und dann führt der Naseweis auch noch die Tabelle an, der sich so Nullinger für Fußball interessiert. Wahllos ein 2:1 getippt, hier ein richtiges Remis. Da bringt alles Sinnieren und Taktieren nichts, am Ende scheint es also doch ein Glückspiel zu sein und der hochgejubelte Nachwuchsspieler eben doch noch nicht so weit, wie man selbst von der Couch aus dachte.

In eine ähnliche Phase des Taktierens und Sinnierens biegen wir nun also ein. Seit Stunden starre ich auf die Statistiken des letzten Spiels und die Tabelle in der Zeitung, auch weil der Spielbericht so spärlich daher kam: „Pflichtaufgabe erfüllt – Der VfB Stuttgart gewinnt gegen Dynamo Dresden und sichert den zweiten Platz. Im ersten Spiel nach Corona war den Sachsen die verlängerte Zwangspause anzumerken. Hier ein Stockfehler, da einen Schritt zu spät, dort das Abseits aufgehoben. Früh und spät in der Partie trifft der Favorit und gibt sich keine Blöße." Also zurück zur Statistik: Was, wenn der jetzt alles gewinnt und wir Unentschieden spielen, dann ... Und Heidenheim wieder auf dem vierten Platz. Das Vizekusen der 2. Liga. Können die überhaupt – also nicht theoretisch, sondern rein praktisch – auf den dritten oder zweiten Platz springen? Das ist ja ein ganz anderer Druck als entspannt die Großen jagen ... Aber in bester Jürgen-Klopp-2010/2011-Manier sollten wir „nur auf uns schauen" und „von Spiel zu Spiel denken".

Also: 29 von 34 Spielen sind absolviert und damit stehen 5 noch aus. 5 Spiele mal 3 Punkte macht 15 Punkte. Wir haben 2 Punkte Abstand auf den Dritten, die haben aber ein besseres Torverhältnis. Das heißt, dass es theoretisch nicht reicht am Ende drei Punkte weniger als der

Dritte zu haben. Anders sähe das jetzt zum Beispiel beim Vierten Heidenheim aus. Stand jetzt könnte man am Ende gut und gerne ein Spiel mehr als Heidenheim verlieren (vorausgesetzt alle beiden Mannschaften würden sonst alle Spiele gewinnen), wobei fünf Tore Differenz natürlich auch kein fettes Polster sind. Das ist kniffelig. Alle Spiele gewinnen wäre natürlich die eleganteste Lösung, da käme niemand hinterher. Aber dass der HSV alle Spiele gewinnt? Irgendwie auch unwahrscheinlich. Und Heidenheim? Gegen wen spielen die denn überhaupt noch? Erster werden wir ja bestimmt nicht mehr oder lässt sich Bielefeld, fünf Punkte voraus und ein Spiel zurück, das noch nehmen? Schwer zu sagen. Den Druck wollte ich denen schon in der Hinrunde andichten. Spielen wir es mal durch:

VfB Stuttgart – Osnabrück
Die Stuttgarter ziehen weiter als Totengräber durch die Liga. Mit den Ausnahmen Kiel, Hamburg und Darmstadt mussten und müssen die Schwaben gegen die letzten Fünf, quasi die *low five,* ran. Fluch oder Segen? Es ist allseits bekannt, dass der Traditionsverein mit traditionell hohen Ansprüchen seine liebe Not mit den vermeintlich Kleinen hat.

Der VfB gewinnt aber souverän und unspektakulär mit einem nie gefährdeten 2:1.

Karlsruher SC – VfB Stuttgart
Hieß es in der letzten Woche „friss oder stirb", ist die Konstellation heute ganz neu gewickelt. Keine Rolle spielt die Platzierung im baden-württembergischen Gipfeltreffen. Möchte man zumindest meinen. Nach den Zärtlichkeiten im Hinspiel werden nun ganz neue Saiten aufgezogen. Spielt da bei den Mannen aus der Fächerstadt auch noch die Behandlung der eigenen Fans in der Landeshauptstadt eine Rolle? Es wird gebissen und gekniffen und auch wenn es im Stadion keine Menschenseele sieht, der Rasen brennt, wie Trainer Materazzo vor dem Spiel versprach. Drei rote, sieben gelbe Karten und zwei Elfmeter sprechen eine deutliche Sprache. Der KSC erarbeitet sich völlig überraschend einen Punkt und der VfB muss sich nach der harten Gangart des Gegners erst einmal die Wunden lecken. Eine ganz bittere Pille ist die Verletzung vom Mittelfeldmotor.

VfB Stuttgart – Sandhausen

„Dennis Diekmeier – Fußballgott" steht an der Fassade der einzigen Bäckerei Sandhausens und diese Reinkarnation von Torgefahr hätte wohl keiner mehr für möglich gehalten. Die Sandhausener Löwen, wie sie sich kabinenintern auch gerne rufen, gehen mit breiter Brust und vier Siegen in Folge in die Partie gegen den VfB, der nun nach einem kleinen Hänger einen weiteren Schritt Richtung Oberhaus machen möchte. Das rasant beginnende Spiel ebbt ebenso rasant wieder ab. 20 Minuten vor der Pause entwickelt sich eine Fußballschachpartie zweier Mannschaften, die diesen Sport scheinbar zum ersten Mal spielen. Der in der 89. Minute eingewechselte Gomez macht der müden Arbeitsverweigerung seiner Kollegen ein Ende und nickt nach einer Ecke humorlos ein. Schade für Sandhausen, dass es die Ecke niemals hätte geben dürfen. Wenn aber Unfähigkeit den blinden VAR trifft, dann ist ein Punkt auch nicht verdient.

1. FC Nürnberg – VfB Stuttgart

Als im Sommer 2019 der Spielplan herauskam und dort zu lesen war, dass am vorletzten Spieltag der Saison die beiden Absteiger aus der 1. Liga aufeinandertreffen würden, da rieb sich schon die ganze Liga die Hände. Zwar weiß mittlerweile sogar die Zuschauerschaft des „Doppelpass", dass die 2. Liga die spannendste Liga ist, aber so einen Krimi hätten sich nicht einmal Sebastian Fitzek und Håkan Nesser in ihren kühnsten Träumen ausgedacht. Und als sich die beiden nun an diesen Gedanken gewöhnt hatten, rieben sie sich erneut die Augen. Bis zuletzt steckt der 1. FCN im Abstiegskampf und auch der Dreier gegen Stuttgart bedeutet nicht das rettende Ufer. Aber es war „ein Prestigeerfolg", wie die Nürnberger nach dem Spiel einmündig ins Mikrofon sprachen. Am Ende der Saison wird man sehen, was von diesem Prestige noch zu kaufen ist.

VfB Stuttgart – Darmstadt

Die Hessen sind das einzige Team der letzten Begegnungen, das im „Mittelfeld" steht, also mit dem Abstieg nichts mehr zu tun hat und nicht mehr wirklich um den Aufstieg spielt. Wäre das Stadion nicht leer, würde den Darmstädtern ganz schön der Stift gehen. Die Fußballfreunde von Commando Cannstatt haben mit der tollen Choreographie ganz nebenbei noch einen neuen Weltrekord aufgestellt. Es ist die größte, aufwendigste und teuerste Choreo in einem leeren Stadion. Die Spieler freut das natürlich, auch weil die vielen Stoffbahnen, die dem Stadion einen roten Brustring angezogen haben, die teils hysterischen Schreie des Abwehrchefs schlucken. Zum Schlucken gibt es nach Abpfiff allerdings noch nichts. Auf den anderen Plätzen wird noch gespielt und einen Assauer-Gedächtnis-Lauf will sich Hitzlsperger dann doch ersparen.

30. Spieltag

Hamburger SV – Holstein Kiel 3:3
Abo-Meister

Gauliga Nordmark, Saison 1938/1939

Später würde in den Geschichtsbüchern stehen: „Am Vorabend des Zweiten Weltkrieges war die Welt noch in Ordnung". Und das war sie auch, als Old Erwin und Guschi Carstens aus dem kühlen Schatten des Hamburger Rathauses auf den sonnenbeschienen und aufgeheizten Rathausplatz traten. Erwin Seeler, genannt Old Erwin, spürte bereits die zwei Bier, die sie gerade auf dem Balkon getrunken hatten. Jetzt wollte er einfach nur nach Hause. Seine Frau und seine beiden Söhne waren vorhin auch kurz da gewesen. Dieter hatte das alles schon recht genau mitbekommen, da war sich Erwin sicher. Mit seinen sieben Jahren wollte er nach jedem Spiel wissen, wie der Rudi gespielt hatte. Old Erwin hatte seinen Sohnemann vorhin in der kleinen Menschentraube winken sehen. Der kleine Butschi mit den seelertypischen kurzen Beinen. Daneben seine Frau mit dem kleinen Uwe auf dem Arm. Auf dem Balkon durchfuhr Erwin kurz der Gedanke, dass seine Söhne vielleicht auch einmal an seiner Stelle auf dem Rathausbalkon stehen würden, um die Norddeutsche Meisterschaft zu feiern. Wenn sie sich anstrengten, warum nicht? „Die Begeisterung für Fußball würde ich unserem kleinen Uwe schon noch beipulen", dachte Erwin schmunzelnd. Bei Dieter hatte es ja schon gefruchtet. Guschi stieß ihm heftig in die Seite.

„Wo gehen wir jetzt hin, alter Mann?"

„In die Kiste, Guschi."

„Erwin, du Schwerenöter, so kenn ich dich ja gar nicht. Tagsüber der treue Familienvater und nachts lässt du Fünfe gerade sein. Du solltest häufiger Meister werden!", lallte Gustav Carstens heiter. Erwin verdrehte die Augen.

„Nach Hause und in die eigene Kiste. Die Deutsche Meisterschaft gewinnt sich nicht von alleine und ich habe keine Lust wieder im Halbfinale rauszufliegen. Nicht nochmal sowas wie im letzten Jahr. Grandi-

ose Saison gespielt und dann gegen Hannover rausfliegen. Hannover!
Nach einer 2:0 Führung."

„Reg dich nicht auf, Old Erwin. Dein Herz."

Erwin schüttelte sich, als hätte ihn eine eiskalte Hand am Nacken
gepackt. Carstens hatte recht. Zwar hatte er keine Probleme mit dem
Herzen, aber er regte sich schon wieder auf. Das war aber auch bitter gewesen im letzten Jahr. 2:3 nach Verlängerung und das bei einer
2:0-Pausenführung. Das waren Ergebnisse und Spielverläufe, die ewig
einen schwarzen Fleck auf der HSV-Seele hinterlassen würden, da
war er sicher. Die ganze Nacht hatte Erwin damals kein Auge zugetan.
Aber diese Saison war zum Glück ähnlich gut gewesen. 35:5 Punkte
bei 87:20 Toren. Das konnte sich sehen lassen. Nur hier und da hatten sie Punkte liegen lassen. Wieder griff eine kalte Hand in seinen
Nacken, sie war schon deutlich wärmer. Die Spiele gegen Kiel hätte er
natürlich gerne gewonnen. Das 3:3 war auch so ein Spiel gewesen, das
seine Mannschaft niemals hätte aus der Hand geben dürfen. Am Morgen danach hatte Old Erwin, der am Spieltag selbst keine schlechte
Figur abgegeben hatte, seinem Sohn von Rudi vorgeschwärmt. Rudi
Noak hatte ein Spiel auf den Rasen gelegt, wie er es noch nie gesehen
hatte. Kaum jemand wusste so gut wie Erwin, was Rudi zu leisten im
Stande war. Was er aber in dem Spiel auf dem Platz gemacht hatte, ließ
die Leistungen seiner Kameraden nur entfernt an Fußball erinnern. Es
war ein Zauber. Eine Leichtigkeit, die dem Fußballkampf nicht gerecht
wurde. Rudi war ein Spielmacher, der seinesgleichen suchte und spon-
tan dachte Erwin traurig und bewundernd an den Österreicher Mat-
thias Sindelar. Der Papierene. Der hatte auch Fußball von einer anderen Welt gespielt und war Anfang des Jahres tot in seiner Wiener
Wohnung aufgefunden worden. Allerlei Gerüchte um die Nazis mach-
ten seitdem die Runde. Die Fußballwelt würde Sindelar nicht vergessen und so würde es womöglich bei Rudi auch sein. Ihm traute Erwin
noch so einiges zu. Gegen Kiel hatten sie eigentlich alle ein tolles Spiel
gemacht. Rudi, Ritschi Dörfel, Guschi, er. An der Sturmreihe hatte es
nicht gelegen, aber Erwin wusste, dass Fußball so nicht funktionierte. Es
war trotzdem nur ein 3:3 geworden. Egal. Der HSV war wieder Nord-
deutscher Meister und wollte noch mehr und Kiel war abgeschlagen
auf dem 3. Rang. Das musste an Genugtuung reichen. Guschi tippelte

vor ihm auf die Binnenalster zu, sein weißes Hemd hing ihm unordentlich aus der Hose. In dem Moment, als die Sonne orange auf dem Wasser glitzerte, wusste Erwin Seeler, genannt Old Erwin, nicht, dass der HSV nicht Deutscher Meister werden würde und dass nichts so bleiben würde, wie es war.

Mit einem Satz schrecke ich aus dem Traum auf. Der 30. Spieltag ist durch und langsam merke ich den körperlichen Verfall. Langsam fällt mir nichts mehr ein. Es ist nichts mehr schön zu reden und kein Hoffnungsschimmer am Horizont. Wer von Schicksal spricht, der hat es noch nicht verstanden oder will gütige Aufbauhilfe leisten. Aber eigene Unzulänglichkeiten dem Schicksal in die Schuhe zu schieben, das wäre nicht fair. Ab und an rumort ein Auto durch die Einbahnstraße und kurz spielt der Lichtkegel an den Wänden sein Spiel. Der Abend war perfekt geplant für nervöse Selbstschützer. Der Besuch an einem Montagabendspiel war eine geniale Idee, der Versuch mich selber zu übertölpeln. Ablenkung nachdem es am Sonntag doch wieder einen kleinen Schimmer Hoffnung gab. Aber mein süchtiger Körper ist auf diesen Trick nicht reingefallen. Im Schlafzimmer lief das Spiel auf dem Laptop, in der Küche lief das Radio und auf dem Klo aktualisierte ich sekündlich den Ticker. Bis zur 92. Minute: „Eine Flanke von der linken Seite landet bei Wahl, dessen Kopfball lenkt Pollersbeck über die Latte." Ecke! 92. Minute, Ecke, gegen den HSV. Da ist noch alles drin. Ich musste den Ticker ausstellen und das Radio gleich mit. Wie Old Erwin an das Halbfinale gegen Hannover und Kiel, musste ich an das Spiel gegen den VfB Stuttgart denken. Hinten alles andere als sattelfest. Ich wollte diese Ecke nicht erleben. Als später meine Freundin ins Schlafzimmer ging, lief der Laptop noch. „3:3, ist doch gut, oder?"
Auch in der Saison 1938/39 wurde der HSV nicht Deutscher Meister. Wieder war im Halbfinale Schluss und auch das Spiel um Platz 3 wurde verloren. In dieser Saison spielte der HSV das erste Mal 3:3 gegen Holstein Kiel.

VfB Stuttgart – VfL Osnabrück 0:0
Passt schon

Die große Mehrzahl meiner mit mir befreundeten Mitmenschen legt generell eine mir sehr sympathische Unkompliziertheit an den Tag. Ungünstige Unbedachtheiten oder versehentliche Verfehlungen werden genauso schnell verziehen, wie sie begangen wurden. Sei es das unbeholfen verpackte Geburtstagsgeschenk, die wiederholt vergessene Rückgabe der ausgeliehenen Ski-Jacke, die zehnminütige Verspätung beim ausgemachten Angel-Date oder die Tatsache, dass man auch nach Jahren des gemeinsamen Kaffeetrinkens noch immer nicht sicher weiß, ob die langjährige Weggefährtin ihr Heißgetränk mit oder ohne Milch und Zucker zu sich nimmt. All das wird in solchen, auf gegenseitigem Entgegenkommen basierenden Freundschaftsbeziehungen oft mit einem authentischen „Passt schon" quittiert. Passt schon. Alles halb so schlimm. Alles eigentlich überhaupt nicht schlimm. Hauptsache du bist gesund und deine Mama hat dich lieb.*

Oftmals legen Personen mit diesem Verständnis der Zwischenmenschlichkeit diese Einstellung auch ihrem persönlichen Anspruchsdenken zugrunde. Ziele, Pläne und Vorsätze werden zwar gefasst und auch verfolgt, doch das vollumfängliche Erreichen dieser bleibt nicht selten aus – was diese Menschen jedoch nicht gänzlich unzufrieden macht. Exemplarisch hierfür: Der Vorsatz, alle zwei Tage joggen zu gehen, es dann aber regelmäßig nur maximal zwei Mal die Woche zu schaffen, wird quittiert mit einem keinesfalls resignierenden: „Naja, passt schon, besser als einmal." Ist ja auch viel los gewesen in letzter Zeit.

Anderes Beispiel: Die schriftliche Prüfung, deren Vorbereitung man trotz andersartiger Absichten zum wiederholten Male so knapp wie möglich gehalten hatte und mit dessen Note (2,3) man im Anbetracht des erbrachten Arbeitsaufwands dann doch gänzlich d'accord ist.

„Vom Wissen und vom Wollen der Tatbestandsverwirklichung." Die Stuttgarter Band *Heißkalt* zitiert in ihrem Lied *Euphoria* frei aus einem Gesetzestext und singt den besagten Menschen von der Seele: Im Wissen, dass sie es besser könnten, ändern sie nichts an ihren gewohnten Ambitionen, denn sie wollen den Mehraufwand nicht auf sich nehmen, da es seither stets insgesamt ganz passabel für sie lief und auch die Menschen in ihrem Umfeld keinen nachhaltigen Groll gegen sie hegten.

Und genau jetzt sprechen wir über den VfB Stuttgart, der im jüngsten Heimspiel einmal mehr eine geradezu generöse Gleichgültigkeit an den Tag gelegt hat. Eine Wird-Schon-Irgendwie-Werden-Mentalität, eine Einer-Wird-Schon-Ne-Zündende-Idee-Haben-Einstellung, eine Die-Letzten-Beiden-Male-Gings-Doch-Auch-Gut-Attitüde. Pascal Stenzel gab dies im Anschluss auch unumwunden zu.

Man sollte eigentlich meinen, dass der VfB in dieser Saison schon so einige zweitklassige Lehrstunden erteilt bekam, aus denen entsprechende Schlüsse hätten gezogen werden können. Wehen, Kiel und (nicht) zuletzt Osnabrück zeigten dem Krösus der Liga schon in der Vorrunde, wie schnell Spiele von der leichten Schulter gleiten und sicher geglaubte Punkte schlussendlich doch nicht auf der Habenseite verbucht werden konnten. Nachhaltig aufrüttelnde Wirkung hatten diese Salven vor den Bug mitnichten – denn rein tabellarisch hielt der VfB stetig den Aufstiegskurs, wenn auch mit Müh und Not und regelmäßig mit ordentlich Schlagseite.

Warum also etwas ändern an der Arbeitseinstellung?

Wenn auch nach diesem Spiel, in dem sämtlichen VfB-Akteuren der Biss eines Ameisenbären und der Einfallsreichtum eines vollautomatischen Saugroboters nachzuweisen waren, man trotzdem einen Punkt gewann und sich, weil es einer anderen zweitklassigen Traditionsmannschaft zum wiederholten Male in der Nachspielzeit an (geistiger) Frische fehlte, wieder einmal nichts an der Tabellensituation geändert hat?

Aufgebrachte Fans und Medienvertreter riefen am Montagmorgen jedenfalls einstimmig und alarmierend ein schallendes „Mit dieser Einstellung steigt man nicht auf" in den Blätterwald und durch sämtliche Internetforen. Für einen Tag war es also vorbei mit Sympathiebekundungen, Beschwichtigungen und kameradschaftlichem Abwiegeln. Enttäuschung, Frust, Verzweiflung und Unverständnis traten offen und scharfzüngig in Erscheinung. Mehr als ein Hauch von Liebes- und Vertrauensentzug lag in der Luft.

Doch wenn es am Ende entgegen aller berechtigter Zweifel ganz knapp klappen sollte mit dem zum Aufstieg berechtigenden zweiten

Tabellenplatz, würden dieselben Wüteriche wohl ebenso knapp konstatieren: Naja, passt schon.

*dein Papa natürlich auch

31. Spieltag

Dynamo Dresden – Hamburger SV 0:1
Eine dreckige Liga

Wenn der Tabellendritte gegen den Tabellenletzten durch ein Tor in der 84. Minute mit 1:0 gewinnt, spricht man in der Fußballwelt für gewöhnlich von einem „dreckigen Sieg". Ein wenig glanzvolles Erfolgserlebnis ist das, bei dem ein erleichtertes Durchpusten dem Siegesschrei im Hals den Weg versperrt. Nicht so am vergangenen Samstag: Als Joel Pohjanpalo den HSV kurz vor Schluss mit einem Stochertor aus dreieinhalb Metern in Führung schoss, erzitterte das menschenleere Stadion ob der markerschütternden Jubelrufe sämtlicher Spieler und Funktionäre mit der Raute auf der Brust. Und als auch die Nachspielzeit schadlos überstanden war, fielen sie sich überglücklich in die Arme oder auf den Rasen, ganz so, als wäre die Saison schon vorüber und der zweite Platz nicht nur eine Momentaufnahme.

Nach nunmehr 31 Spieltagen teilnehmender Beobachtung der 2. Liga wundere ich mich nicht mehr über derart ausgelassene Freudenszenen nach einem solchen Sieg. Für mich war das kein „dreckiger Sieg" in der mittlerweile gewohnten Liga. Nein, es war ein gewöhnlicher Sieg in einer „dreckigen Liga". Um diese Hypothese zu visualisieren, fügt sich vor meinem geistigen Auge eine symbolische Szenerie aus einer anderen, erdachten Sportart zusammen.

Fingerhakeln. In der Herrensauna.

In der Beletage dieses Schwitzensports bietet eine breite, verglaste Panoramafront einen atemberaubenden Ausblick auf saftige Wiesen und blühende Bäume. Die großzügigen Holzbänke sind aus Mahagoni, die Saunatücher aus feinstem Frottee. Die regelmäßigen Aufgüsse riechen aromatisch nach Waldkräutern, Lavendel oder Pfirsich-Mango. Die Hakelringe sind aus Rindsleder, die Hakelhocker blank poliert und regelmäßig gereinigt. Auf der obersten Sitzebene der Sauna fläzt in einer unantastbaren Überlegenheit der muskelbepackte bayrische Meister, der die Gegner reihenweise über den Tisch zieht. Doch auch eine

Holzbank tiefer hockt ein beachtlich durchtrainierter Schönling aus Dortmund, daneben der forsche, glattrasierte Bulle aus Leipzig und, momentan etwas abseits, der meist missgelaunte Sonderling aus Gelsenkirchen. Auch alle anderen gut gebräunten Mitstreiter machen einen aufgeräumten Eindruck. Nach den Zweikämpfen gratuliert man sich fair und unterhält sich anschließend gesittet über Aktieninvestments, französische Rotweine und italienische Sportwagen. Jeder ist froh hier dabei zu sein, da wo die Raumtemperatur am höchsten ist, die Abkühlungsbecken am größten und der zu erreichende Ruhm am nachhaltigsten sind. Und niemand will absteigen, absteigen in die Kellersauna, die mit Wellness so viel zu tun hat wie die Tönnies Holding ApS & Co. KG mit Veganismus.

Denn dort sitzt man dicht gedrängt, Oberschenkel an Oberschenkel, was die unwesentlich niedrigere Raumtemperatur im Vergleich zum Oberhaus vergessen macht. Die Dachlatten, die als Sitzfläche dienen, sind vom erheblich höheren Durchgangsverkehr entsprechend durchgesessen. Handtücher sucht man hier vergebens. Die Aufgüsse kommen unregelmäßig und wenn dann hat der Cuisinier streitbare Geschmacksrichtungen dabei. Frittierfett, Lösungsmittel und an Sonn- und Feiertagen mal eine Prise Sauerampfer. Die Hakelhocker sind schief und krumm, von Spreißeln übersät und die Hakelringe aus purem Wurstgarn versprechen, dank des Fehlens einer fingerschonenden Lederschicht, einschneidende Erlebnisse. Und dann diese Gestalten. Sie kommen aus Osnabrück, Darmstadt, Bochum oder Dresden und erzählen sich vom Schichtdienst, von drallen Blondinen aus Männerzeitschriften und von Wirtshausschlägereien. Bleiche, untersetzte bis feiste Körper, teilweise dicht behaart, teils fragwürdig tätowiert. Schweißüberströmt warten sie finster dreinblickend auf den nächsten Zweikampf. Dann wuchten sie ihre massigen Körper entschlossen zum Hakelhocker, spucken einmal auf den glühenden Ofen und legen alles rein was sie haben, ohne Rücksicht auf Verluste und ohne abschließendes Shake Hands.

Zwei der Gestalten im unterklassigen Schwitzkasten sieht man an, dass sie hier eigentlich nicht hingehören wollen. Sie sind noch nicht lange hier unten. Ihre Körper sind etwas definierter, sie riechen noch ganz leicht nach Traube oder Zimt und sie sind stets bemüht, sich die triefend nassen Haarsträhnen aus dem Gesicht zu streichen und immer wieder neu und akkurat zu scheiteln. Bei den hiesigen Gesprächen halten sie sich meist raus und schielen stattdessen permanent Richtung Ausgangstür, neben der sie schon seit geraumer Zeit verharren. Doch immer wieder müssen sie ihren Sitzplatz neu erkämpfen, im Hakel-Duell mit den durchtriebenen, verwegenen Kontrahenten, für die sie sich insgeheim eigentlich zu schade sind und denen sie rein konstitutionell überlegen sein sollten. Dementsprechend groß ist das Gelächter in der gesamten Männerriege, wenn einem der beiden parfümierten Hochwohlgeborenen mal der Finger aus dem Hakelring rutscht und er von einem der vermeintlich minderbemittelten Gegner über den Tisch gezogen wird. Auffallend oft passierte das nun schon. Und in jedem Zweikampf kann es wieder geschehen, denn die unwirtlichen Rahmenbedingungen scheinen die beiden Saunierenden mit Restbräune jedes Mal aufs Neue herauszufordern.

Gegen die kollektive Klassenkeile und für die Rückkehr in gewohnt gepuderte Gefilde gibt es nur ein Mittel, welches in dieser Sportart, auf diesem Niveau einzig und allein zählt: hart erkämpfte Siege. Denn genau jene sind ganz gewöhnliche Siege, in dieser dreckigen Liga.

Und von ebendiesen hat der Hamburger SV jetzt einen mehr. Da darf, nein da sollte man laut jubeln.

Karlsruher SC – VfB Stuttgart 2:1
Natürlich ist es Liebe!

An den Tag, an dem ich sie das erste Mal sah, erinnere ich mich noch so gut, als wäre es gestern gewesen. Es war der 2. September 2007. Ich wollte mal wieder mit einer alten Freundin Cocktails trinken gehen. Das hatten wir seit Ewigkeiten nicht gemacht und da war diese neue, super angesagte Cocktailbar in Bahnhofsnähe. Die Freundin kam nicht direkt aus Stuttgart und solche Abende waren seit dem Ende unserer Schulzeit dementsprechend Mangelware. Ich holte sie vom Bahnhof ab und als wir uns begrüßt hatten, offenbarte sie mir, dass später noch eine weitere Freundin von ihr kommen wollte.

„Tut mir leid, aber ich habe sie echt ewig nicht mehr gesehen. Die ist voll nett, eigentlich." „Eigentlich?", fragte ich skeptisch, weil ich immer skeptisch nachfragte, wenn jemand „eigentlich" sagte, weil es eigentlich nicht „eigentlich", sondern das Gegenteil bedeutete.

„Sie ist speziell, aber super lieb und sie kommt ja auch erst später."

„Ach, was soll's, wird schon nicht so schlimm!", antwortete ich ehrlich. Ganz im Gegensatz zu der Cocktailbar. Es war wirklich der räudigste Laden, in dem ich seit Jahren war, und das hing nicht mit meinem neuen akademischen Anspruch des eingeschriebenen Studenten zusammen. Der einzige Vorteil war, dass in den ekligen Cocktails so viel Alkohol war, dass es wenigstens nach zwei Zombies angenehm schepperte. Und sonst war der Abend ja wirklich schön. Ein Teelicht nach dem anderen brannte ab und ein Nacho-Teller gab dem anderen Nacho-Teller die Hand, bis mir irgendwann die Freundin der Freundin einfiel.

„Sag mal, wollte die nicht noch kommen?"

Und wie auf Kommando klirrten in der Nähe des Eingangs Gläser und zerbarsten zu Scherben. Verbaler Tumult entstand und als sich dieser wieder legte, stand sie plötzlich an unserem Tisch. Eine Erscheinung in rot und weiß und das war nicht untertrieben. Rot-weiß das Oberteil, das sie trug, rot-weiß die Bemalung in ihrem Gesicht, der Rest war blau. Die Freundin hatte eine Fahne, die mich direkt mit besoffen machte. Lallend umarmte sie uns, zeigte in Richtung Eingang und küsste die Wangen der Freundin, die mich entschuldigend anblickte. Ich konnte mir ein Lachen nicht verkneifen. Mit Fußball konnte ich so gar nichts anfangen, aber die Faszination, die der Fußball auf Menschen haben konnte, faszinierte mich schon.

Wir redeten die ganze Nacht. Meine Schulfreundin, die ihren letzten Zug kriegen musste, war schon lange weg und um uns herum wurden die Tische gewischt und die Stühle hochgestellt. Als man uns allmählich hinaus komplimentierte, hatte ich mehr über Fußball erfahren als in meinem bisherigen Leben zuvor. Die Zusammenfassung war, dass es der schlimmste Tag des größten VfB-Fans war. Erst ein paar Stunden vorher hatte der amtierende Meister aus Stuttgart sein Spiel gegen den badischen Rivalen aus Karlsruhe verloren. Eine Schmach, eine Schande, der schlimmste Tag ihres Lebens. Als wir die Bar verließen, hatte ich schon den Entschluss gefasst, sie nach Hause zu bringen. Dankend hakte sie sich unter und glich gemeinsam mit meiner rechten Seite das abnehmende Torkeln aus. Der Morgen graute schon. Vor ihrer Tür schaute sie mich an:

„Tut mir leid, wenn ich euren Abend versaut habe", sie griff in meine Jackentasche und zog mein Telefon heraus.

„Aber wenn du vielleicht irgendwann nochmal Lust hast, mich zu treffen, wenn ich nüchtern bin, und du mir dann auch ein bisschen was von dir erzählen willst, dann würde ich mich freuen." Ich grinste und nickte und wollte schon gehen, als sie noch rief: „Aber nicht samstags um 15.30 Uhr, da hab ich Fußball. Und mittwochs ist Champions League."

Ein paar Wochen später waren wir zusammen und am 31.1.2011 zogen wir in unsere erste gemeinsame Bude. Ein leicht zu merkendes Ereignis, denn am gleichen Tag unterschrieb auch ein neuer Spieler einen Vertrag beim VfB, der in meinem neuen Heim für Unmut sorgte.

„Das ist der Idiot, der damals gegen den VfB getroffen hat, als wir uns kennengelernt haben."

„Echt, ist doch gut!"

„Gut? Soll ich meine Sachen wieder packen?"

„Beruhige dich! Ohne sein Tor und die schlimmste Niederlage und Schmach deines Lebens hätten wir uns vermutlich nie kennengelernt. Also: gut!"

Mit Fußball habe ich mich übrigens trotzdem nie anfreunden können. So richtig kann ich dem nichts abgewinnen. Meine Freundin mag recht haben, dass ich mich auch nie darauf eingelassen habe, aber einem Haufen Millionäre beim Ballspielen zuzuschauen? Da fällt mir wirklich Besseres ein. Aber ich weiß, dass meine Freundin am Spieltag ein Bierfrühstück mag, auch wenn sie es mir jeden Samstagmorgen im Bett nochmal sagen muss. Ich kann mir weder Vereine, noch Spieler oder Ergebnisse merken, geschweige denn wann sie spielen. Es gab schon Tage, da habe ich sie besorgt angerufen, um zu fragen, wo sie denn blieb, bis mir der Geräuschpegel im Hintergrund Klarheit verschaffte. So bin ich mit meiner Freundin zusammen durch die Hochs und Tiefs der jüngeren VfB-Vergangenheit gegangen, aber was ich letzten Sonntag erlebte, war mir auch nach 13 Jahren neu. Im Vorfeld hatte ich in der Zeitung von der Neuauflage des baden-württembergischen Derbys gelesen und wollte meine Freundin – sie noch schlaftrunken in den Bettlaken verheddert – mit einer kalten Dose Bier im Bett überraschen, als sie dankend ablehnte. Kein Wort des Lobes, kein Wort der Zuneigung, nur:

„Ich kann nicht mehr, ich kann einfach nicht mehr. Mir ist ganz flau."

„Aber heute spielt doch der VfB!"

„Deshalb ja, ich habe da ein ganz komisches Gefühl. Wollen wir uns nicht einfach ein gemütlichen Sonntag machen?"

„Ohne Dosenbier?"

„Vielleicht mit einem oder zwei?"

„Ohne Fußball?"

„Nur wenn du auch mitguckst, sonst schaffe ich das nicht."

Nach zwei Stunden Fußball hatte ich kein Gefühl mehr in der Hand und ein gezerrtes Trommelfell. Die Stimmung bei meiner Freundin war so semi. Mit den Worten „Ich brauche mal eben einen Moment" ging sie auf dem Balkon und rauchte seitdem Glimmstängel nach Glimmstängel und eigentlich rauchte sie gar nicht. Naja, eigentlich. Ich hingegen war wie gebannt von dem Spiel und der Spannung und ich spürte die kleine Wut hinter meinem Zwerchfell, weil die Stuttgarter verloren hatten. Weil sie nicht hätten verlieren müssen, niemals hätten verlieren dürfen. Und dann auch noch gegen Karlsruhe, ausgerechnet Karlsruhe.

„Siehst du, was ich meine?" Meine Freundin war wieder ins Zimmer gekommen und schaute mich aus traurigen Augen an.

Ich nickte und hatte die Befürchtung, nun auch infiziert zu sein. Das Spiel war eine Katastrophe gewesen und es gab gute Gründe, nicht allzu optimistisch in die Zukunft zu schauen, aber verloren war bis auf dieses Spiel noch nichts. Ich blickte meine Freundin an, wie sie in ihrem rot-weißen-Dress und dem rot-weißen Gesicht da stand.

Natürlich ist es Liebe!

32. Spieltag

Hamburger SV – VfL Osnabrück 1:1
Wuuuusaaaaa

Meine Ohrläppchen sehen aus wie Kirschen und sind auf die dreifache Größe angeschwollen, aber ich bin fast komplett ruhig. Wuuusaaaa, endlich ernte ich die Früchte meiner auferlegten Therapie. Ich rege mich nicht mehr auf. Aber wo sind meine Manieren?

Herzlichen Glückwunsch! Herzlichen Glückwunsch, Arminia Bielefeld. Herzlichen Glückwunsch für das Tun, das getan werden muss. Die 2. Liga ist mittlerweile das Auffangbecken gescheiterter Traditionsvereine und Fahrstuhlmannschaften, aber dass nicht jede Mannschaft eine Fahrstuhlmannschaft sein kann, beweist die Arminia. Und mit Fahrstuhlmannschaft meine ich schon die Mannschaften, die wie ein Fahrstuhl in regelmäßigen Abständen runter und wieder hochfahren und wieder runter und wieder hochfahren. Der VfB Stuttgart ist auf dem besten Weg eine Fahrstuhlmannschaft zu werden (runter, hoch, runter, bald hoch), der HSV – runter, immer noch unten, immer noch unten? Vielleicht hätte sich der HSV etwas bei der Arminia abschauen sollen z. B. Konstanz (Anm. d. Red. und für die Norddeutschen: damit ist nicht die Stadt am Bodensee gemeint, denn im Süden sagt man „Konschtanz", ja, ja, fragt nicht), statt – wie ich als gemeiner Fan – den Druck auf den Tabellenführer abzuwälzen. Ich höre mich in der Winterpause noch sagen: „Jetzt warten wir mal ab. Mit dem Druck müssen die erst einmal umgehen." Sind sie, richtig gut sogar und nun sind sie verdient aufgestiegen. Jetzt muss ich nicht zu Lobeshymnen ausholen, weil es genug prominente Arminia-Fans gibt, aber ich habe doch gerade so wenig zu loben, dass ich auf einen Fakt noch hinweisen möchte.

Nach dem 17. Spieltag der Saison 2018/19 lag Arminia Bielefeld auf dem 14. Platz. Nach dem 34. Spieltag waren sie 7. Nicht schlecht und mit anderen Worten: 2. Platz der Rückrundentabelle. Ohne Recherche lasse ich mich hier und jetzt dazu hinreißen zu behaupten, dass Arminia Bielefeld die beste Zweitligamannschaft der letzten 1,5 Jahren, war und ist (inklusive der Absteiger und Aufsteiger der Saison 2018/19). Damit schließe ich die Beweisaufnahme, gute Nacht!

Schreibe ich, knete meine Ohrläppchen und entscheide mich anders. Ich muss hinabsteigen in das finstere Tal. Wuuusaaa!

Am letzten Wochenende hatte sich der HSV – dahingestellt wie – einen neuen Matchball erspielt. Der Aufstieg lag wieder in der eigenen Hand. Drei Spiele am Stück noch gewinnen, eines gegen den bis dato fast Tabellennachbar Heidenheim, kein Selbstläufer, aber wer in die Bundesliga aufsteigen will, der kann das vielleicht und will das auch. Anders gesagt: Wer Heidenheim nicht schlägt, der schlägt auch Schalke 04 nicht. Wiederum anders gesagt: Wer aufsteigen will, der muss auch Spiele gewinnen. Aber das macht der HSV ja nicht. Es ist doch seit Jahren die immer und ewig gleiche ... Wusa, Wuuusaaaaa! In die Ecke bekommt ihr mich nicht mehr. Bin schon wieder bei meinem Ruhepuls. Macht doch auch nichts. Die 2. Liga kann schön sein, wenn man sich damit anfreundet. Fürth, Regensburg und Aue samt Wortspielen doch tolle Adressen. Zweimal pro Saison gegen die gewinnen und wir können uns nochmal unterhalten. Aber was rede ich? Was heute hier geschrieben, wird mir morgen um die Ohren gehauen. Noch ist ja alles drin, auch wenn der VfB in dieser Minute das 4:0 (in der 32. Minute!) schießt. Ab Sonntag geht die Saison in die wirklich heiße Phase. Dann zählt es. Auge um Auge. Alles auf null. Alle Spiele starten zeitgleich inklusive spannender Konferenz in der Sportschau.

Mit knallroten Ohrläppchen erinnere ich mich an meine erste Konferenz. Das war 1996 und der HSV weit weg vom Abstieg. Sogar auf dem Weg nach Europa. 4:1 gewann der HSV damals gegen die Frankfurter Eintracht und Air Bäron freute sich mit Spieler des Spiels Hasan Salihamidzic über je einen Doppelpack. Aber das wollte ich nicht erzählen, sondern den Krimi im Keller. Leverkusen gegen Kaiserslautern. Hätte Kaiserslautern gewonnen, wäre Leverkusen abgestiegen und alles lief nach Plan. Pavel Kuka, der Mann mit der Föhnfrisur, hatte früh getroffen, ehe in der 82. Minute der Ausgleich fiel. Lautern musste absteigen. Jeder kennt das Bild der Altweltmeister Brehme und Völler, wie sie Arm in Arm freundschaftliche Tränen vergossen, aber ich erinnere mich an das Bild des jungen Thomas Hengen. Herzerweichend kniete er auf dem Boden und weinte. Ich hatte ein Faible für ihn, weil er eine ziemlich coole Frisur hatte. Aber dass mich der Abstieg so sehr berührte, zeigte mir erst die Faszination Fußballkonferenz.

Das und mehr erwartet uns also an den nächsten zwei Spieltagen und gerne lasse ich mich eines Besseren belehren, aber schocken kann mich nichts mehr.

VfB Stuttgart – SV Sandhausen 5:1
Muffensausen vor Sandhausen

Eigentlich könnte mein Text jetzt schon zu Ende sein. Die Überschrift spricht Bände und bringt die derzeitige Situation auf den Punkt. So weit ist es gekommen, mit dem ruhmreichen VfB. Drei Spieltage sind noch zu spielen, die Konkurrenten aus Hamburg und Heidenheim haben am Vortag jeweils nur unentschieden gespielt – der VfB hat den gerade aus der eigenen Hand gegebenen Aufstieg nun wieder in selbiger. Man könnte kurz aufatmen oder ob der Patzer der anderen Aufstiegsaspiranten still in sich hinein lächeln. Man könnte Energie aus dem eigenen augenscheinlich ungleich leichteren Restprogramm ziehen. Stattdessen greift vor dem „ersten von drei Endspielen" allerorten Resignation und Angst um sich. Einen Sieg traut dem VfB kaum jemand zu. Gründe hierfür gibt es zuhauf. Der zuletzt nicht sichtbare Wille und die wiederholt an den Tag gelegte fehlende Einsatzbereitschaft stehen wohl über allen. Zu allem Übel ist mit Wataru Endo der Spieler, dem man in ebenjenen Bereichen die wenigsten Vorwürfe machen konnte, gelbgesperrt und Spielmacher und Unterschiedsspieler Daniel Didavi weiterhin verletzt. Sandhausen dagegen kommt in Bestform: Zuletzt drei Siege und ein Unentschieden (gegen die mittlerweile aufgestiegenen Bielefelder) sprechen eine deutliche Sprache. Sandhausen ist der gefühlte Favorit, Sandhausen ist der Angstgegner.

Stuttgart steht im Regen
Kurz vor Anpfiff ergießt sich ein Wolkenbruch über der Arena, sinnbildlich für all das, was in den letzten Tagen nach der Derby-Niederlage auf den VfB eingeprasselt ist. Die Spieler stehen da wie begossene

Pudel, denen man zusätzlich noch öffentlich den Kopf gewaschen hat – sollten sie eigentlich. Stattdessen sieht man beim Warmmachen einen grinsenden Holger Badstuber, einen redseligen Orel Mangala, einen amüsierten Atakan Karazor. Sieht so ernsthafte Fokussierung aus? Der Trainer hat obendrein die Startaufstellung wild durcheinandergewirbelt. Na, das kann ja heiter werden. Spoiler: Wird es auch.

Die Logik der Unlogik
Das Schlachtfeld ist also vorbereitet. Die Fans bruddeln sich zuhause warm. Der VfB muss sich jetzt nur noch seinem Schicksal fügen, konzeptbefreit anrennen, entscheidende Fehlpässe spielen, nach Ballverlusten hadern, irgendwann den 0:1-Rückstand kassieren. Dann würde Materazzo verzweifelt wechseln und in der Schlussphase kontert Sandhausen einmal flüssig – 0:2. Dann womöglich noch eine unnötige rote Karte gegen González. Aus die Maus. Aus, der Traum. Ausgerechnet heute kommt alles anders. Ganz anders.

Sechs neue Spieler stehen im Vergleich zum letzten Spiel auf dem Platz – doch die gesamte Mannschaft wirkt wie ausgewechselt. Es scheint so, als wäre der Geist des gesperrten Endos in alle auf dem Platz stehenden VfB-Spieler gefahren: Es wird gekämpft, gerannt, es wird mutig kombiniert, man kreiert Torchancen und nach einer halben Stunde führen die Stuttgarter mit 4:0. Ein Kopfball, ein Fernschuss, ein Eigentor, ein Elfmeter. Vier Tore hatte der VfB bislang noch in keinem Spiel geschossen. Am Ende steht ein 5:1 auf der Anzeigetafel. Am Tiefpunkt der Rückrunde gelingt der höchste Saisonsieg. Ungläubiges Augenreiben allenthalben.

Keine Ursache
Lediglich ein paar waschechte Wutbürger bruddeln im Anschluss an dieses Spiel noch in ihren bierernsten Bart. Alle anderen fragen sich ein und dieselbe Frage: Was war der Grund für diese rauschartige Vorstellung des VfB? Lag es an der irrsinnigen Lockerheit, die Materazzo dem Vernehmen nach in seiner Kabinenpredigt beschworen hatte? Greift hier endlich einmal die Metapher des angeschlagenen Boxers? Oder war vielmehr der Umstand ursächlich, dass das verlorene Derby den Ruf ohnehin schon ruiniert und demnach nicht(s) mehr zu verlieren war?

Viel drängender als die Ursachenforschung mutet der Blick nach vorne an. Führende Sportmedien sehen den Sieg als großen Schritt Richtung großem Ziel. Leicht zu sagen und zu schreiben, wenn das Momentum so klar auf der schwäbischen Sonnenseite zu liegen scheint. Dabei sollte nicht nur regelmäßigen Lesenden dieses Mediums klar sein, dass dieser Verein in dieser Saison mehr Prognosen widerlegt als Standardsituationen zum eigenen Mann gebracht hat. Sicher ist nur, dass nichts sicher ist und dass bei der Frage, ob die unlogischen Ereignisse logisch fortgesetzt werden oder der Logik folgend Unlogisches eintreffen wird, sich die Katze in den Schwanz beißt.

Zumal der nächste Gegner 1. FC Nürnberg heißt und zu sämtlichen Wahrscheinlichkeitsrechnungen noch eine parallele Variable hinzufügt: Auch Nürnberg vergeigte jüngst das Franken-Derby gegen Fürth und fegte anschließend vollkommen unerwartet den SV Wehen Wiesbaden mit 6:0 vom Platz.

Showdown

So gesehen treffen am Sonntag die Mannschaften der Stunde aufeinander im Duell der wundersam wiedererstarkten Kampfsportler. Wem von beiden in der vorletzten Runde ein weiterer Wirkungstreffer gelingt, mag kein Mensch vorhersagen.

33. Spieltag

1. FC Heidenheim – Hamburger SV 2:1
Einerseits Andererseits

„Abpfiff! Zwei zu eins!" Von hinten höre ich einen unverhofften Juch-
zer. „Kerschbaumer. Neunzig plus fünf. Unfassbar." Auf meiner Rückbank wird gefeixt. Auch ich grinse ungläubig in mich hinein, denn ich
weiß, dass dieses Ergebnis mit an Hochsicherheit grenzender Wahrscheinlichkeit den direkten Aufstieg für meine Lieblingsmannschaft
bedeutet. Und schon bin ich, nach einem fußballbefreiten Outdoorwo-
chenende, wieder im Gedankenbann des runden Leders – und damit
inmitten eines eigentümlichen Emotionsempfindens. Während ich das
Auto mit seinen geplätteten Fahrgästen durch eine hessische Hügel-
landschaft steuere, ertappe ich mich bei durchweg widersprüchlichen
Gefühlswallungen. Einerseits ist da so etwas wie schlussendliche Befrie-
digung, wohlig wummernd im Brust(ring)bereich. Andererseits liegt
da auch ein seltsamer, rundstückgroßer Kloß in der Magengrube. Ein
Schlag in dieselbige muss das gewesen sein, dieses Tor in der Nachspielzeit.

Was? Was war das? War das etwa Mitgefühl? Mit dem Konkurrenten? Mit dem größten Konkurrenten, dem Klassenfeind, dem hochwohlgeborenen Hamburger Sportverein, deren überhebliches Selbstverständnis ich nicht nur einmal belächelt und dem ich dereinst den
Abstieg aus tiefstem Herzen gegönnt hatte? Ich fasse es nicht.

Aber nein, ich habe kein Mitleid mit diesen Spielern, auch nicht nach
dem wasweißichwievielten Gegentreffer in der Nachspielzeit. Irgendwann muss man das doch wohl mal in seinen Kopf bekommen, dass das
Spiel eben schon lange nicht mehr nur exakt 90 Minuten geht. Chancen,
den prall gefüllten Sack zuzumachen, gab es im Saisonverlauf mehr als
genug. Genauso wie spielerisches Potenzial.

Und auch die Trainer, Betreuer und Funktionäre bedauere ich nicht
besonders. Insbesondere die Letztgenannten haben es auch in dieser
Saison wieder einmal nicht geschafft, eine Spielzeit ganz ohne interne

Querelen über die Bühne zu bekommen und damit ihre Arbeit eben nicht tadellos erledigt. Nein, mit ihnen fühle ich nicht.

Doch da gibt es noch diejenigen, für die der HSV nicht nur ein Job ist. Diejenigen, die man im Stadion für gewöhnlich am lautesten hört und die momentan nur tatenlos zusehen können, wie ihr Verein sie enttäuscht. Und für die tut es mir tatsächlich leid.

Ein Jahr der regelmäßigen Berichterstattung über einen mir einst sehr zuwider erscheinenden Club sind offensichtlich nicht spurlos an mir vorbeigegangen. Doch es sind weniger die vielen gelesenen Spielberichte und Interviews, die meinen Horizont verschoben und meine Sensibilität ungeahnt erhöht haben. Es sind die Begegnungen mit den Fans – in Foren, in Kommentarspalten, in Blogbeiträgen und ganz real. Menschen, die sich einem Verein verschrieben haben, den sie sich nur bedingt ausgesucht haben. Menschen, die gerade in Phasen wie diesen hingebungsvoll hoffen und die ganz allgemein die Gemeinschaft des Sports schätzen. Menschen, die vielleicht gerne Bier trinken. Menschen, die man nicht verachten kann, weil man sie kennen und manche sogar schätzen gelernt hat. Menschen wie Du und Menschen wie Ich.

Derart empathietrunken brause ich also weiter durch die Mitte Deutschlands. Wie es das Schicksal zufälligerweise will, befindet sich mein Vehikel exakt zwischen Stuttgart und Hamburg. Die Straße steigt tendenziell an, denn es geht Richtung Süden und damit dahin, wo der fast sichere Aufsteiger herkommt und der derzeitige Relegationsplatzinhaber auch. Zuhause werde ich mir die Zusammenfassung des Spiels ansehen und dabei Jubelszenen der siegreichen Heidenheimer zu Gesicht bekommen, wie sie enthusiastischer kaum sein könnten. Da knallten im Überschwang schon die sprichwörtlichen Korken, während die Hamburger, vor lauter teilnahmsloser Tristesse, vorübergehend den letzten Strohhalm vergaßen, den sie mit freundlicher Unterstützung des Zweitligameisters Bielefeld noch erreichen könnten.

Vielleicht war es also auch zu früh, mit den Beileidsbekundungen meinerseits und die Realität wird schon in wenigen Tagen die Emotionen allerorts wieder andersartig eichen. Doch dieser schriftlichen Momentaufnahme meiner Gefühlswelt stülpe ich zuletzt noch eine möglicherweise pathetische Pointe über, indem ich sie zur Metapher erhöhe. Eine Metapher für die verbindende Kraft des Fußballs, die über Vereinsgrenzen hinweg Mitgefühl sät und Freundschaften nährt.

Meine Mitfahrenden schlafen und so fahre ich zufrieden lächelnd in den Sonnenuntergang ...

1. FC Nürnberg – VfB Stuttgart 0:6
Randale-Rudi

Der größte Jubel kam, als das Spiel schon vorüber war. Summa Summarum waren es drei Schreie. Der erste Schrei war hoch und spitz. Der zweite ein anhaltendes dumpfes Dröhnen „Jiiiiiaaaaaaaaaarrhhhhhhhhhhh", gefolgt von einem gepressten „Jiarrrh," und einem, seinem Namen alle Ehre machend, angeschlossenen „verdammt nochmal!"

In der kurzen Zeit, in der ich hier nun wohnte, hatte ich genau diese Emotionalität von Randale-Rudi schätzengelernt. Es war zu meiner liebsten Angewohnheit geworden, nicht mehr die VfB-Spiele selbst zu schauen, sondern mir den Spiel- und Saisonverlauf über die Reaktion meines Nachbars im Erdgeschoss des gegenüberliegenden Hauses zu erschließen. Problemlos hätte ich ein Verhaltensprotokoll erstellen können. Dieses, der aktuellen Saison des VfB gegenübergestellt, könnte neue wissenschaftliche Erkenntnisse in der Verhaltensforschung liefern.

Es hatte einige Wochen gedauert, bis mir der Nachbar aufgefallen war. Das lag vor allem daran, dass er nicht sehr auffiel. Das grobe Karohemd steckte meist in einer sandfarbenen Cordhose, passend dazu die schon etwas ausgelatschten, aber noch guten Slipper. Das wusste ich so genau, weil es diesen unheimlichen Moment im Supermarkt gegeben hatte. Plötzlich stand Randale-Rudi vor mir.

„Entschuldigen Sie? Darf ich mal?", fragte er freundlich und griff sich zielstrebig die Dosenerbsen und eine Packung Gemelli-Nudeln. Ich hatte schon eine gefühlte Ewigkeit vor dem Regal gestanden und erst überlegt, welche Nudeln es sein sollten, dann, warum es so viele gab und irgendwann nur noch versucht, Löcher ins Regal zu starren. Dass Randale-Rudi vor mir stand, mich ansprach und mit einer schweren Nikotin-Fahne abdampfte, gab mir den Rest. Er hatte nicht den Eindruck gemacht, mich erkannt zu haben, und vermutlich hatte er das auch nicht. Die Flaschenböden, die er als Brille trug, schienen die Erklärung zu sein. Aber ohne Zweifel, das war er – Randale-Rudi!

Randale-Rudi hieß natürlich nicht wirklich Randale-Rudi. Vermutlich war nicht mal Rudi richtig, aber der Name passte zu ihm. Ich hatte ihn kennengelernt, als das Gefluche und Geschreie, passend zum sonntäglichen 13:30 Uhr-Spiel, mein Interesse weckte. Einige aufmerksame Blicke und schnell hatte ich den Ursprung des Geschreis entdeckt. Nicht schwer, war es doch das einzige Fenster, das im Winter sperrangelweit offenstand. Und von drinnen das Gedröhne und Kommentieren.

„Du Blinze, du elende. Willst du den Ball ins Tor tragen, dorr? Annehmen, drehen, schießen. Kann doch nicht so schwer sein."

„Du Söldner, du elender. Willst du wissen, was Loyalität ist? 65 Jahre Mitglied beim SV Heslach. Ehrenspielführer! Und glaub nicht, dass der VfL Kaltental mich nicht wollte. Aber ich bin geblieben, auch wenn es mal nicht so lief. Das lag nicht nur daran, dass die da oben keinen graden Platz haben. Nee, Kollege Schmalfuß."

Das alles in einer Lautstärke, die nicht zu überhören war. So hatte ich die Hochs und Tiefs der Saison miterlebt. Bei Niederlagen stand er nach dem Spiel noch eine weitere Halbzeit am Fenster und rauchte eine halbe Schachtel Zigaretten. Nach Siegen auch. Schnell waren seine beiden Laster also klar: Rauchen und Fußball.

Von da an stellte ich also sicher, dass ich am Spieltag an meinem Fenster stand und zu ihm runter schaute. Durch Randale-Rudis geöffnetes Fenster konnte ich noch den oberen rechten Rand seines Fernsehers erkennen. Davor sein großer Fernsehsessel, den ich wie eben auch Randale-Rudi im Halbprofil sah. Die intensive Beobachtung schenkte mir die Möglichkeit, die Explosionen von Rudi schon anhand des Luftholens vorauszudeuten. So war es mir zum Ende schon möglich vorherzusagen, wann er wirklich platzte und wann das energische Luftholen in einem resignierenden stimmhaften Ausatmen mündete und die schmalen Schultern tief nach unten sanken. Der Mann lebte VfB. Es war eine Hassliebe, die sich bedingte und ausschloss.

„Das gibt es doch gar nicht, du Nichtskönner."

„Hast du deinen Trainerschein auf dem Jahrmarkt gewonnen?"

In der letzten Woche war es dann erstaunlich still bei ihm. So still, dass ich sogar bis zu mir den Kommentator im Fernseher hören konnte. Nur einmal war da Randale-Rudi.

„Na klar, na klar, ohne könnt ihr nicht, oder was? Oder WAAAAAS?" Dann war wieder Stille. Vier oder fünf Mal sah ich ihn von hinten zusammenzucken, als hätte sich ein Magengeschwür bemerkbar gemacht. Ich war einigermaßen erstaunt, als der Kommentator am Ende den Endstand durchgab. 5:1 gewonnen. Randale-Rudi stand länger als normal nach dem Spiel am Fenster und rauchte mehr Zigaretten als normal. Stumm schüttelte er im Takt seiner Züge den Kopf.

„Das kann doch alles nicht wahr sein, das ist doch nicht die Möglichkeit."

Und jetzt dieser Schrei. Wieder zuckte der alte Mann während des Spiels zusammen. So viel und so oft, als hätte er einen epileptischen Anfall. Es war 15:21 Uhr, als der Schiedsrichter das Spiel abpfiff, und es war 15:22 Uhr, als Rudis Schreie erklangen, und 15:23 Uhr, als Randale-Rudi in seinem Element am Fenster stand und schrie.

„Kann man denn so doof sein, HSV? Ihr seid doch zu blöd zum Aufsteigen. Wieder so ein Ding in der Nachspielzeit. Ich glaube es nicht, solche Idioten."

Als Randale-Rudi fertig gemeckert hatte, wurde sein Blick ganz glasig und fixierte das Nichts. Dann schlug er sich mit der leicht geformten Faust gegen die Brust. „Mein VfB, mein VfB." Und eine Träne kullerte seine Wange hinunter.

Es war wirklich Unglaubliches passiert.

Mit einem 6-Punkte-11-zu-1-Tore-Endspurt steigt der VfB Stuttgart praktisch nach zwei Jahren Abstinenz wieder in die Bundesliga auf. Die Relegation ist zwar theoretisch noch möglich, dass aber der 1. FC Heidenheim am letzten Spieltag 12:0 gegen den Meister aus Bielefeld gewinnt wohl eher nicht.

34. Spieltag

Hamburger SV – SV Sandhausen 1:5
Jetzt muss nur noch Diekmeier treffen

Stimme aus dem Off: Insgeheim habe ich 33 Texte lang überlegt, wie dieser letzte Text wohl aussehen würde. Natürlich habe ich an einen Party-Text gedacht, an die glorreiche Rückkehr, an Jubelorgien. Ich habe mir ausgemalt, wie es der HSV dem 1. FC Kaiserslautern 1997/98 gleichtun würde und als Aufsteiger Meister wird. Eine kleine Stimme in meinem Kopf, wollte aber auch das Drama. Der HSV sollte also nicht schon am 27. Spieltag die Meisterschaft feiern, aber doch den direkten Aufstieg schaffen. Also mehr Komödie als Tragödie! Und was habe ich bekommen?

I. Akt: Exposition (Einführung)

Ein Mann kommt auf die dunkle Bühne und tritt in einen Lichtkegel.

ERZÄHLER: Hier in Hamburg, wo die Handlung spielt, beginnt es, das Drama. Das Ausmaß ist nicht abzusehen, aber sehen Sie selbst.

Der Erzähler deutet hinter sich auf die Leinwand. Es flackern in endlosen Sequenzen die Eigentore und Gegentore in der Nachspielzeit auf. HSV-Spieler mit hängenden Köpfen.

ERZÄHLER: (mit emotionsloser Stimme) Am 26. Spieltag, dem ersten Spieltag nach der Corona-Pause, bekam der HSV als Tabellenzweiter, in der Nachspielzeit gegen Fürth noch das 2:2 und verschenkte so zwei Punkte. Es folgte ein Unentschieden gegen den Tabellenführer und eine Niederlage gegen den direkten Konkurrenten aus Stuttgart. In diesem Spiel drehten die Schwaben einen 0:2-Rückstand. Der Siegtreffer fiel natürlich in der Nachspielzeit.

II. Akt: Steigende Handlung

Die Leinwand wird schwarz. In schwarz-weiß eine Best-of-Collection aller Fast-Tore von Dennis Diekmeier.

ERZÄHLER: Geschichten, die nur der Fußball schreibt. Wunder geschehen immer wieder. (singt) Oh, wie ist das schön! Nach 294 Profispielen war es am 26. Mai 2020 endlich soweit. Der ehemalige HSV-Spieler Dennis Diekmeier hatte sich nicht nur in Kürze zum Leistungsträger und Kapitän der Sandhausener aufgeschwungen, nein, auch noch eine weitere Sache konnte er im beschaulichen Sandhausen korrigieren. Ein Makel lag nämlich noch immer auf der Karriere des extravaganten Vaters von Delani, Dion, Dalina und Divia. In 294 Profispielen war ihm noch kein Treffer gelungen. Bis zu ebenjenem 26. Mai 2020, als Diekmeier nach einer Flanke einen Ball mit dem Kopf ins Tor verlängerte. Das Ende einer endlosen Durststrecke. Die Fußballwelt stand Kopf.

Orts- und Szenenwechsel. Die Leinwand färbt sich grün.

ERZÄHLER: Währenddessen spielte sich auch in der Bundesliga Unglaubliches ab. Denn plötzlich war der böse Rivale aus Bremen mitten im Abstiegskampf und stand mit 22 Punkten und 5 Punkten Abstand auf die Relegation auf einem Abstiegsplatz. Damit hatte vor der Saison keiner gerechnet. Es folgte bis zum 34. Spieltag ein Auf und Ab mit Siegen, Unentschieden und Niederlagen, aber dann am 34. Spieltag, die kleine Befreiung. Mit einem fulminanten 6:1 schoss sich der SV Werder Bremen gegen Köln auf den Relegationsplatz. Übrigens, Fortuna Düsseldorf musste dafür absteigen. Ein Unhold, wer hier Böses denkt.

III. Akt: Klimax (Höhepunkt)

ERZÄHLER: Aber kommen wir zurück zu unserem Protagonisten, unserem Helden, wenn man so will. Nach der bitteren Niederlage gegen die Stuttgarter schienen die Hamburger das Vergangene aus den Klamotten geschüttelt zu haben. Oder doch nicht? Sehen Sie, schauen Sie, gucken Sie: Gegen Wiesbaden gibt es einen Dreier, toll, toll. Aber eine Woche später gegen Kiel wieder ein spätes Gegentor und nur ein Remis. Aber nach dem Remis ist vor dem Sieg und plötzlich steht der HSV doch wieder auf dem überraschenden zweiten Platz und hat die Möglichkeit, den Aufstieg nun in Eigenregie fix zu machen. Diese 2. Liga, eine Mischung aus Wahnsinn und Unvermögen. Das Problem ist nur: Unser Held ist dem Druck nicht gewachsen.

IV. Akt: Retardierendes Moment (Handlung verzögern, Spannung aufbauen)

ERZÄHLER: Mit einer besseren Tordifferenz und einem Punkt Abstand könnte der Aufstieg selbstständig erreicht werden, aber die Nerven machen nicht mit. Ein mageres 1:1 gegen den damaligen 14. Platz, während die Stuttgarter Sandhausen mit 5:1 vom Platz fegen. Der HSV wieder nur Dritter. Am vorletzten Spieltag dann das Drama im Drama und der freie Fall des Helden. Nach einer 1:0-Führung verspielt der HSV diese und den Relegationsplatz. Wieder ein Nackenschlag in der Nachspielzeit. Ein Déjà-vu aus der Vorsaison. Der Gegner und direkte Tabellennachbar Heidenheim zieht vorbei. Der HSV hat den Aufstieg und nicht einmal die Relegation in der eigenen Hand, muss nun auf eine Niederlage der Heidenheimer hoffen und selber sein Spiel gewinnen. Zu allem Überfluss schwebt das Damokles-Schwert „SV Werder Bremen" als Relegationsgegner über den Hamburgern. Die Bremer rieben sich schon die Hände und wünschten sich den „Lieblingsgegner" HSV.

V. Akt: Katastrophe

Auftritt Clemens, Benedict, Ich

CLEMENS: (vor Spielbeginn) Ey, wenn der HSV es heute doch durch ein Wunder schafft, haben sie die Chance, in einer Saison gegen die größten Rivalen zu enttäuschen und die 2. Liga zu halten. Damit wäre dann wirklich ein Tiefpunkt erreicht. Also wenn sie das alles packen, können sie sich schon wieder auf den Balkon stellen.

ERZÄHLER: Lange habe ich überlegt, ob ich das Spiel in Gesellschaft schauen sollte. Das Schlimmste, was passieren konnte, war, dass der HSV alles vergeigt und nur 4. wird. Wenn alle für den HSV spielen sollten, dann wäre es die Relegation. Einerseits war der HSV Relegationsmeister, andererseits war Bremen prädestiniert, die Hamburger so brutal zu verhauen, dass die nicht mehr aufstehen würden. Unter diesen absurd schlechten Bedingungen konnte ich das Fußballschauen in Gesellschaft riskieren.

Nach 13 Minuten Eigentor vom HSV.

CLEMENS: (wissend) Immerhin führt Bielefeld.

Nach 22 Minuten 2:0 für Sandhausen.

BENEDICT Also ich bin raus!
Benedict ab.

ICH: Jetzt muss nur noch Diekmeier treffen.

Halbzeit. Auftritt Mo.

Mo: Kann man sich alles nicht ausdenken (Regisseur lacht im Off)

Ich: Aber wie würdest du denn so gegen Bremen gewinnen wollen?
             Ne echte Katastrophe

Mo: Nee, keine Chance gegen Bremen. Die verhauen uns auch noch.

Ich: Das haben die so ausdauernd verkackt. Da war echt mehr drin.

Mo: Ja, seit der Corona-Pause ist es vorbei. Nur noch Slapstick.

Erzähler: Auch in der zweiten Hälfte kam nicht viel vom HSV und nur über einen Elfmeter konnte der Anschlusstreffer erzielt werden. Um es nochmal in alle Köpfe zu rufen: Seit Heidenheim gegen Bielefeld zurücklag und letztendlich auch 0:3 verlor, hätte dem HSV ein Unentschieden gereicht und das bedeutete bei einem 1:2-Rückstand nur ein Tor. Aber es fiel das 1:3 und das 1:4 und es begann die Nachspielzeit und nach einer weiteren Slapstick-Einlage stand der ehemalige Hamburger Dennis Diekmeier alleine vor dem Hamburger Tor. Eigentlich wollte er das runde Spielgerät auf die Tribüne bolzen, klärte dann aber in den Winkel.

Mo: Puh. Da haben sie es doch nochmal geschafft, uns zu überraschen.

Erzähler: Amen. Ich war bedient. Die Freunde fragten: „Alles in Ordnung bei dir?" Ich hatte wortlos meine Jacke genommen und die Schuhe angezogen. Besorgt schauten sie hinter mir her, als ich die Tür laut ins Schloss fallen ließ. In der U-Bahn gingen mir die 6 Punkte durch den Kopf, die der HSV seit der Wiederaufnahme der Saison nur in der Nachspielzeit hergegeben hatte. Mit diesen 6 Punkten wäre der HSV als Zweiter aufgestiegen. Wie sollte es weiter gehen? Die Notbremse war auf einmal zum Greifen nah. Ich zog dran und die U-Bahn kam mit einem gewaltigen Ruck zum Stehen. Die Mitfahrenden kreischten und hielten sich an Stangen und Sitzen fest. Mit den Händen drückte ich die Tür auf, wie es auf dem weißen Aufkleber in schwarzer Schrift beschrieben stand. Bevor ich den Wagen verließ, drehte ich mich zu meinen geschockten Mitfahrenden um: „Hier ist Endstation, alles Aussteigen bitte."

Der Mann auf der Bühne, der allem Anschein nach auch der Erzähler ist, dreht sich um und macht Anstalten die Bühne zu verlassen. Dann kehrt er nochmal um und spricht zum Publikum.

ERZÄHLER: Nun kann ich es Ihnen ja sagen: Ich bin der Regisseur, der große Zampano dieser Schmierentragödie. Natürlich alles überspitzt und unrealistisch, man möge es mir verzeihen. Ein Fass ohne Boden. So absurd-unrealistisch. Dafür möchte ich mich bei Ihnen entschuldigen. Sie erhalten an der Kasse ihr Geld zurück und trotzdem hoffe ich, dass Sie mich bald wieder beehren (im Hintergrund erscheint eine Figur von vorher). Zum Schluss setze ich dem Gesehenen Absurditum aber noch die Krone auf, indem ich einen der Protagonisten sagen lasse:

ICH: (berichtend) Diekmeier trifft in Minute 90+2. Besser kann man die ganze Scheißsaison nicht auf den Punkt bringen.

Licht erlischt. Erzähler und Ich ab.

VfB Stuttgart – SV Darmstadt 98 1:3
Versetzungsgefahr

Verdammt! Die Straße schien schneller als gewöhnlich unter seinen Füßen hinweg zu gleiten. Dabei bemühte er sich, nicht schneller als nötig zu laufen, an diesem ungewöhnlich stürmischen Sommertag. In seinen Ohren hallten immer noch die Worte seiner Lehrerin Frau Schenkenberg. „Linus?!", hatte sie in ihrem gewohnt eisernen Tonfall gerufen und ihn mittels eines unmissverständlich stechenden Blicks zu sich ans Pult zitiert. Frau Schenkenberg war eine Pädagogin der alten Schule. Als sie ihm sein Zeugnisheft übergab, konnte sie es sich nicht verkneifen, ihm noch einen Denkzettel mit in die Ferien zu geben: „Aber grad' so, Junge. Im neue' Schuljahr mussch dich dann fei wirklich anstrenge, ge?!" „Ja, ich weiß, Frau Schenkenberg, Danke." Mit schuldbewusst zusammengekniffenen Lippen nahm Linus sein druckfrisches Zertifikat entgegen und trat ab, verließ das Klassenzimmer, die Treppen hinunter, raus auf den Schulhof. Hier traute er sich ein erstes Mal schüchtern die Faust zu ballen.

„Yesss", entfuhr es ihm leise. „Ja, Mann." Das war jetzt schon gut hörbar gewesen, auch weil er sich parallel dazu mit der Hand auf die Brust klopfte. Er war allein und zufrieden mit sich. Das traditionelle Schuljahresabschlusstreffen auf dem Rotenberg, bei welchem er sich im letzten Jahr noch still und heimlich den Sitzen-Bleiben-Frust von der Seele gesoffen hatte, war dieses Jahr aufgrund der pandemiebedingten Kontaktsperre abgesagt worden. Doch er brauchte jetzt keine Party, keine Menschen, keinen Alkohol, um sich siegestrunken zu fühlen. Er war sich sicher gewesen, dass er es packen würde.

Zumindest am Anfang. Alle hatten an ihn geglaubt, an ihn, den Jungen aus gutem Hause, hatten die Ehrenrunde, die er nach einem durch und durch verkorksten Schuljahr drehen musste, auf die gewöhnlichen pubertären Selbstfindungsprobleme geschoben. Sein Vater hatte folglich einige seiner Tätigkeiten in der familieneigenen Kanzlei delegiert, um mehrmals die Woche mit seinem Sohn pauken zu können. Linus bekam darüber hinaus Nachhilfeunterricht in Physik und Gemeinschaftskunde. Viermal im Monat ging er zu Marko Winzner, einem angesehenen Stuttgarter Psychologen und Experten für Mental Health.

Auf seinem Tablet stapelten sich die bestens bewerteten Wissens-Apps und die aktuellsten Übungssoftwares.

In seiner Klasse war er mit dieser pädagogischen Vollausstattung alleine auf weiter Flur. Verglichen mit seinen Klassenkameraden, die teilweise monatelang mit halb zerkautem, halb zerbrochenem Schreibwerkzeug operierten, schien er in sämtlichen Belangen privilegiert. Zu Beginn des nun zu Ende gehenden Schuljahres hatte sich dieser Vorteil auch prompt in guten Noten ausgezahlt. Gewissenhaft brachte er in sämtlichen Klassenarbeiten solide Leistungen aufs Papier. Doch irgendwann im Herbst verkopfte er sich bei einer Mathematik-Klausur zum ersten Mal derart, dass ihm der augenscheinlich leichte Lösungsweg nicht ersichtlich wurde und er keine der ihm gestellten Teilaufgaben zufriedenstellend bewältigen konnte. Linus erinnerte sich bis heute noch gut an das Wirrwarr von Zahlen, an die durchgestrichenen Rechenversuche und daran, dass es der Anfang seiner ganz persönlichen Winterdepression war. Plötzlich fiel ihm schwer, was ihm vorher in den Schoß gefallen war. Immer öfter missriet ihm nun ein Leistungstest. Die Sorgenfalten seiner Lehrerin wurden tiefer, die Ansprachen der Eltern strenger und tadelnder, die Kommentare der Mitschüler gehässiger. Und Linus verlor erst zusehends die Lust am Lernen und anschließend den Glauben an sich selbst. Woche für Woche stümperte er fächerübergreifend unter seinen Möglichkeiten herum. Mehrmals wurde er beim Abschreiben erwischt, obwohl er nur ganz kurz gespickt hatte.

Was wohl geschehen wäre, wenn sein Vater kurz vor Weihnachten nicht Linus eigenwilligen Nachhilfelehrer von seiner Aufgabe entbunden und ihm anstelle dessen einen aufstrebenden Mathematik-Doktoranden an die Seite gestellt hätte? Zumindest kurzfristig war Linus Motivation zurück, die Herangehensweise seines neuen Lernbegleiters taugte ihm. Fortan schrieb er nicht blindlings drauflos, sondern überlegte erst, nahm sich mehr Zeit, die ihm gestellten Aufgaben zu lesen, zu verstehen, sich darauf einzulassen. Er war sich sicher gewesen, den Schlüssel zu seinem Lernerfolg gefunden zu haben.

Doch diese Selbstsicherheit wohnte Tür an Tür mit dem Leichtsinn. Nach und nach schlichen sich wieder Nachlässigkeiten ein. Die Rückschläge kamen, hart und unerwartet und erstaunten ihn teilweise selbst am meisten. Seine Lehrerin schüttelte stoisch und fassungslos ihren

Kopf. Seine Eltern schlugen nun regelmäßig die Hände über dem Selbigen zusammen. Nach einer missratenen Geschichtsarbeit – das Thema war pikanterweise die Entstehung des Südweststaats gewesen – platzte seiner Mutter endgültig der Kragen. Kalte Schauer überzogen seinen Rücken, als er daran zurückdachte. Wutentbrannt hatte sie ihm vorgehalten, wie viel sie schon in ihn investiert und welche Möglichkeiten sie ihm geboten hätten, von denen andere nur träumen könnten, und überhaupt, wie er sich das vorstelle mit dieser Arbeitseinstellung im Leben weiterzukommen und was ihm denn einfiele, die Familienehre so in den Dreck zu ziehen, und dass er sich was schämen und endlich aufwachen und verdammt nochmal seinen Kopf anschalten solle!

Linus hielt kurz inne und blieb stehen. Jetzt wurde ihm gewahr, dass diese Standpauke kurz vor den Abschlussprüfungen gerade einmal zwei Wochen her war. Diese Erinnerung war noch frisch, er fühlte ebenso noch die Angst vor der ersten der drei Examensklausuren. Todsicher war er gewesen, zu versagen, einzubrechen, alle zu enttäuschen. Doch aus ihm bis heute schleierhaften Gründen lief die erste Prüfung gut, um nicht zu sagen sehr gut, um nicht zu sagen exzellent. „Nur nicht drüber nachdenken", hatte er nach dieser Klausur gedacht und mit dieser Attitüde auch die darauffolgende ebenso glanzvoll gemeistert. Fassungslos holte er den Taschenrechner raus und errechnete seinen Notendurchschnitt. Es sollte reichen. An der letzten Klassenarbeit musste er nur noch teilnehmen. Das tat er. Ein paar Lösungswege bot er noch an, dann schaute er vergnügt aus dem Fenster und entschied sich, die letzte Seite des Klassenarbeitspapiers mit einem Gedicht zu versehen. Dies hatte zwar nichts mit der geforderten Leistungserwartung zu tun, sollte aber seinen fehlenden Tatendrang etwas beschönigen. Die romantische Ader hatte er sich insgeheim seit seinem ersten Aufsatz in der zweiten Klasse bewahrt und für den Moment genügte ihm die Stillung seiner kindlichen Bedürfnisse.

Nun war Linus vor seiner Haustür angekommen. Er schloss die Türe auf und ging direkt in die Küche, wo seine Eltern schon beim Mittagessen saßen und ihn erwartungsvoll anblickten. Mit einer betont lässigen Armbewegung zog er das Zeugnisheft aus seiner Umhängetasche und manövrierte es schwungvoll auf den Küchentisch. Die Augenpaare sei-

ner Erzeugergemeinschaft pendelten zwischen den einzelnen Ziffernnoten und ihrem überlegen grinsenden Sohn. Aus ihren erwartungsvol-
len Blicken wich mit jeder Pendelbewegung ein Stückchen der kühlen
Strenge, bis sich schlussendlich die sorgfältig in Sorgenfalten geleg-
ten Stirnen glätteten und auch auf den elterlichen Gesichtern ein güti-
ges Lächeln zu erkennen war. Denn unter den größtenteils unbefriedi-
genden Zensuren stand ein kurzer, aber entscheidender Satz, ein Satz
der den Haussegen, zumindest für die Dauer der Sommerferien, retten sollte:

„Der Schüler wird in die nächsthöhere Klasse versetzt."

Der VfB wird in die nächsthöhere Klasse versetzt. Ohne Auszeich-
nung. Ohne Belobigung. Das spartanisch bedruckte Wiederaufstiegs-
shirt scheint in diesem Licht maßgeschneidert, eine kommunikations-
designerische Meisterleistung. Haken dran – die Mission Wiederaufstieg
ist geglückt. Mund abputzen, weitermachen. Soweit die gängige Devise
derjenigen, die bei der allwöchentlichen Kehrwoche gerne den Fußab-
treter heben, um den Kehricht darunter zu verstecken. Doch nicht nur
jede Lehrkraft, die die Aussagekraft von Ziffernnoten in Frage stellt,
möchte hinter den vorvorletzten Satz noch ein einschränkendes „trotz"
dranhängen.

Die Mission Wiederaufstieg ist geglückt, trotz beeindruckender zehn
Niederlagen, trotz noch weniger gänzlich überzeugender Auftritte,
trotz der Pleite im Derby und trotz des daraus resultierenden Stim-
mungstiefs.

Und damit wären wir auf der anderen Bedeutungsebene der Präpo-
sition. Denn der Klassensprung erfolgte auch trotz des hausgemach-
ten Drucks, der sich im als schwierig geltenden Umfeld traditionell
potenziert, trotz des zwar gut dotierten, aber dennoch wild zusammen
gewürfelten Kaders, in dem kaum ein Stammspieler über tiefergehende
Zweitligaerfahrung verfügte.

Dieser tatsächlich erreichte zweite Platz fühlt sich nicht nach einem
Erfolg an, sondern schmeckt eher nach Erleichterung. Erleichterung,
nach der glanzlosen Erfüllung einer lästigen Pflichtaufgabe, die trotzdem nicht selbstverständlich war. Der VfB ist aufgestiegen, aber noch
lange nicht dort, wo er nach seinem eigenen Selbstverständnis hinge-

hört. Nur einer ist am Ziel seiner Aufgaben, ein Großer. Ein großer Stürmer, ein großartiger Mannschaftsspieler. Mario Gomez beendet seine Karriere und verabschiedet sich mit einem Tor und der erfolgreichen Erfüllung seiner ganz eigenen Mission. Er wollte dem Verein und den Menschen in Stuttgart am Ende seiner ruhmreichen Laufbahn etwas zurückgeben. Es ist ihm geglückt. Er geht als Gewinner, als Aufsteiger, als Sieger der Herzen und als reflektierter, ehrlicher Sportsmann mit unverhohlenem Hang zur Romantik. Der Abgang von Mario Gomez lässt auch mich nicht gänzlich unberührt und so gebühren ihm die letzten Worte meines letzten Textes, die ich ohnehin treffender nicht hätte formulieren können:

„Ich konnte mir schwer vorstellen, was es bedeutet, in der 2. Liga zu spielen und wie das für uns wird. Ich war wirklich davon überzeugt, dass wir durch diese Liga marschieren. Ich wurde eines Besseren belehrt und diese Erfahrung, die ich dieses Jahr gemacht habe, die ist gigantisch (...). Diese Widerstandsfähigkeit, die hat mich überrascht (...). Man kann es nicht vergleichen mit der Bundesliga und das ist wirklich ein Aspekt, über den ich froh bin, ihn erlebt zu haben. Denn: Ich konnte es mir nicht vorstellen."

Nachwort

Aus. Die Saison ist aus, die Laptops klappen zu. Das war's. Am Ende dauerte es tatsächlich fast ein Jahr bis die Spielzeit 19/20 zu Ende gebracht werden konnte. Ein Kraftakt, auch für uns. An 34 Spieltagen sind doppelt so viele Texte entstanden. Mal aufwändig recherchiert, mal frei von der Leber weg. Je nach Tagesform mal nah dran am Spielgeschehen, dann wieder nur mit peripheren Bezügen dazu. Spielplanbedingt stets mit heißer Nadel gestrickt, entwickelten sich manche Beiträge innerhalb des Schreibprozesses weiter und nahmen ihren ganz eigenen, zuweilen unverhofften Verlauf. Manche Motive wiederholten sich, teils bewusst eingesetzt, teils unbewusst geschehen gelassen. Prophezeiungen traten ein oder wurden von der Realität in den Wind geschossen. Ein Jahr lang war die Mitte der Spielwoche, der Tag, an dem wir einerseits dem eigenen Text den letzten Schliff verpassten und andererseits erwartungsfroh dem Schriftwerk des Anderen harrten. Weil wir uns darauf freuten, weil wir gespannt waren, in welches Licht der jeweils Andere das vergangene Spiel gesetzt hatte. Nicht selten entdecken wir, wenn wir uns die neuen Texte zeigten, eigentümliche Parallelen oder Gedanken, die einer anschnitt und der andere weiterauszuführen schien, ohne dass wir uns im Vorhinein über die Themen der Beiträge abgesprochen hatten und obwohl wir stets über grundverschiedene Spiele schrieben. Gegebenenfalls sind diese Gemeinsamkeiten auch den geneigten Lesenden aufgefallen und womöglich werden manche Fans manche Einschätzungen teilen oder uns an anderen Stellen vehement widersprechen wollen. Wie dem auch sei: Lob, Tadel und Anmerkungen bitte immer gerne an: info@traditionellzweitklassig.de.

Unsere Sammlung an Geschichten ist hier zu Ende. Der HSV und der VfB spielen nun erstmal nicht mehr in derselben Liga. Und doch verbindet diese beiden Clubs weit mehr als diese gemeinsame Saison in der Zweitklassigkeit.

Und das gilt auch für uns.

Die gemeinsame Leidenschaft für den Fußball und unsere Vereine war das Zündholz, die enge Freundschaft war der Funken, der das Feuer entfachte und uns ein Jahr lang regelmäßig textlich und persönlich am Ball und im Austausch bleiben ließ. Es wird nicht die letzte gemeinsame Unternehmung gewesen sein.

Und wenn wir schon beim Schwelgen und Schwärmen sind, dann möchten wir diesen Moment nutzen, um Danke zu sagen. Der Arete Verlag, vor allem in Person von Christian Becker, war so fußballliebend und verrückt, um uns eine Chance zu geben und dieses kleine, feine Buch zu drucken, das uns jetzt so stolz macht.

Das Texte schreiben ist das eine, aber dass diese dann auch als Blog erscheinen konnten, ist ein großer Verdienst von Martin Hübner, der sehr geduldig all unsere technischen Unzulänglichkeiten kompensierte und unsere Wünsche umsetzte. Und zu guter Letzt ist das großartige Cover das Werk eines Voll-Profis und Freundes. Maximilian Haslauer kann noch mehr als das – wir haben uns ab dem ersten Einband-Entwurf auf die Veröffentlichung gefreut. Vielen Dank!

Die Autoren

Simeon Boveland ist im alten Hamburger Volksparkstadion aufgewachsen und mit Ali Albertz und Lumpi Spörl sozialisiert. Neben seiner Tätigkeit als Historiker arbeitet der Exil-Hamburger in Stuttgart an der Intellektualisierung des Fußballs. Der Beweis liegt vor.

Christoph Mack ist im Schwabenland geboren. Zielsicher und fintenreich wandelt der angehende Grundschullehrer und Manchmal-Musiker auf dem schmalen Grat zwischen gewohnheitsverliebtem Lamentieren und weltmännischem Optimismus. Übersteiger inklusive.

Foto: Ellen Weber

Klinsi, Kloppo, Kirchheim & Co.

Bernd Sautter

**Fußballheimat
Württemberg**
100 Orte der Erinnerung
Ein Reiseführer

216 Seiten, über 100 Fotos,
Klappenbroschur
ISBN 978-3-96423-013-3
18,00 €

Wer sich auf eine Fußball-Reise durchs Ländle begibt, entdeckt alle schwäbischen Klischees, aber auch vieles, mit dem niemand rechnen konnte. So stößt man auf eine Geburtsstätte des deutschen Fußballs in Cannstatt. Man entdeckt die Keimzelle der taktischen Revolution in Ruit und stolpert über einen Verein, der dreimal Süddeutscher Meister wurde, aber nicht VfB heißt.

Die Schauplätze der „Fußballheimat Württemberg" liegen zwischen Bundesliga und Kreisklasse, Komödie und Tragödie, Vereinsheim und Trainingslager, Klinsmanns Bäckerei und Klopps Heimatplatz. Württembergische Fußballgeschichte wird nämlich überall geschrieben: auf der winzigsten Tribüne und im Acker, über den die schlechteste Mannschaft Deutschlands pflügte.

Um diese Fußballheimat zu erkunden, reiste Bernd Sautter quer durchs Land, schwätzte mit Fans, Freaks und Funktionären. Herausgekommen sind originelle 100 Orte in Wort und Bild, die die Württemberger auch emotional bewegen.

Arete Verlag • Osterstr. 31-32 • 31134 Hildesheim • www.arete-verlag.de

Hamburger Fußballgeschichte

Broder-Jürgen Trede &
Ralf Klee

Fußballheimat Hamburg
100 Orte der Erinnerung
Ein Stadtreiseführer

216 Seiten, über 100 Fotos,
Klappenbroschur
ISBN 978-3-96423-038-6
18,00 €
(erscheint Herbst 2020)

Fußballheimat Hamburg –
das ist mehr als das scheinbar ewige Lokalderby HSV
gegen FC St. Pauli, mehr
als Volksparkstadion und
Millerntor.

Fußballheimat Hamburg sind auch Altona 93, ASV Bergedorf,
Barmbek-Uhlenhorst, Victoria, Eimsbütteler TV, Harburger TB, SC
Concordia, Eintracht Fuhlsbüttel, SC Sperber und viele andere, zum
Teil heute nicht mehr existierende Stadtteilvereine und Thekenmann-
schaften. Fußballheimat Hamburg sind aber auch Menschen – Spieler,
Trainer, Manager, Präsidenten, gute Seelen, Fans und Journalisten –,
die den Hamburger Fußball in den letzten über 100 Jahren geprägt
haben.

Die beiden Autoren Broder-Jürgen Trede und Ralf Klee haben sich
auf Spurensuche in die Hamburger Fußballgeschichte begeben, mit
Zeitzeugen gesprochen und stellen wunderbare Orte und Unikate in
Text und Bild vor.

Ein Buch, das zum Schwelgen und Besichtigen einlädt!

Arete Verlag • Osterstr. 31-32 • 31134 Hildesheim • www.arete-verlag.de

Weitere Fußballbücher aus dem Arete Verlag

Hermann Schmidt
Legenden des FC St. Pauli 1910
Männer, Mythen und Malheure am Millerntor
192 Seiten, kartoniert, € 16,-
ISBN 978-3-96423-037-9

Albrecht Breitschuh
Als es den Bayern noch ans Leder ging ... zumindest manchmal
13 Geschichten für Fußball-Romantiker
240 Seiten, Klappenbroschur, € 18,-
ISBN 978-3-96423-026-3

Heinz-Georg Breuer
Das einzig wahre Rheinische Derby
123 x Kölner Geißbock gegen Gladbacher Fohlen
192 Seiten, kartoniert, € 16,-
ISBN 978-3-96423-027-0

Michael Jahn
Lucien Favre
Der Bessermacher. Streifzüge durch ein Trainerleben
210 Seiten, kartoniert, € 16,00
ISBN 978-3-96423-012-6

Klaus-Hendrik Mester
Fußball leben im Ruhrgebiet
Eine Zeitreise durch 13 Städte voller Fußball-Leidenschaft
144 Seiten, kartoniert, € 9,95
ISBN 978-3-942468-18-3

Klaus-Hendrik Mester
Vom Stadion zur Arena
Wenn Herz und Seele verschwinden – eine Hommage
an alte Pilgerstätten deutschen Fußballs
176 Seiten, Klappenbroschur, € 19,95
ISBN 978-3-942468-73-2

Arete Verlag • Osterstr. 31-32 • 31134 Hildesheim • www.arete-verlag.de

Weitere Fußballbücher aus dem Arete Verlag

Werner Raupp
Toni Turek – „Fußballgott"
Eine Biographie
208 Seiten, kartoniert, € 16,–
ISBN 978-3-96423-008-9

Malte Oberschelp
Konrad Koch – der Fußballpionier
Eine kommentierte Ausgabe von ausgewählten Originaltexten
160 Seiten, kartoniert, € 16,95
ISBN 978-3-942468-56-5

Jürgen Hermann
Mythos Hallescher FC Wacker 1900
Von der Ulrichs-Kirche zum Mitteldeutschen Meister
236 Seiten, kartoniert, € 18,–
ISBN 978-3-96423-006-5

Mark Hodkinson
Believe in the Sign
Eine Fußballjugend in Nordengland
192 Seiten, kartoniert, € 12,95
ISBN 978-3-942468-10-7

Christoph Rehm
Falscher Einwurf
Die eigenen Gesetze der Kreisliga
104 Seiten, kartoniert, € 10,–
ISBN 978-3-96423-003-4

Konstantin Josuttis
Die dunkle Seite des Balles
34 Spieltage und ein Finale
106 Seiten, kartoniert, € 12,–
ISBN 978-3-9642468-92-3

Arete Verlag • Osterstr. 31-32 • 31134 Hildesheim • www.arete-verlag.de